A herança

© 2018 por Amadeu Ribeiro
© iStock.com/Massonstock

Coordenadora editorial: Tânia Lins
Coordenador de comunicação: Marcio Lipari
Capa e projeto gráfico: Jaqueline Kir
Preparação e revisão: Equipe Vida & Consciência

1ª edição — 1ª impressão
5.000 exemplares — junho 2018
Tiragem total: 5.000 exemplares

CIP-BRASIL — CATALOGAÇÃO NA PUBLICAÇÃO (SINDICATO NACIONAL DOS EDITORES DE LIVROS, RJ)

R367h
    Ribeiro, Amadeu, 1986-
    A herança / Amadeu Ribeiro. - 1. ed. - São Paulo : Vida & Consciência, 2018.
    352 p. ; 23 cm.

    ISBN 978-85-7722-559-0

    1. Romance brasileiro. I. Título.

18-49293
                              CDD: 869.93
                              CDU: 821.134.3(81)-3

Todos os direitos reservados. Nenhuma parte desta edição pode ser utilizada ou reproduzida, por qualquer forma ou meio, seja ele mecânico ou eletrônico, fotocópia, gravação etc., tampouco apropriada ou estocada em sistema de banco de dados, sem a expressa autorização da editora (Lei nº 5.988, de 14/12/1973).

Este livro adota as regras do novo acordo ortográfico (2009).

Vida & Consciência Editora e Distribuidora Ltda.
Rua Agostinho Gomes, 2.312 — São Paulo — SP — Brasil
CEP 04206-001
editora@vidaeconsciencia.com.br
www.vidaeconsciencia.com.br

AMADEU RIBEIRO

A herança

Prólogo

    Graciela foi uma das últimas convidadas a deixar a festa de aniversário de uma de suas melhores amigas. Não importava o fato de estar toda suada, com os cabelos negros em desalinho, o vestido torto e amarrotado, e as tiras dos sapatos de salto alto apertando seus pés raivosamente.
    Nada disso tinha importância se levasse em conta ter acabado de sair do evento mais esperado do ano na cidade de São Paulo. Quase todos os moradores do Jardins compareceram. Os homens mais bonitos, casados, solteiros e divorciados estiveram presentes. As mulheres mais bem-vestidas que ela já vira pessoalmente conversaram com ela como se fossem velhas amigas. Experimentara pratos que custavam o salário de muitos trabalhadores e tomara bebidas importadas caríssimas. Jéssica brilhara durante toda a celebração do seu aniversário. Sua família, cujo pai era banqueiro e a mãe vice-reitora de uma universidade particular, podia custear tudo aquilo e muito mais. A amiga de Graciela completara vinte primaveras e havia meses a festa vinha sendo organizada. Todos queriam que a comemoração fosse um estouro. O resultado provou que haviam conseguido.
    Graciela ergueu o pulso esquerdo e consultou as horas no relógio de grife, presente de seu pai. Eram quatro da manhã e o dia não tardaria a amanhecer. Mantinha o braço direito enroscado no de um rapaz que ela conhecera naquela noite. Um não sabia o nome do outro e estavam bêbados o suficiente para que isso não fosse relevante. Ele havia dito que conhecia um excelente motel nas proximidades e ela não recusou

o convite. Fecharia sua noite com chave de ouro, se terminasse na cama com aquele belo exemplar do sexo masculino.

Eles seguiram de táxi até o local, pois Graciela não tinha ido à festa de carro. Seu veículo, modelo do ano e que também fora dado por seu pai, estava seguramente guardado na garagem subterrânea do edifício refinado em que morava. As despesas do apartamento eram pagas pelo pai. O rapaz que a acompanhava dissera que só se locomovia de táxi e que usava o dinheiro de sua mesada para suas próprias despesas. Alegara ter vinte e cinco anos, e não se importava de ser rotulado de "filhinho de papai".

Graciela foi a primeira a entrar no quarto do motel. Toda a decoração do ambiente incitava os frequentadores ao sexo e ela ficou subitamente excitada. A embriaguez, causada pelas taças de champanhe e vinho, toldava-lhe a noção de responsabilidade. Tudo o que queria era curtir aquele momento com o desconhecido. O resto que fosse para o inferno.

Estavam começando a se despir quando o celular dela tocou. Ele resmungou algo incompreensível enquanto apressava-se em desafivelar o cinto da calça. Era moreno, alto e musculoso, e Graciela era a terceira moça com quem transava só naquela semana. Provavelmente nunca mais se veriam depois disso, e mesmo que tornassem a se encontrar, ele fingiria jamais a ter conhecido antes.

— Você podia desligar essa porcaria, não? — ele terminou de arrancar a calça. — Vai estragar o clima.

Graciela teria feito exatamente isso se não tivesse reconhecido, pelo visor do aparelho, o código da cidade em que seu pai morava, no interior do estado. Seu coração, que disparava pelo sexo iminente, passou a bater em outro ritmo, ainda mais frenético.

— Preciso atender — ela deu as costas para o parceiro, livrou-se dos sapatos que estavam arrancando a pele dos seus pés e afastou-se até entrar no banheiro. Fechou a porta e encostou o celular na orelha: — Alô?

— Graciela? — a voz grossa e rouca que fez a pergunta não foi reconhecida por ela de imediato. — Aqui é Estevão.

Ela apertou os olhos, tentando manter o foco no telefonema. Começou a sentir uma leve tontura, naturalmente causada pelo álcool que percorria sua corrente sanguínea. Apoiou as costas na porta, tentando imaginar por qual motivo o sócio de seu pai estaria lhe telefonando naquele horário.

— Diga, Estevão. O que aconteceu? Meu pai está bem?

— Desculpe tê-la acordado — qualquer um deduziria que ela estivesse dormindo. — Não teria ligado se não fosse urgente. Seu pai sofreu um acidente.

Graciela sufocou um grito de espanto, colocando a mão na boca. Ouviu o rapaz gritar do outro lado da porta, querendo saber o motivo da demora.

— Só um minuto, Estevão — sem saber o que fazer primeiro, ela colocou o celular sobre a tampa do vaso sanitário e abriu a torneira da pia. Deixou que a água fria molhasse seu rosto por alguns segundos. Sentiu-se ligeiramente melhor. Agarrou o aparelho de novo. — O que aconteceu? Ele está bem?

— Infelizmente, não. Os médicos já disseram que ele não deve passar das próximas horas. Está muito ferido. Perdeu o controle do carro e chocou-se contra um paredão de pedra. Foi muita sorte não ter morrido na hora.

Graciela ouvia as palavras, que pareciam martelar seus ouvidos. Duas lágrimas escorreram de seus olhos e misturaram-se à água com que lavara o rosto.

— O que você está fazendo aí dentro? — o rapaz perguntou, batendo na porta. — Se eu soubesse que não estava a fim, teria trazido outra.

Ela abriu a porta com brusquidão e por pouco ele não caiu para o lado de dentro do banheiro, inteiramente nu. Fitou-o com raiva e ele mal pareceu notar que ela estava chorando.

— Por que você não dá o fora? Estão me dizendo que meu pai sofreu um acidente. Como quer que eu pense em sexo?

— Porque eu não sou adivinho, boneca. Não tenho bola de cristal para ler.

Ela teve vontade de dizer que não se "lia" bolas de cristal, mas resolveu não discutir com ele, que estava bem mais alcoolizado que ela. Reaproximou o telefone da orelha. Estevão, obviamente, havia escutado tudo.

— Perdoe-me, Estevão, acontece que estou acompanhada. Ainda não me recuperei do choque dessa notícia.

— Não tenho dúvidas disso — um leve tom de ironia surgiu na voz dele, que logo tornou a ficar séria e firme. — Você precisa vir para cá imediatamente.

— O quê? — novas lágrimas surgiram, trazendo com elas o início de uma dor de cabeça, que prometia ser violenta. — Eu não posso ir aí, sem mais nem menos.

— Estamos falando do seu pai, Graciela. Não quer encontrá-lo vivo? Se demorar muito, pode ser tarde demais — repreendeu Estevão. — Você é a única filha dele, portanto, deve aguardar aqui o desenrolar dos acontecimentos. Afonso está desacordado no momento. Ele ficará feliz em ver o seu rosto assim que despertar.

"Se despertar", pensou Estevão, que sabia o quanto a situação do amigo e sócio era grave.

— Tudo bem. Eu vou preparar as minhas coisas e viajar em seguida. Me mantenha informada caso haja qualquer mudança no quadro clínico do meu pai.

Graciela agradeceu Estevão e desligou. Quase não acreditou quando viu o moço atirado sobre a cama redonda, excitado, chamando-a com o dedo indicador.

— Você ouviu o que eu falei? Preciso sair daqui imediatamente.
— E vai me deixar assim? — ele sorriu e mostrou a virilha.
— Não tenho tempo a perder. Boa sorte para você.

Ela calçou os sapatos, apanhou a bolsa e fez menção de seguir na direção da porta de saída. Ele saltou da cama e correu para alcançá-la. Apertou o braço dela de forma tão dolorida quanto os sapatos voltaram a apertar seus pés.

— Ei, me larga!
— Nenhuma vadiazinha me excita para me deixar na mão depois.
— Não sou vadia! — ela tentou se livrar da pressão. — Agora me solte!
— Quero ver você me fazer soltá-la.

Graciela contraiu o rosto em uma expressão de fúria, dobrou a perna e arremessou um pontapé, sem dó nem piedade, contra a genitália do rapaz. Ele gemeu e rugiu, enquanto seu rosto parecia ter se tornado verde. Ela pensou na transformação do Hulk.

Teria dado boas risadas em outra ocasião. Porém, só o que queria era chegar ao seu apartamento e buscar o carro. Ainda se sentia meio tonta por causa das bebidas, só que não havia outra opção. Faria tudo por seu pai.

1

    Graciela sabia que dirigir, após ter bebido todas em uma festa, traria riscos à sua segurança e a dos outros motoristas que estavam na estrada. Além disso, dirigia depressa, pois tinha urgência em chegar logo. Não se importaria se levasse uma multa, até porque, quando isso acontecia, era sempre o pai quem quitava a dívida. Até aquele dia Afonso fizera tudo pelo bem-estar da filha.
    Ela tinha vinte e três anos. Aos dezoito, deixou sua cidade natal para se aventurar em São Paulo. Para sair da fazenda na qual fora criada, foram necessários quase seis meses para convencer o pai de que estava tomando a melhor decisão para sua vida.
    Desde que a mãe fora viajar sozinha até o Rio de Janeiro para nunca mais voltar, após ser assaltada e morta na capital carioca, Afonso tornou-se um homem superprotetor com relação à filha, na época com dez anos de idade.
    Moravam a duzentos quilômetros da capital. Durante esses cinco anos em que ela residia em São Paulo recebera a visita do pai uma única vez. No auge dos seus cinquenta anos, saudável como um touro, e ainda muito requisitado entre as mulheres, Afonso temia a metrópole paulista. Após o que acontecera com a esposa, relacionava cidades grandes a crimes violentos.
    No primeiro ano em que Graciela se mudara, ele teve dificuldades para dormir à noite, ligava para ela quase todos os dias. Ela o convidava para conhecer a cidade, mas ele foi apenas em uma ocasião, quando ela contraiu dengue e acabou internada. A balbúrdia das ruas, o ruído dos veículos, a poluição que encobria o ar, tudo era motivo para assustá-lo.

Jamais trocaria o silêncio de sua fazenda por um lugar como aquele, em que as pessoas corriam de um lado para o outro como se fossem malucas.

Graciela sempre retornava para casa, como Afonso fazia questão de lembrá-la. Ela poderia estar morando até no exterior, mas sua casa sempre seria a fazenda. Ela amava o pai e era correspondida. Ele era a única família que ela possuía. Com o decorrer dos anos, as lembranças da mãe foram enfraquecendo, salvo as que vinham através das muitas fotografias. Por isso, via-se na obrigação de visitar o pai, pelo menos quatro vezes por ano.

Quando Madalena fora visitar uma irmã no Rio e teve a vida ceifada, Afonso quase enlouqueceu. Era apaixonado pela esposa e por muito tempo achou que não saberia viver sem ela. Todavia, uma vizinha lhe dissera que era preciso tocar a vida para frente, pois ele tinha uma filha pequena, que requeria cuidados e atenção. Como nunca teve um filho, tentou ensinar à menina tudo o que ela deveria saber sobre a administração da fazenda. Para sua decepção, desde pequena, ela deixou claro que detestava tudo aquilo e que jamais cuidaria daquele lugar.

Quando ela entrou na adolescência, Afonso desistiu de vez. Graciela não suportava o cheiro do gado, passava longe das baias em que os cavalos ficavam, não tocava nem por decreto em uma enxada e tinha horror ao galinheiro. Como muitas moças da região, ela sonhava em deixar aquele lugar e conhecer uma cidade grande, onde realmente houvesse vida ativa. Quem sabe arranjasse um namorado por lá, uma vez que os rapazes solteiros disponíveis do entorno a atraíam tanto quanto o chiqueiro.

O único impedimento que a deixava hesitante quanto a sua partida era o pai. Sabia o quanto ele se entristeceria, se o deixasse sozinho. Ele passava o dia todo supervisionando a fazenda e seus funcionários, mas sempre que lhe sobrava um tempo, corria para casa a fim de passar alguns minutos com ela. Graciela estava se tornando uma moça linda e ele sempre se sentiu orgulhoso por tê-la como filha.

Assim que ela completou dezesseis anos, ele chegou à fazenda, certa noite, trazendo no rosto um largo sorriso. Contou que tinha uma excelente novidade para compartilhar com ela.

— Há tempos eu tinha esse projeto em mente e agora a oportunidade chegou — foi logo informando, certo de que alegraria a filha com a boa notícia.

— Não me diga que comprou outra fazenda — ela deduziu, contente por ver o pai tão feliz. Ele sempre fora muito bom com ela e merecia o melhor que a vida pudesse lhe oferecer.

— Ainda não cheguei a esse patamar, mas um dia, quem sabe... — Afonso segurou as mãos dela, retendo-as entre as suas. — Sabe o parque de diversões do Estevão?

— Chama aquilo de parque? Tem apenas dois ou três brinquedos caindo aos pedaços. A prefeitura deveria interditar aquele lugar.
— Não seja tão radical. Estevão é descuidado e nunca se dedicou inteiramente aos negócios. É por isso que o parque está entregue às traças.
— E qual é o motivo de tanta euforia? Deu uma volta naquela roda--gigante, que balança como uma dentadura frouxa?

Graciela sempre se lembraria da gargalhada alegre que Afonso soltara.

— Estevão me procurou hoje, aqui na fazenda. Contou que perdeu quase todo o seu patrimônio no bingo que inauguraram no centro da cidade no ano passado. Ele sempre foi viciado em todos os tipos de jogos.
— E o que nós temos a ver com isso? — automaticamente ela se colocou na defensiva. Nunca gostara do dono do parque. Estevão era sujo, cheirava mal e tinha um enteado da mesma idade que ela, que sempre foi o terror da escola. — Aposto que ele lhe pediu um empréstimo.
— Eu negaria na mesma hora, porque sei que ele torraria todo o dinheiro na jogatina. Na verdade, ele veio me fazer uma proposta.

Graciela arqueou as sobrancelhas, curiosa, aguardando que o pai continuasse.

— Perguntou se eu não tenho interesse em fazer uma sociedade com ele. Quer que eu me torne sócio do parque de diversões.

Desta vez, foi ela que riu de forma sarcástica.

— Espertinho ele, hein? Você investe todo o seu dinheiro, uma vez que Estevão está na pindaíba, e ele fica observando de longe, fumando aquele charutão que parece ter nascido grudado naquela boca arreganhada.
— Eu entraria com o capital e ele me daria carta branca para tocar o negócio. Prometeu que o salário dos funcionários do parque continuaria sendo por conta dele.

Era fácil falar sobre negócios com Graciela. Mesmo com dezesseis anos, ela tinha muito conhecimento na área. Afonso sempre procurou ensinar a ela tudo o que sabia, tentando estimular a filha a continuar com o trabalho que ele desenvolvia, o que nunca dera certo.

— E como ele paga os funcionários se não tem dinheiro? Por aí você já pode perceber que essa conversa está furada — lembrando que o pai havia chegado sorridente, Graciela perguntou: — Tenho certeza de que você recusou essa barbaridade. Só não entendi porque entrou aqui tão feliz.
— Querida, acontece que eu concordei — ele tornou a rir diante do olhar de espanto da filha. — Temos um parque de diversões.

— Como assim? — Graciela se soltou das mãos dele e saltou do sofá em que estava acomodada, fitando o pai como se ele estivesse doido. — O que deu em você? Por que foi se meter nisso? Quer acabar tão falido quanto Estevão? Além do mais, o parque dele fica instalado no centro, a dez quilômetros daqui. Como pensa em administrar uma fazenda e um parque, sendo que uma coisa não tem nada a ver com a outra?

— É um desafio que quero assumir — o sorriso dele murchou um pouco. — Você sabe que o meu sonho era comprar aquele parque e presentear você com ele. Claro que isso foi durante a sua infância, mas nunca desisti completamente. E agora a oportunidade me caiu nas mãos. Como iria recusar?

— E para que eu quero um parque? As travas de segurança daqueles brinquedos estão tão enferrujadas que transmitem tétano só de olhar para elas.

— Não estão tão ruins assim. Estevão me mostrou tudo. O terreno no qual o parque está instalado pertence a ele, porém possui apenas 30% de ocupação. Ele não tem verbas para adquirir novos equipamentos. Se eu investisse naquele parque, tenho certeza de que faria muito sucesso.

Afonso falava com os olhos brilhantes, como se já enxergasse o futuro promissor que o aguardava. Sempre fora otimista, o que o transformara em um homem bem-sucedido. Costumava dizer que o sucesso só era conquistado quando a pessoa acordava e dormia pensando nessa palavra. E era o que ele fazia todos os dias.

Para surpresa de Graciela e de muitos que não acreditaram nele, em exatos doze meses depois, ele programou uma reinauguração do parque. Graciela não achava graça nesse tipo de coisa, nunca tinha ido até lá após a sociedade ter sido registrada em cartório, porém, não podia deixar de comparecer à festa de abertura do parque, que permaneceu mais de três meses fechado para reforma. Mostraria desrespeito ao pai se não estivesse presente. Ademais, estava curiosa para saber o que ele tinha conseguido fazer.

Ficou completamente boquiaberta ao se deparar com o que viu à frente. Afonso substituíra os equipamentos encarquilhados por brinquedos novos e modernos. Já havia anoitecido e as luzes coloridas colaboravam para dar mais vida e energia ao ambiente. Havia uma roda-gigante maior do que a anterior, uma montanha-russa com curvas perigosas, uma pista para carrinhos de bate-bate, uma barca que subia até quase virar de ponta-cabeça, xícaras malucas que rodavam seus passageiros até deixá-los tontos e dois ou três brinquedos que deixavam seus corajosos ocupantes de pernas para o ar.

Além de tudo isso, havia cinco atrações voltadas para o público infantil, como o carrossel, e três barracas com atrações diversas, entre elas tiro ao alvo e a roleta. Era como se o pai dela tivesse feito mágica com aquele lugar. Ressuscitara o parque de tal forma, que nem de longe se parecia ao antigo. Mudara o nome para Parque da Alegria, porque, para Afonso, tudo fora reconstruído com carinho, disposição e muita alegria.

— E então, querida? — ele perguntou aproximando-se dela. — Não fiz um bom trabalho?

Emocionada e levemente arrependida por não ter confiado nele, Graciela respondeu com um abraço apertado, relembrando-o de que o amava e pedindo desculpas por ter rejeitado o projeto dele. Era incrível que ele houvesse feito tudo aquilo em apenas um ano, sem deixar de lado seu trabalho rotineiro na fazenda.

Contudo, apesar de todo o sucesso de Afonso, no ano seguinte Graciela o deixou para viver em São Paulo. Sabia que jamais poderia lidar com animais ou com brinquedos. Não gostava dessas coisas. Queria curtir a vida na capital, fazer novas amizades, conhecer bons partidos, aventurar-se nos pontos turísticos. Após convencer o pai de sua mudança, ele prometeu que a ajudaria financeiramente até que ela pudesse se sustentar sozinha. Acreditava que não tinha o direito de impedir a filha de realizar os sonhos dela, assim como ele realizava tudo aquilo em que punha fé.

E agora esse mesmo homem forte, cheio de energia e vontade de viver estava à beira da morte em uma cama de hospital. O homem que a criara com tanto carinho, que fora seu pai e sua mãe durante os últimos treze anos, que era o melhor amigo que ela possuía parecia prestes a deixá-la. Tentando evitar que as lágrimas embaçassem sua visão, já que estava dirigindo velozmente, Graciela só pôde torcer para que o pai sobrevivesse e que melhorasse o mais depressa possível.

2

Assim que chegou à cidade e localizou o hospital, Graciela desceu do carro em disparada, grata à sorte por ter chegado bem. Amanhecera havia muito e ela estava sem dormir há mais de vinte e quatro horas. Suas pestanas pesavam como chumbo, ameaçando fechar-se. Além disso, resíduos das bebidas alcóolicas ainda não tinham desaparecido totalmente de seu organismo.

Ao entrar, pediu informações na recepção e a atendente sugeriu que ela aguardasse na sala de espera, para que pudesse conversar com o médico. O hospital era um prédio pequeno, porém, muito limpo e bem estruturado. Graciela seguiu até o local ordenado e contraiu os lábios ao deparar com Estevão e seu enteado. Ambos olhavam fixamente para a TV, que exibia um programa de culinária.

Como que pressentindo a presença dela, Estevão virou a cabeça e, ao vê-la, cutucou o rapaz ao seu lado com o cotovelo e se levantou da cadeira. Graciela viu um homem com cerca de sessenta anos, magro, alto, com olhos escuros e longos cabelos grisalhos, que tocavam os ombros. Sobre os lábios havia um volumoso bigode, igualmente grisalho. Em respeito ao ambiente, ele não estava com o famoso charuto na boca.

O homem ao lado dele lançou um sorriso presunçoso para Graciela. Robson tinha os ombros largos, tórax e pernas bem definidas, atributos que atraíam as moças como abelhas no doce. No rosto quadrado e viril encontrava-se um par de olhos castanhos e uma boca de lábios carnudos, que naquele instante revelava dentes brancos e perfeitos. Os cabelos eram escuros, com pontas espetadas para todos os lados.

Ainda sorrindo para ela, Robson também avaliou a recém-chegada com olhar crítico. Graciela, que sempre fora uma menina magricela na época em que estudaram juntos, ganhara curvas sensuais e provocantes. Os cabelos dela eram pretos. Os olhos grandes e atentos assemelhavam-se a duas jabuticabas. Tinha a testa alta e maçãs do rosto proeminentes. Ele não admitiria nem sob tortura, mas confessou para si mesmo que Graciela estava belíssima.

— Que bom que veio! — Estevão esticou a mão, que ela apertou contrariada. — Ainda não tivemos nenhuma notícia, mas possivelmente ele ainda não acordou.

— O que aconteceu exatamente? — Graciela apontou as cadeiras e todos se sentaram. — Como foi esse acidente?

— Aconteceu ontem à noite, por volta de vinte e três horas. Ele pegou o carro e saiu da fazenda. Dora, a governanta da fazenda, contou que o ouviu conversando aos cochichos com alguém pelo telefone. Ele parecia nervoso e muito angustiado. Ela escutou quando ele disse que estava indo imediatamente para algum lugar. Acelerou o carro, disparando pela estradinha que leva à rodovia. Na primeira curva ele perdeu o controle e bateu naquele paredão de pedra. Os policiais contaram que o veículo deu perda total.

— Meu pai sempre foi precavido na direção — considerou Graciela, pensativa. — Quem teria ligado para ele tão tarde? Por que ele sairia correndo sem avisar ninguém? Será que estava indo a algum encontro?

— Ele estava velho, mas não morto — Estevão mostrou seus dentes amarelos num sorriso de escárnio. — Todos estão achando que ele estava indo ao encontro de uma mulher.

— Uma amante, para sermos mais exatos — completou Robson, ainda olhando fixamente para ela.

— Meu pai não tinha amantes — rebateu Graciela, começando a se irritar. Não era à toa que não gostava daqueles dois. — Nunca arranjou outra mulher, depois que a minha mãe faleceu. Muitas davam em cima dele, contudo, ele jamais quis algo com elas.

— Pelo menos que você saiba — Estevão coçou o bigode. — Desculpe falar assim, querida, mas acho muito difícil ele ter permanecido solitário por tantos anos.

— Ele era discreto, por isso você nunca soube de nada — tornou Robson.

A raiva finalmente veio à tona e Graciela se levantou, rosto rubro de ira:

15

— O que vocês estão querendo insinuar? Meu pai está na UTI e vocês estão tentando difamar a imagem dele? Eu saberia se ele tivesse uma namorada, amante, concubina ou o que fosse. Nunca tivemos segredos entre nós. Até quando ele decidiu formar sociedade com você, Estevão, comprando aquele parque sujo e fedorento, eu fui informada da negociação.

As palavras surtiram o efeito desejado e Estevão empalideceu. Graciela, longe de se dar por vencida, continuou:

— Eu amo o meu pai e não mando na vida dele. Se quisesse arrumar uma mulher, ou até se casar de novo, seria um problema dele. Só quero que ele seja feliz, caso esteja carente de uma companhia feminina. O que não vou aceitar é que vocês dois digam que ele se acidentou porque havia uma amante histérica ao telefone, provavelmente o ameaçando e obrigando-o a lhe dar dinheiro. Assustado com isso, ele ficou muito nervoso e bateu o carro.

Aquilo era exatamente o que Estevão e os empregados da fazenda estavam pensando. Os funcionários do parque ainda não tinham sido notificados.

— Por que você está dando chilique? — indagou Robson, olhando-a da cadeira. — Aqui é um hospital e não uma baladinha, onde normalmente sai barraco.

— Você não me dá ordens — ela contrapôs, porém se sentou ao ver que uma enfermeira se aproximava. Baixando a voz, quis saber: — Qual é o nome do médico que está cuidando dele?

— É o doutor Márcio — informou Estevão e outro sorriso irônico apareceu em sua boca. — É um bom médico, apesar de ser tão feminino quanto você. Todo mundo sabe que ele... — propositadamente deixando a frase incompleta, ele se ergueu da cadeira e interpelou a enfermeira, perguntando sobre o estado de Afonso. Ela respondeu que o médico viria conversar com eles dentro de alguns minutos.

— E como vai a vida de madame na capital? — os lábios de Robson voltaram a se repuxar num sorriso divertido. — Dizem por aqui que você vive como uma patricinha em São Paulo, já que nunca trabalhou desde que se mudou para lá, e que suga o dinheiro do seu pai como um aspirador de pó.

— Ninguém tem nada a ver com a minha vida — respondeu Graciela, a voz trêmula de raiva. — Não estou interessada nos mexericos desse bando de desocupados que mora aqui. O que me importa no momento é a saúde do meu pai.

Robson ia retrucar quando notou o sinal que seu padrasto fez para que ele se aquietasse. Teriam tempo de sobra para discutir com aquela mocinha exibida.

O médico apareceu minutos depois. Por trás dos óculos de lentes finas, ela percebeu um par de olhos bondosos e competentes. Márcio tinha trinta e poucos anos, rosto bem barbeado, cabelos e olhos castanhos.

— Olá, doutor — ela se adiantou com a mão estendida para frente.
— Meu nome é Graciela e sou a filha de Afonso, seu paciente. Gostaria de saber como ele está.

Ele retribuiu o cumprimento, e bastou ouvir a voz dele e perceber seus trejeitos para que Graciela concluísse que o médico era gay, embora não fosse afeminado como Estevão insinuara há pouco.

— Infelizmente, não apresentou nenhum avanço desde que chegou. Permanece desacordado, apesar de a respiração estar normalizada. Ainda preciso fazer alguns exames, mas creio que ele tenha sofrido traumatismo craniano. Não estava usando cinto de segurança durante o acidente e o impacto de seu rosto contra o volante foi fortíssimo. O veículo não dispunha de *airbags*.

— A polícia apreendeu o que sobrou do carro — acrescentou Estevão.
— Vão periciar o veículo para apurar as causas do sinistro.

— Ele corre risco de morte? — quis saber Graciela, preocupada.
— Se quer uma resposta sincera, sim. Toda a área do crânio foi muito afetada. Ainda não sabemos em quais condições se encontra o cérebro dele.

Graciela cobriu ambas as bochechas com as palmas das mãos e permitiu que algumas lágrimas escorressem. Havia conversado pela última vez com Afonso na manhã do dia anterior. Contara a ele que participaria da festa de aniversário de sua amiga, no Jardins. Falou que seria o evento mais agitado do ano, contando com a presença de figuras importantes e até algumas celebridades. Ele dissera que estava feliz por ela, que tomasse cuidado com homens mal-intencionados e que cuidasse bem de si mesma. Ela não percebeu nenhum tipo de tensão ou inquietação na voz dele.

— Terei informações mais precisas assim que receber os resultados dos exames que solicitei — informou Márcio, com voz calma e pausada. — Se ele recuperar a consciência já será uma grande conquista. Se você acredita em Deus, é hora de colocar sua fé em ação e rezar.

— Nunca acreditei nem desacreditei Nele — Graciela devolveu.
— Às vezes, acho que Deus é apenas um nome que causa temor nas pessoas, para que elas não façam coisas erradas. Acham que se fizerem o que não devem, Deus irá castigá-las.

— É uma visão distorcida do Criador — Márcio levantou a mão esquerda e ela viu uma aliança em seu dedo anelar. — Eu sempre falo que Deus é a mistura do bem com o amor. Ele se manifesta dentro de nós como aquela força que nos estimula a não desistir.

— Então, para o senhor, Deus habita em cada um de nós?

— Tenho certeza disso. Ele representa todos os bons sentimentos que alimentamos, aquele desejo profundo que temos de ser feliz. É o que todos nós queremos, pois fomos criados para a felicidade.

— O senhor é um homem religioso? — interessou-se Graciela.

— Pode me chamar de você. E não sou religioso. Apenas estudo a vida, tento entender como ela funciona, analiso a maneira como ela age. E nessa pesquisa, descobri que a vida é sinônimo de progresso. Ela quer que a gente siga sempre em frente.

— O que toda essa conversa tem a ver com a situação de Afonso? — cortou Estevão com ar de mofa.

Márcio ignorou o comentário debochado e, ainda encarando Graciela, finalizou:

— Farei tudo o que estiver ao meu alcance para a recuperação do seu pai. Sabemos, entretanto, que há a possibilidade de que ele não resista aos ferimentos. Por isso, recomendei que rezasse por ele.

— Sim, eu farei isso. Queria saber se posso descansar por algumas horas. Dirigi de São Paulo para cá e estou com muito sono. Se quiser, posso deixar o número do meu celular na recepção.

— Agradeceria se fizesse isso — Márcio fitou Estevão de relance. — Assim que obtiver novas informações, pedirei que entrem em contato.

Ele se afastou, após Graciela agradecê-lo. Ela seguia na direção da saída quando Robson colocou o corpo diante dela, impedindo-a de passar.

— Você falou com o médico como se meu padrasto e eu não estivéssemos aqui.

— Para mim é como se não estivessem mesmo. Nunca gostei de vocês.

— Deixe-a ir, Robson — interveio Estevão. — Acha que é superior a nós porque estava acostumada a viver como uma rainha na capital. Para ela, somos reles mortais.

Ela abriu a boca para retrucar, mas desistiu. Estava cansada e abalada demais para aquilo. Deixaria para lidar mais tarde com aquele velho seboso e seu enteado arrogante. Tudo o que queria era que Afonso despertasse e voltasse para casa. Só assim todo aquele pesadelo teria fim.

3

Para chegar à fazenda, Graciela dirigia pelo caminho de terra batida, ladeado por árvores altas e enfileiradas como soldados. Reduziu a velocidade ao se aproximar de uma curva fechada. Avistou um paredão de rocha, com mais de dez metros de altura, cravado entre duas araucárias. Sabia que havia sido ali. Sentindo os dedos trêmulos e as pernas fraquejarem, e relutando contra o sono e a exaustão, ela parou o carro e desceu do veículo.

    Caminhou alguns passos observando o chão, onde se via cascalhos misturados à terra seca. Fora ali que seu pai se acidentara, no fim da noite anterior. Graciela vivera toda a sua infância naquela cidade, tempo mais do que suficiente para saber que a polícia e a equipe de resgate eram eficientes no pronto-atendimento, já que eram raras as ocorrências em que precisavam intervir. A monotonia do município fora uma das razões que a levaram a se mudar para São Paulo. Ali, um evento marcante acontecia com a mesma frequência de um eclipse solar.

    O veículo do pai já não estava mais lá. Mesmo assim, ela notou os fragmentos de vidros misturados aos cascalhos e às folhas mortas que despencaram das árvores. Um cordão de isolamento preto e amarelo fora colocado diante do paredão, como um aviso silencioso de que ninguém deveria xeretar ali. Ainda era possível notar as marcas dos pneus no chão, em diagonal, revelando que seu pai tentara virar a carro na curva, perdera o controle, derrapara e colidira o automóvel com as rochas, onde havia uma área toda arranhada.

    Como não havia ninguém tomando conta da cena do acidente, Graciela se abaixou e ultrapassou o cordão de isolamento. Seu pai dirigia desde que ela podia se lembrar. Em todos aqueles anos, sofrera apenas dois acidentes, sem grande importância. Batera levemente no carro do dono da peixaria durante uma noite chuvosa e reembolsara os danos que causara. Anos depois, quando ia ao centro da cidade, ele não vira um esquilo cruzando a estrada e atropelara o pobre animalzinho. Graciela estava com ele naquela ocasião, chorara horrores e por dias acusara o pai de assassinato.

Sabia que Afonso não guiava alcoolizado, jamais fora multado por excesso de velocidade e era um excelente motorista. Se a versão contada por Estevão fosse verdadeira, a pessoa que telefonara para ele deveria tê-lo deixado muito nervoso ou assustado, para que ele saísse correndo e perdesse o controle na curva — a mesma curva pela qual passava diariamente, desde que reinaugurara o parque de diversões. Ela sabia que o pai conhecia aquele terreno como a palma de sua mão, por isso era difícil acreditar que ele fora tão relapso a ponto de não frear e bater nas pedras.

Ouviu um único toque de sirene e virou o rosto. Pelo mesmo caminho em que ela viera, uma viatura policial se aproximava, seguida por um carro pequeno e preto. Calmamente, ela tornou a passar pelo cordão de isolamento e cruzou os braços. Esperava que não enchessem sua paciência nem que lhe dessem uma bronca. Estava cansada demais para aturar aquilo.

Dois policiais fardados com ar de superioridade saltaram da viatura. Ela os reconheceu. O mais velho era um antigo conhecido de seu pai, e se ela não estivesse desatualizada, a esposa dele ainda era Dora, a governanta da fazenda. Seu nome era Antônio. O outro, alguns anos mais novo que ela, fora seu colega à época da escola, embora estudassem em séries diferentes. Apesar do cansaço mental, ela lembrou-se de que ele se chamava Alexandre.

Do carro preto desceu uma mulher baixinha e atarracada, usando uma roupa social azul extremamente apertada em seu corpo gorducho. Graciela pensou que dificilmente encontraria diferenças se a comparasse a um botijão de gás. Aquela era Vanda, a delegada da cidade, e mãe da menina que Graciela mais odiou durante sua infância. Sabia que a mulher à sua frente ainda nutria ressentimentos antigos pelas desavenças que ela tivera com sua filha anos atrás.

— Gostaria de lhe desejar as boas-vindas, Graciela, mesmo que a ocasião não seja das melhores.

Vanda bateu a porta do carro e veio andando devagar. O distintivo policial que trazia em um cordão preso ao pescoço parecia destoar do restante do conjunto. A maquiagem carregada em um rosto muito redondo, os cabelos tingidos de loiro formando uma bolota atrás da cabeça, a barriga saliente que estava quase rasgando o tecido da roupa e as pernas curtas e grossas, que apareciam graças à saia curta demais, não lhe conferiam a imagem que se esperava de uma delegada.

— Eu também gostaria de estar aqui apenas a passeio — retrucou Graciela — e não à espera de más notícias do meu pai. Foi você quem veio tirá-lo daqui?

— Nós dois — respondeu Antônio, indicando o outro policial ao seu lado. — Tião, um dos cavalariços da fazenda de Afonso, estava passando por aqui quando viu o carro todo amassado e correu para acudir. Segundo ele, seu pai parecia morto. Foi galopando até a nossa delegacia e pediu socorro. Quando chegamos, ele ainda estava vivo, apesar dos ferimentos sofridos.

— Conseguimos retirá-lo do meio das ferragens — acrescentou Alexandre, arrumando a farda. — E a ambulância que nos acompanhou até aqui o levou diretamente ao hospital. Eu tenho o telefone do Estevão. Liguei para ele e informei o ocorrido. Imagino que você ficou sabendo através dele.

— Sim, foi exatamente isso — aquiesceu Graciela. Sentiu um estremecimento involuntário ao pensar que toda aquela operação de resgate tinha acontecido exatamente durante o momento em que se divertia à beça na requintada festa de aniversário de sua amiga. Enquanto se preocupava em se exibir às outras pessoas e invejar aquelas mais elegantes do que ela, seu pai estava morrendo aos poucos. — Vim pra cá assim que soube.

— Desejo melhoras a ele — Vanda a fitou de cima a baixo. — O carro dele também será periciado. Queremos ter certeza de que o veículo não apresentou nenhuma falha no sistema de freios.

— Você acredita nessa possibilidade? — indagou Graciela. Sabia que seu pai sempre fora um homem zeloso e frequentemente enviava o carro para uma inspeção em um mecânico de sua confiança.

— Eu acredito em qualquer coisa, até que me provem o contrário — ainda medindo Graciela atentamente, ela completou: — Você está muito bonita. Parece que a vida na capital está lhe fazendo bem.

— Foi a vida que escolhi. Sinto que lá estou em meu *habitat* — Graciela olhou para os dois policiais e, em seguida, para a delegada.

— Quero chegar logo em casa e descansar. Não dormi desde ontem. Se me dão licença...

— Tudo bem, pode ir descansar — Vanda dispensou-a. — Pode ter certeza de que ainda teremos muito que conversar. E lembre-se de uma coisa importante. A fita de isolamento deve ser respeitada. Você não tinha nada que passar para o outro lado.

— Eu só quis olhar de perto o cenário do acidente — rebateu Graciela abrindo a porta de seu carro. — Afinal, estamos falando do meu pai.

— Não que você fosse resolver alguma coisa com a sua espiada.

— Não, delegada, eu não quero resolver nada. Só desejo que meu pai se recupere e deixe aquele hospital com vida. Ele é a minha única preocupação — dando a conversa por encerrada, Graciela entrou no veículo e deu partida.

— Mulherzinha chata! — comentou Antônio vendo o carro de Graciela afastar-se. — É uma dondoca, que sempre foi sustentada pelo pai. Quero ver como ela vai se virar, se Afonso morrer.

— Ela sempre foi assim — afirmou Alexandre. — Ouvi muitas pessoas falarem que a ouviam dizer que não viveria para sempre neste fim de mundo. Que São Paulo era a terra das oportunidades e que somente lá ela conseguiria prosperar. Que nunca se envolveria com a criação do gado nem com a administração do parque. Assim que completou dezoito anos, deu no pé.

— Ingrata! — Antônio deu duas batidinhas distraídas sobre o coldre da arma. — O pai sempre deu tudo do bom e do melhor para essa sem-vergonha. Na primeira oportunidade, ela se mandou, sem nem olhar para trás. Livrou-se do velho como uma cobra se livra da pele. E agora vem com esse papo de que está muito preocupada com a recuperação de Afonso. Pura conversa fiada.

— E eu não sei? — Vanda contraiu os olhos. Nunca gostara daquela menina, que sempre criara confusão com Mirela, sua filha. No passado, elas brigaram por causa de amigas, brigaram por namorados e brigaram porque simplesmente se detestavam. Se pudesse, ela teria prendido Graciela somente para se sentir vingada. — Agora me faço uma única pergunta: o que acontecerá se Afonso falecer?

— Como única herdeira, provavelmente ela venderá a fazenda e a sua parte no parque de diversões, que é quase 80%, e depois que os bolsos estiverem estourando de tanta grana, retornará a São Paulo e viverá como uma rainha — havia amargura e inveja no tom de voz de Antônio. Era policial há anos, e mesmo que tivesse algum progresso em sua carreira, subindo de patente, nunca teria uma fortuna a herdar. Para ele, era injusto que uma mocinha esnobe como aquela ainda se saísse bem com a morte do pai.

— Essa é a grande questão — Vanda colocou as mãos na região onde deveria existir uma cintura. — Ela é a grande beneficiária, caso Afonso morra. Não quis dizer a ela, mas o chefe dos peritos já levantou a possibilidade de que ele não tenha sofrido um simples acidente. Por isso, farão várias análises detalhadas para tentar apurar as condições em que o veículo estava antes do impacto.

— Como assim? — indagou Alexandre olhando para sua chefia imediata. — Do quê exatamente eles estão desconfiando?

— De que o carro pode ter sido sabotado, pois todos nós sabíamos que Afonso era um dos melhores motoristas da cidade — informou Vanda.

— Se isso aconteceu, o acidente pode ter sido premeditado — concluiu Antônio.

— Exatamente — um sorrisinho de desafio surgiu nos lábios grossos de Vanda. — Mal posso esperar pelo laudo dos peritos. Se este foi o caso, Afonso sofreu uma tentativa de assassinato. E a única pessoa que sairia lucrando com a morte dele seria sua adorável filha. Mesmo que ela não resida na cidade, sempre é possível encomendar um crime à distância.

A fazenda estava magnífica como sempre. Àquela hora da manhã, o sol derramava seus raios dourados e ressaltava as cores da natureza, alegrando os pássaros e felicitando o gado, que se espalhava em pontos pretos e brancos sobre a campina verdejante.

Cercado por pequenos montes, por árvores diversas e pela extensa área de plantações de milho, café e cana-de-açúcar estava um casarão cor de gelo. Havia tantas janelas quanto um quartel militar e o telhado de ardósia conferia um clima quase romântico à paisagem. No passado, a propriedade pertencera a um poderoso barão, que vivera solitário até o fim de seus dias. Fora o único da região que tratara seus escravos como verdadeiros amigos. Após a Lei Áurea, em gratidão à bondade do patrão, eles permaneceram na fazenda, desempenhando seu trabalho com a mesma alegria de sempre.

Após o falecimento do barão, que não deixara herdeiros, a casa ficou sob a responsabilidade da prefeitura da cidade. Naquela época, os escravos já haviam partido e o então prefeito decidiu usar o imóvel para angariar dinheiro. Vendeu a fazenda para o pai de Afonso, que após tantos anos de dedicação a ela, transmitiu seus conhecimentos ao único filho. Fora o que ele também tentara fazer com Graciela, o que jamais conseguiu.

Atualmente, o ponto forte da fazenda era a agropecuária. Contava com quase vinte funcionários, além dos criados que trabalhavam na antiga casa-grande. Todos sentiam muito apreço por Afonso, e Graciela sabia o quanto sofreriam se algo acontecesse com seu pai. Nem ela mesma queria pensar nessa possibilidade.

Estacionou diante dos degraus de pedra que levavam a uma imensa porta de madeira, que naquele momento estava aberta. Dora, a governanta, já estava à espera dela, ao lado de dois rapazes dos quais Graciela não se recordava. Quando ela desceu do carro, os dois se prontificaram a carregar as duas únicas bagagens que ela trouxera e que foram feitas às pressas antes de sair de São Paulo.

Acompanhando os dois jovens, ela subiu os degraus lentamente, colocando a mão aberta na altura das sobrancelhas, para evitar a luz do sol que a impedia de vislumbrar melhor o rosto de Dora. Viu uma mulher com cerca de cinquenta anos, rosto bonito e quase sem rugas, com um corpo bem cuidado e cabelos tingidos na cor chocolate, a mesma cor de seus olhos. O lábio inferior estava inchado e levemente arroxeado.

Quando a moça se aproximou, ambas trocaram um abraço apertado, que transmitia tanto carinho quanto consolo. Dora trabalhava na fazenda desde que Graciela usava fraldas e sempre a tratou como uma filha postiça.

— Pela primeira vez não me sinto propriamente feliz em vê-la aqui — Dora passou um braço sobre os ombros de Graciela, conduzindo-a para o interior da casa. — Afinal, você só veio por causa do acidente de Afonso. Não é uma propriamente uma visita.

— Eu ainda estou chocada com tudo o que aconteceu. Não sei o que será de mim se algo de ruim acontecer com meu pai.

— É melhor não pensarmos no pior. Nunca traz coisas boas.

Graciela se viu no centro de uma sala de estar gigantesca, que serviria tranquilamente como um salão de festas, embora Afonso nunca oferecesse jantares ou promovesse eventos sociais para os amigos. Mesmo sendo um homem que mantinha muitas relações de amizade pelo município, não gostava que ninguém conhecesse o interior de sua casa, mesmo que não tivesse nada a esconder. Costumava dizer que o lar era o santuário de seus moradores e que preferia mantê-lo inacessível aos outros o máximo possível.

Móveis do século 19, que pertenceram ao barão e que estavam extremamente bem conservados, adornavam a sala em meio a outros mais modernos. Apesar de saber que o pai nunca fora um apreciador da arte, havia quadros de artistas internacionais fixados nas paredes e esculturas espalhadas sobre mesas e aparadores. Algumas obras, cujas imagens não remetiam a nada, eram tão esquisitas que Graciela jamais conseguiu compreender seu significado.

— Estevão me telefonou dizendo que você viria, por isso pedi que preparassem o seu antigo quarto — informou Dora, gentilmente. — Supus que você ficaria nele.

— Fez bem, obrigada.

— Rapazes, por favor, levem as bagagens da dona Graciela até o quarto que lhes indiquei — assim que os dois funcionários se afastaram para cumprir a ordem da governanta, Dora apontou o sofá para que a moça se sentasse. — Quer tomar um banho, comer alguma coisa? Imagino que ainda não tenho almoçado.

— Não. E não estou com fome. Creio que essa tensão esteja tirando o meu apetite — ela esfregou os olhos cansados e avermelhados, que davam indícios de falta de sono. — Preciso urgentemente de uma ducha. Só que antes eu quero que você me conte exatamente o que informou à polícia. Agora há pouco fui interceptada pela nossa querida delegada, que estava acompanhada por dois policiais. Um deles era seu marido.

Não passou despercebido a Graciela quando Dora estremeceu ligeiramente. Pigarreando, como que para dissimular, ela comentou:

— Vanda já me fez dezenas de perguntas hoje de manhã. Contei a ela tudo o que sabia, o que não é muita coisa. Fui contratada para trabalhar aqui no mesmo mês em que você nasceu. Mesmo contra a vontade de sua mãe, que queria gozar a maternidade individualmente, seu pai julgou necessário que uma babá fosse contratada. Cheguei aqui para cumprir essa função.

— Dora, eu já estou careca de ouvir essa história.

— Eu sei, querida. E você também sabe que no decorrer dos anos, conforme você foi crescendo e se tornando mais independente, fui assumindo outras funções. Seu pai me promoveu a auxiliar, depois à secretária pessoal e, por fim, à governanta da casa. Ficamos mais próximos um do outro depois que sua mãe viajou e não voltou.

Observando a forma como Graciela a encarava, Dora corou e tornou a pigarrear.

— Essa proximidade entre seu pai e eu sempre foi estritamente profissional — justificou.

— Eu já sei de tudo isso, Dora. Só não compreendi qual é a sua intenção ao trazer à tona um assunto que faz parte da minha vida.

— Quero dizer que seu pai e eu nos tornamos muito amigos. Depois que conheci e me casei com Antônio, criamos um vínculo ainda mais forte. Meu marido se tornou um grande companheiro do seu pai.

Uma sombra perpassou o olhar de Dora ao mencionar o marido mais uma vez. Discretamente, ela tocou no lábio inchado. Em seguida aproximou uma mão da outra e cruzou os dedos com força. Graciela fingiu nada perceber enquanto a ouvia continuar:

— Por considerar o seu pai como um amigo em vez de patrão, posso afirmar que o conheço muito bem. Sei de suas preferências, daquilo que o desagrada e o que aprecia fazer nos momentos de lazer. Sou testemunha do amor que ele nutre por essa fazenda e o carinho com que fez aquele parque de diversões prosperar. Sei que ele se decepcionou por não ter conseguido convencê-la a administrar a fazenda e impedir sua mudança para a capital, mas também sei que ele a ama muito e que você é o grande orgulho da vida dele.

Desta vez, foi Graciela quem se emocionou. Tentando ser mais forte do que as lágrimas que ameaçaram aflorar, ela colocou suas mãos sobre as de Dora.

— Eu também o amo muito. E saiba que eu fui para São Paulo porque isso sempre foi o meu sonho. Era algo pessoal, que eu precisava realizar. Você sempre soube que eu não gostava de viver aqui, apesar de tê-lo por perto. Não nasci para cuidar de uma fazenda, muito menos de um parque. Não é a minha praia. Nada faz os meus olhos brilharem mais do que observar o movimento em um *shopping*, visitar os barzinhos animados com as minhas amigas, curtir uma noite em uma danceteria, pegar o meu carro e atravessar a cidade sem destino definido, ainda que o tráfego esteja intenso.

A governanta mostrou um sorriso compreensivo e Graciela continuou:

— É a vida que eu sempre quis. Reconheço que tenho vivido na maciota, como se costuma dizer. Não trabalho, não estudo e só quero curtir a agitação. Amo festas, rodas de conversa, badalação. E aqui não existe nada disso. As pessoas acordam às cinco da manhã e se enfiam em seus sarcófagos às oito da noite. Deus me livre! Não tem nada para fazer, nem um lugar bacana aonde ir. Quero distância dessa rotina.

— Quem sou eu para criticá-la, meu amor. Acho que a gente tem que ver o que é melhor para nós. Sei que você está feliz vivendo em uma cidade grande. A cada vez que você aparece aqui, mostra-se mais bonita, mais elegante, mais charmosa. Veste roupas de marca, usa sapatos de boa qualidade. Entendo isso como um progresso de sua parte.

— Obrigada por me compreender, Dora. Não é o que Estevão e o enteado dele pensam. Hoje, no hospital, só faltaram me crucificar. Afirmaram que eu estou mamando no dinheiro do meu pai sem dó nem piedade.

— Não se importe com a opinião deles. Acho que isso é um pouco de inveja — Dora recostou-se melhor no sofá. — Eu quis falar um pouco sobre seu pai para enfatizar a amizade que temos. Como eu disse, conheço tudo sobre ele. Sou uma boa observadora e os anos convivendo aqui só aumentaram a minha experiência. Assim, posso lhe garantir que durante todo esse tempo trabalhando ao lado dele, nunca o vi tão exasperado como ele estava ontem à noite, minutos antes do acidente.

Finalmente haviam chegado à parte que interessava a Graciela. Ambas viraram a cabeça ao perceberem que os dois rapazes retornavam do quarto, onde deixaram as bagagens. Perguntaram se havia algo mais a ser feito e Dora dispensou-os após agradecê-los.

— O que você viu ou ouviu? — Graciela perguntou, após a breve interrupção.

— Quase nada. Ele estava trancado na biblioteca, que também funciona como seu escritório. Ele havia me pedido um chá de hortelã e eu estava indo até lá para servi-lo. Sabe que nunca fui daquelas que gostam de ouvir conversas atrás das portas. Eu teria cumprido minha função e me retirado discretamente se não o escutasse aos berros ao telefone.

— Sabe com quem ele estava gritando?

— Não. Infelizmente, não consegui ouvir nenhum nome, nem nada que me desse alguma referência. A porta estava entreaberta, o que facilitava a propagação de sua voz. Afonso sempre foi um homem calmo, controlado, capaz de resolver os mais complexos problemas com paciência e a cabeça fria.

— O que você escutou?

— Tenho certeza de ouvi-lo dizer: "Pare de me importunar, ou vou entrar em contato com a polícia". Após ouvir a pessoa por mais alguns instantes, ele acrescentou, cada vez mais furioso: "Quem pensa que é para me ameaçar? Já lhe dei o que havia me pedido".

— Será que ele estava sendo ameaçado ou chantageado por alguém?

— Foi nisso que eu pensei. Pouco depois eu o ouvi dizer que iria até o local e que teriam um último encontro. Ele bateu o telefone com tanta força que não sei como não o quebrou. Respirei fundo, bati na porta e entrei com o chá. Ele estava com o rosto suado, muito pálido e uma expressão tão assustadora no olhar que me deu medo. Naquele momento, Afonso estava sentindo muito ódio da tal pessoa que ligou. Transfigurado, nem se parecia com o seu pai.

— Ele aceitou o chá?

— Não. Levantou-se da mesa e falou assim: "Dora, nem uma palavra com ninguém sobre o que você ouviu aqui, porque sei que escutou o final da minha conversa". Pouco depois, ele me avisou que estava de saída e que não demoraria a voltar. Apesar de já ser bem tarde, disse que, caso você ou algum amigo telefonasse procurando-o, era para dizer que ele já estava dormindo.

— Que horror! — Graciela franziu a testa e arregalou os olhos. — Ele deixou uma ordem pedindo que você mentisse para mim?

— Desculpe, mas foi o que ele me disse. Saiu daqui cantando pneus. Não demorou para que viessem dar o alarme. Um dos funcionários da fazenda, o Tião, foi quem o encontrou. Nem voltou para me avisar. De lá, ele saiu galopando até a delegacia — Dora suspirou, revelando cansaço. — Sei que está exausta. Eu também não preguei os olhos essa noite. Nem sequer fui informada do estado de saúde dele.

— Falei com o doutor Márcio. Ainda não tinha muito a dizer. Meu pai não acordou até agora. Ele foi sincero ao me contar que ele está correndo risco de morte — as lágrimas teimaram em reaparecer, contudo, Graciela as reprimiu outra vez. Não queria chorar, pelo menos não agora. — Falou ainda que talvez ele não resista aos ferimentos. E que, por isso, eu deveria colocar a minha fé em ação.

Dora deu-lhe um abraço mais forte do que quando ela chegara. Foi a primeira a começar a chorar.

— Quero que conte comigo para o que precisar, Graci. Sabe que três vezes na semana seu pai permite que eu vá dormir em minha casa. Porém, enquanto ele não melhorar, vou ficar aqui com você. Sei que vai precisar de uma companhia.

— Obrigada, Dora — rendida pela emoção do momento e do rumo que aquela conversa tivera, Graciela finalmente deixou as lágrimas verterem. — Quero acreditar que ele vai sair dessa. Meu pai é um homem muito forte. Esse acidente não vai vencê-lo.

— Deus vai ajudá-lo.

— E apesar de eu não gostar de Vanda, torço para que ela encontre rapidamente as respostas para esse mistério. Espero que possa chegar o quanto antes à pessoa que telefonou para o meu pai. Estou intrigada em

29

conhecer o motivo que o deixou tão nervoso. A troco de quê ele sairia no meio da noite, indo se encontrar sabe-se lá com quem, e em qual lugar?

— As respostas vão chegar, mais depressa do que imaginamos. Quando menos esperarmos, seu pai estará de volta e todos nós ainda acharemos graça disso — Dora levantou-se, vendo a moça fazer o mesmo. — Agora, acho melhor nós duas descansarmos, principalmente você, que veio dirigindo. Tome um banho e vá relaxar.

— É o que farei. Obrigada mais uma vez — Graciela deu um passo, antes de voltar-se para Dora. — Só uma curiosidade: o que houve com a sua boca?

Dora tocou o lábio inchado e piscou rapidamente os olhos. Pela terceira vez, pigarreou para limpar a garganta.

— Fui picada por uma abelha. Ontem estava bem mais inchado. Sem falar no quanto doeu.

— Passe um remédio aí — Graciela sorriu e seguiu na direção da escadaria que a levaria ao pavimento superior.

Dora ficou vendo-a se afastar. Depois, percorreu a boca com o dedo, conteve outro estremecimento involuntário e seguiu para os seus aposentos.

5

Márcio entrou em casa sentindo nas costas todo o peso das longas e cansativas horas de trabalho. Às vezes, ficava tão esgotado que venderia a própria alma pela antecipação das férias. Sempre quis ser médico e sempre esteve consciente de que isso implicaria em dias exaustivos, noites mal dormidas, horários flexíveis e disposição para estar a serviço do hospital no momento em que fosse solicitado. Agora que tudo isso acontecia, embora não se queixasse, ansiava pelos raros momentos de descanso com toda a força do seu ser.

Trabalhara direto nas últimas doze horas. Até mesmo em uma minúscula cidade do interior, como aquela, pessoas adoeciam, cirurgias de urgência aconteciam e ação era o que não lhe faltava. Aquele havia sido o dia de seu plantão, por isso Afonso ficara aos seus cuidados. Tratava-se de um dos fazendeiros mais queridos do município, que administrava com muita alegria um parque de diversões que levava alegria também no nome. Era querido por muitos, invejado por outros tantos e odiado por poucos. Agora, essa figura peculiar estava à beira da morte e era sua responsabilidade mantê-lo vivo.

Ele ergueu os óculos, esfregou com força os olhos cansados e praticamente se arrastou em direção à sala, onde um rapaz estava sentado em uma cadeira, corpo inclinado para frente, atento à tela do computador. Com dedos ágeis, digitava algo no teclado e mal pareceu se dar conta da presença de Márcio.

— Encontrou alguma coisa? — indagou Márcio aproximando-se.

Apesar de ter feito a pergunta com voz suave, foi o suficiente para que o outro pulasse de susto. Exibiu um sorriso nervoso, que só enfatizou a beleza de seu rosto. No auge de seus vinte anos, Carlos, ou Carlinhos, como Márcio carinhosamente o chamava, era o típico garotão, cujas fotos sempre recebiam muitas curtidas e comentários quando as postava nas redes sociais. Alto, atraente, com a pele cor de chocolate, braços firmes e musculosos, nos quais se viam duas tatuagens, e dono de estonteantes olhos cor de mel, era praticamente impossível que ele ainda não houvesse sido descoberto por alguma agência de modelos.

Entretanto, Márcio o descobrira antes.

Apesar da diferença de idade de quinze anos, viviam em perfeita harmonia, como qualquer casal. Ao contrário de Márcio, que tinha alguns trejeitos mais delicados, Carlinhos tinha a voz grossa, andar rígido, jeito de malandro com seu costumeiro boné virado para trás e um brinquinho prateado em uma das orelhas, fazendo o estilo moleque travesso. E Márcio era testemunha de que ele conhecia todos os tipos de travessuras, principalmente durante seus momentos íntimos.

Estavam juntos há quase três anos. Na realidade, quando Márcio o conheceu, Carlinhos ainda era menor de idade. À época, ele evitou qualquer tipo de atitude que demonstrasse estar interessado no menino, já que moravam em uma cidade pequena e a acusação de pedofilia poderia surgir com a rapidez de um raio. Mesmo assim, sabia que era admirado secretamente. Carlinhos o fitava de forma fixa demais para alguém que apreciava mulheres. Ele conhecia aquele tipo de olhar de outros carnavais e não se enganava quando outro homem estava a fim dele.

Carlinhos tinha vindo de outra cidade para trabalhar na fazenda do tio, que era um dos melhores amigos de Afonso. Certa vez, Márcio foi chamado ao local para atender a mulher do fazendeiro, que sofria de dores estomacais muito intensas e de vez em quando precisava de medicamentos fortes para que conseguisse dormir e também deixasse o marido pegar no sono.

Em uma dessas ocasiões, Márcio foi recebido por Carlinhos, na entrada do casarão. Ele se lembrava de que já passava das dez da noite e chovia a cântaros. Deixara o carro estacionado a poucos metros dali e se metera debaixo de um guarda-chuva. Quando viu Carlinhos abrir-lhe a porta e encará-lo com o olhar mais doce que ele vira até então, poderia jurar que tinha se apaixonado pelo outro naquele instante. Carlinhos foi gentil e atencioso, recolhendo o guarda-chuva molhado e perguntando se ele queria uma toalha para se secar, antes de subir aos aposentos da enferma.

Ele retornou nas noites subsequentes, tanto para conferir o estado de saúde da paciente, que estava atendendo em domicílio, quanto para ter um pretexto de rever o garoto. Tivera poucos relacionamentos duradouros, mas jamais se sentira tão atraído por uma pessoa. Decepcionou-se um pouco ao descobrir que Carlinhos tinha somente dezessete anos. Naturalmente, poderiam ter uma relação às escondidas, se o rapaz estivesse interessado nele, e assumi-la após sua maioridade. E era com isso que Márcio contava sempre que ia à fazenda atender sua paciente.

A mulher se recuperou e não voltou a sentir dores. Em sua última visita a ela, que era algo quase desnecessário a essa altura, já que a esposa do fazendeiro mostrava-se forte como um touro, Márcio conseguiu alguns minutos a sós com Carlinhos. O menino, ostentando um boné virado para trás, acompanhou-o até o carro. Estava escuro e no céu uma imensa lua cheia brilhava como uma moeda de prata.

— O senhor não virá mais aqui, agora que a minha tia está recuperada — Carlinhos apoiou a mão no carro de Márcio e deixou-se ficar ali, meio largado.

— Provavelmente, não, até porque espero que ela continue bem.

— Que pena! — ao dizer isso, Carlinhos levou uma das mãos à virilha e a deixou ali, de forma distraída. — Fico feliz por ela estar melhor. O senhor é um bom médico.

— Pode me chamar de você — Márcio riu. — Só tenho trinta e dois anos e acho que não sou tão velho assim.

— Eu tenho dezessete. Faço dezoito daqui a três meses.

A mão dele começou a alisar a calça, sobre a virilha, e Márcio se descobriu engolindo em seco. Aquela criatura à sua frente era uma perdição para qualquer gay. Parecia ter a exata noção do fascínio que exercia em Márcio e, ao mesmo tempo, não avançava além dos limites. Qualquer outro teria dado um jeito de levá-lo para a cama o mais depressa possível, mas Márcio era certinho demais para desrespeitar as leis da maioridade criadas pela sociedade.

Foi pensando nisso que Márcio destrancou o carro e fez menção de entrar no veículo.

— Você é bem novinho ainda. Tem muito que aprender.

— Você pode não acreditar, porém eu sou muito experiente. Em tudo.

Carlinhos passou a língua pelos lábios carnudos e Márcio percebeu quando ele apertou algo na virilha. Nem quis imaginar o que seria. Com o coração batendo na garganta, ele apressou-se até a porta do carro e a abriu depressa. Acenou para Carlinhos, sentou-se no banco, prendeu o cinto e deu partida, tudo isso em menos de dez segundos. Até parecia estar fugindo de um maníaco.

Pelo espelho retrovisor, Márcio viu a figura de Carlinhos se distanciando. Se não tivesse usado todo o autocontrole que possuía, teria feito algo do qual pudesse se arrepender depois, ou entrar em uma grande encrenca. Apesar de morarem num município pequeno, em que frequentemente as pessoas se esbarravam na rua, ele esperava não rever aquele moleque tão cedo.

Voltou a encontrá-lo no dia seguinte. Carlinhos o aguardava na saída do hospital e o convidou para tomarem um sorvete. Márcio mal podia acreditar naquilo. O menino sabia ser atrevido. Seguiram para uma sorveteria e aquilo que Márcio mais desejava e temia aconteceu: sem papas na língua, Carlinhos confessou que ficava com homens sempre que lhe dava na telha e que estava interessado nele.

— E sei que você também está a fim de mim — por cima da mesa, Carlinhos apertou a mão de Márcio e a massageou, o que o deixou instantaneamente excitado. — Meus pais não moram aqui e meu tio não está nem aí pra mim. Sou um empregado dele como outro qualquer. Assim, não tenho para quem dar satisfações da minha vida.

— Entre nós não pode haver nada por enquanto. Você é menor de idade e eu...

— Danem-se essas bobagens. Acha que é o único a ficar com alguém com menos de dezoito anos? Homens e mulheres fazem isso hoje em dia com a maior naturalidade.

— Não quero ser taxado de pedófilo. Sou um médico respeitado, tenho uma reputação a zelar — por sorte, a sorveteria estava quase vazia e falavam num tom suficientemente baixo para que ouvidos atentos não pudessem captar trechos da conversa. — Sabe como correm os boatos em cidades pequenas. Uma fofoca é capaz de se espalhar pelos quatro cantos antes de sua boca se abrir e fechar para um bocejo.

Carlinhos deu uma gargalhada e Márcio percebeu que adorava vê-lo rir. Tinha dentes belíssimos.

— E, além disso, eu tenho outro problema — prosseguiu Márcio, sem nem prestar atenção na taça de sorvete que tinha diante de si.

— Qual? Não me diga que tem HIV.
— Se eu tiver, você vai desistir de ficar comigo?
— Não, cara. Eu estou de boa. A gente se previne. Eu sou limpinho.
— Limpinho? — Márcio piscou, aturdido.
— Quero dizer que não tenho nada no sangue, entendeu? Nenhuma doença sexualmente transmissível.
— Ou seja, quem tem HIV, sífilis ou qualquer outra doença no sangue é sujo?
— É apenas a minha maneira de falar. Já disse que não estou nem aí, se você tem ou não. Sei me cuidar para não pegar. Camisinhas também foram feitas para isso.

Naquele momento, Márcio não saberia dizer se estava diante de um rapaz preconceituoso ou não. Só o que via e sentia era a sedução que ele extravasava pelos poros e que o envolvia como um aroma.

— Então posso me considerar sujo, pois sou diabético — mostrou a taça do sorvete que não fora tocada. — Só vim até aqui para atender ao seu convite. Se quiser, pode tomar o meu, assim que terminar o seu.
— De boa — Carlinhos repetiu, lambendo a colher com traços de sorvete. — Eu não quis ofender você. Não ligo para o que você tem, cara. Curti você e ponto final.

Apesar de Carlinhos teimar em começar algo sério, Márcio não permitiu. Durante aqueles três meses que faltavam para ele completar a maioridade, nem mesmo permitiu-se beijar ou ser beijado. A tentação era grande, contudo, soube vencê-la. Também seria um teste para ver se Carlinhos realmente estava interessado nele, ou se a demora em correspondê-lo faria com que ele procurasse um novo alvo.

Isso não aconteceu e Carlinhos passou a encontrá-lo todos os dias. Ia à casa de Márcio, sem que nada de mais acontecesse entre eles. Como Márcio era discreto e Carlinhos tinha jeito de machão, qualquer um diria que eles eram dois bons amigos. As línguas ferinas da cidade estavam focadas em pessoas mais interessantes do que eles, por isso, jamais houve mexericos a respeito de ambos.

Finalmente o celibato foi rompido no dia do aniversário de Carlinhos. Márcio preparou-lhe uma festa surpresa, cujos convidados eram apenas os dois. Após saborearem o bolo *diet*, eles se beijaram pela primeira vez e Márcio confirmou para si mesmo que estava apaixonado. Foram para a cama logo em seguida e amaram-se com a urgência e a exigência que aqueles três meses de atraso cobravam. Neste mesmo dia, Carlinhos comunicou ao tio que iria morar com um amigo, sem detalhar de quem se tratava. Como o fazendeiro não fez muitas perguntas, demonstrando pouco caso, o rapaz alojou-se na casa de Márcio e desde então estava lá.

Até onde os dois sabiam, não houve traições nesse período e as baixas do relacionamento se deviam a algumas brigas e discussões costumeiras. Atualmente, Carlinhos trabalhava no Parque da Alegria, à noite. Seu posto era no interior do trem-fantasma; ele usava maquiagem e roupas aterrorizantes para causar medo nos "passageiros". Divertia-se à beça fazendo isso.

— Você quer saber se eu encontrei alguma coisa? — tornou Carlinhos, em resposta à pergunta que Márcio lhe fizera assim que chegara do hospital. — Nada ainda.

— Não vamos perder as esperanças. Temos que estender as nossas buscas aos orfanatos de cidades um pouco mais distantes.

— As pessoas que me atendem se mostram inseguras quando eu pergunto se eu e meu companheiro podemos ir à instituição e conhecer as crianças. Acho que isso não acontece com um casal heterossexual — reclamou Carlinhos.

— Que povo preconceituoso! O que pensam que vamos fazer com as crianças? Não somos pedófilos.

— Disso eu sei, amor — Carlinhos riu com seu jeito de moleque danado e pousou um beijo nos lábios de Márcio. — Afinal, foi por você temer isso que demoramos três meses para ficarmos juntos.

Não tinham nada oficializado, porém, há tempos deixaram de viver como namorados e assumiram, entre si, uma relação estável. Estavam casados e para mais ninguém isso interessava. Era até bom que poucas pessoas conhecessem sua vida íntima, pois assim não metiam o bedelho.

Há cerca de seis meses eles haviam decidido, juntos, adotarem uma criança. A ideia veio de Márcio, pois vira na internet uma matéria de um casal homossexual que criava uma menina e que a Justiça havia concedido a eles a custódia definitiva da criança. Apesar de sua relação harmoniosa com Carlinhos, acreditava que a presença de uma criança só traria mais brilho e alegria ao lar.

Carlinhos abraçou a ideia logo de cara e Márcio não pôde deixar de agradecer a Deus por tê-lo conhecido. Ele era perfeito demais, encantador demais. Inteligente, bonito, educado e maduro o suficiente para a sua idade. E ainda estava disposto a dividir com ele a paternidade de uma criança órfã. O que mais ele poderia pedir?

Mesmo que eles não tivessem obtido muito sucesso, não haviam desistido. Já estavam inscritos na fila de adoção. Por outro lado, só haviam conseguido agendar uma visita a dois orfanatos. Os outros, ao saberem que se tratava de dois homens interessados em conhecer as crianças, apresentavam desculpas e pretextos para evitá-los. E não havia como denunciá-los formalmente por discriminação porque não havia provas concretas que ligassem à recusa deles à homossexualidade dos dois.

— Você vai voltar ao hospital ainda hoje? — perguntou Carlinhos seguindo Márcio, que caminhava em direção à cozinha.

— Espero que não, a não ser que algo urgente aconteça. Serei chamado somente em casos extremos — ele abriu a geladeira e apanhou uma ampola de insulina. Com a prática da experiência aliada à sua profissão, transferiu o líquido para uma seringa e injetou-o no braço. Atirou a injeção no lixo e depois colocou um pequeno chumaço de algodão sobre o local da aplicação.

Acostumado a ver aquilo, Carlinhos nem pareceu se importar. Abraçou Márcio e sussurrou em seu ouvido, todo provocante:

— Parece que você está bem cansado. Tenho uma excelente técnica que vai tirar toda essa exaustão do seu corpo.

— Ah, é? — rindo, Márcio piscou os olhos avermelhados. Estava tão cansado que mal sabia se teria forças para um sexo rápido. — O que você vai reservar para mim?

— Vamos ao quarto que eu lhe mostro. Antes, é melhor pingar colírio nesses olhos, amor. Veja só como estão vermelhos.

— Vai mesmo ensinar um médico a cuidar da própria saúde? — ralhou Márcio em tom de brincadeira.

— Você cuida da saúde dos outros e acaba deixando a sua de lado.

Márcio abriu a boca para responder quando seu celular começou a tocar. Quase chorou ao reconhecer o número do hospital. Atendeu, ouviu o que diziam, comunicou que estava a caminho e desligou após agradecer à recepcionista.

— Temos novidades. Parece que Afonso saiu do coma. Acabou de acordar e está tentando se comunicar. Preciso ir até lá imediatamente.

— Acho que esse é um caso extremo — brincou Carlinhos, piscando um olho. Acompanhou-o até a porta de saída, trocaram um beijo rápido e ele ficou vendo Márcio se afastar rapidamente na direção do carro.

Graciela acordou com as batidas na porta do seu quarto. Sua cabeça doía terrivelmente e ela imaginou que aquilo era o resultado de não ter se alimentado. Não havia comido praticamente nada nas últimas vinte horas. Viu que eram quase cinco horas da tarde e se ela não comesse pelo menos um lanche, cairia dura e esturricada no chão.

Sentou-se na cama resmungando baixinho e passou as mãos pelos cabelos escuros e desalinhados. Autorizou a entrada do visitante e sorriu ao ver Dora entrar com uma bandeja nas mãos.

— Dora, acho que você é um anjo enviado por Deus. Como sabia que eu estava faminta?

— Agora há pouco escutei o som de um trovão e pensei que fosse chover. Como o céu estava limpo, concluí que foi seu estômago implorando para ser abastecido.

As duas riram alegremente e Dora ofereceu-lhe a bandeja. Nela, via-se um copo com um suco de cor amarela, bolachas doces e salgadas, uma fatia de bolo e um imenso e fumegante misto quente.

— Espero que esteja do seu gosto — declarou a governanta.

Na realidade, não estava, mas Graciela jamais diria isso por duas grandes razões: primeiro, porque estava com fome e não queria magoar Dora com sua desfeita. Depois, porque ela estava acostumada a comer lanches completíssimos na elegante padaria que ficava próxima ao condomínio em que morava, em São Paulo. Gostava do bom e do melhor e, em menos de doze horas, já estava sentindo falta de sua vida na capital.

— Está, sim — mentiu. — Obrigada, Dora. Sente-se aqui na cama comigo.

Dora obedeceu e Graciela começou a comer, enquanto conversavam futilidades. Ambas procuraram evitar falar de Afonso naquele momento, ou das misteriosas circunstâncias que envolveram seu acidente.

Enquanto Graciela cochilava, Dora recebera um telefonema da delegacia. Vanda havia informado que iria à fazenda às vinte horas, para colher um depoimento formal de Graciela. A delegada fora ríspida e mal-educada na ligação e não acrescentara nada, além disso.

— Adorei seu relógio — Dora elogiou, olhando para a peça prateada que cintilava no pulso de Graciela. — Nunca vi nenhum parecido.

— E nem vai ver, Dora. Pelo menos não aqui — orgulhosa, Graciela terminou de mastigar e ergueu o braço. — Comprei no ano retrasado, durante a minha primeira viagem internacional. Junto com três amigas, passei dez dias idílicos na Europa. Conheci diversos países e não sei dizer qual deles foi mais incrível. Esse relógio é francês. Trouxe de Nice. Já ouviu falar dessa cidade?

— Nunca.

— Se eu pudesse viveria para sempre na Europa. Acho que tenho sangue europeu nas veias — Graciela soltou uma risadinha que revelava pura ostentação. De repente, pareceu entristecer-se. — E, em vez de estar lá, veja onde estou. Perdida em uma fazenda, numa terra de ninguém, num local que nem deve constar nos mapas. Em vez das lojas de grife mais famosas do mundo e dos cartões-postais fabulosos, estou cercada por cavalos fedidos, vacas repletas de carrapatos e pernilongos que arrancam um litro de sangue em uma só picada.

Dora sorriu o máximo que sua boca inchada permitiu. Se não conhecesse Graciela desde pequena, julgaria estar diante de uma patricinha, como as garotas da cidade a apelidaram, depois que ela partiu para São Paulo. Era esnobe, metida, arrogante e cheia de pose. Parte disso se dava ao excesso de mimos com que Afonso a criara. Nunca negou nada à filha e ela jamais recebeu um "não" em toda a sua vida. O pai era o responsável por bancá-la e lhe conceder uma vida de rainha.

Apesar disso, Dora a amava como a uma filha. Não a criticava por ser daquele jeito. E sabia que Graciela só estava hospedada na casa de seu pai porque o melhor hotel da cidade oferecia tanto conforto aos hóspedes quanto um estábulo.

— Depois disso, conheci alguns países da Ásia e os Estados Unidos. Adoro viajar com as minhas amigas. Já estamos nos organizando para conhecermos o Havaí.

— Você já viajou por todo o Brasil? Aqui também tem lugares lindos.

— Pode ser, mas nada comparado com o que existe lá fora.

Em silêncio, Dora pensou que ela deveria aproveitar, enquanto o pai estivesse vivo. Se ele morresse, ela se tornaria a herdeira de tudo aquilo. E como gastava com abundância, em poucos anos estaria falida e a mamata acabaria.

Graciela deu mais duas grandes mordidas no misto quente quando outra batida soou na porta. Dora levantou-se e encontrou um dos rapazes que haviam subido as bagagens de Graciela.

— Desculpe incomodar, dona Dora. Acontece que a dona Graciela tem visita.

— De quem se trata? — a própria Graciela perguntou.

— É o Robson. Ele disse que não sai daqui enquanto a senhora não atendê-lo.

— Senhorita — Graciela o corrigiu. — Senhora é um termo voltado para mulheres velhas ou casadas. E eu não sou nenhuma das duas coisas.

O rapaz sorriu, do lado de fora da porta aberta.

— Não tenho nada a tratar com Robson — ela emendou. — Mande-o embora.

— Pode deixar — o moço agradeceu e puxou a porta ao sair.

— O enteado do Estevão é tão folgado quanto ele. Já discutimos no hospital, assim que cheguei aqui e não quero arrumar outra briga. Nunca nos demos bem.

— Termine de comer, querida. Mais tarde, vou pedir que lhe preparem um jantar.

— Nossa! Já vi que vou ter que compensar todas essas calorias em exercícios pesados na academia que frequento — rindo sozinha, Graciela engoliu a última bolacha e bebeu o restante do suco.

Foi nesse momento que a porta do quarto foi aberta com tamanha violência que quase veio abaixo. Robson invadiu os aposentos como um tufão, rosto avermelhado e os braços agitados. Atrás dele, o funcionário da fazenda tentava, inutilmente, contê-lo.

— Eu avisei que não iria embora enquanto não conversássemos — ele determinou, enfiando as mãos nos bolsos da calça jeans.

Graciela foi obrigada a reconhecer que ele estava lindíssimo parado ali, no meio do seu quarto, bufando de irritação. Não usava a mesma roupa com que ela o vira no hospital. Na cabeça, trazia um chapéu de boiadeiro que o deixava incrivelmente *sexy*. As bochechas continuavam coradas, denotando sua raiva.

— E eu avisei que não queria vê-lo — Graciela cruzou os braços. — Dê o fora.

— Eu agradeceria muito se pudéssemos conversar a sós — Robson lançou um olhar súplice para Dora, num pedido mudo para que ela se retirasse.

— Não vou ficar sozinha com você, dentro do meu quarto. Sou uma moça respeitável.

— Pois não parece — ele mostrou um sorriso galante, que quase a desarmou totalmente, apesar da raiva.

Mesmo sabendo que poderia desagradar a patroa, Dora apressou-se em apanhar a bandeja e deixou o recinto com uma velocidade incrível, fechando a porta atrás de si ao sair. Graciela encarou Robson por mais alguns segundos, batendo o pé descalço no chão com impaciência, e acabou por desistir. Ainda em atitude defensiva, relembrou:

— Você me ofendeu no hospital. Ao lado do traste do seu padrasto, julgou-se no direito de detonar minha vida. Não sabe nada sobre ela. E não gosto de você.

— A recíproca é verdadeira — ele afirmou isso ampliando o sorriso.

— Então essa conversa é inútil — Graciela passou por ele com a intenção de abrir-lhe a porta e foi agarrada pelo braço. A atitude a fez se lembrar do rapaz que conhecera na festa de aniversário da amiga e que seguira com ela a um motel. — Ei, seu imbecil, é melhor me largar.

— Vim aqui em paz.

— Percebi isso vendo a fúria com que você abriu a porta para entrar aqui.

— Porque você não tem o direito de se negar a me receber — percebendo que ela ia retrucar, ele completou, soltando o braço dela: — Estou aqui para lhe pedir desculpas pelo o que eu disse no hospital. Você pode não acreditar, mas tenho um carinho especial por seu pai. Ele é um bom patrão e um ótimo amigo.

— Patrão? Você está trabalhando para ele?

— Sim. Achei que você soubesse. Trabalho aqui na fazenda há quase um ano. Receio não termos nos encontrado em sua última visita a ele.

Um pouco mais calma, apesar de ainda estar enfezada, ela o olhou com atenção.

— E o que você faz?

— Cuido dos cavalos. Verifico se estão bem alimentados, se é necessário trocar alguma ferradura, se necessitam de cuidados veterinários. Além disso, a manutenção do estábulo também é da minha responsabilidade.

— Interessante! No total, quantas pessoas trabalham aqui?

— Na fazenda? Dezenove lá fora e mais cinco pessoas aqui dentro, contando com Dora. Seu pai também emprega outros vinte funcionários no parque de diversões.

— Ou seja, há quase cinquenta pessoas que dependem do meu pai — murmurou Graciela. Aquele era um número considerável, levando em conta que a cidade não era nenhuma metrópole. — Meu Deus, ele precisa se recuperar o quanto antes. Precisa voltar para o comando.

— Ele vai voltar — como também parecia mais calmo, Robson colocou uma das mãos sobre o ombro de Graciela. Massageou-o com carinho. — Não será uma batidinha de carro que o colocará fora de combate.

Ela assentiu e permitiu que a mão dele continuasse em seu ombro só porque haviam imposto uma trégua entre si.

— Acho melhor a gente descer. Estamos sozinhos no meu quarto, com a porta fechada. Não quero que Dora ou as outras pessoas pensem que eu o levei para a cama na primeira oportunidade.

— O que seria demais — ele riu. — Quem sabe na segunda oportunidade?

Graciela disfarçou um sorriso quando ouviu o celular tocar. Adiantou-se para atendê-lo e empalideceu quando percebeu que era do hospital.

— Ele acordou? Está consciente? Estou indo aí agora mesmo. Obrigada — desligou e encarou Robson com um sorriso nervoso nos lábios. — Meu pai acordou.

— Não acabei de dizer que ninguém derruba o velho Afonso?

Contente demais com a boa notícia, Graciela atirou-se nos braços de Robson e o abraçou, sendo abraçada também. Depois, foi até uma das malas e dela retirou um par de botas pretas de cano longo.

— Aonde você vai com essas botinas? — interessou-se Robson vendo-a se sentar na cama para colocar os calçados.

— Vou ao hospital, criatura. E isso não botinas. Não percebeu que são botas de couro alemão? Paguei uma nota por elas.

— O seu pai pagou, né? Aposto que manda para ele todas as faturas dos seus cartões de crédito.

Como aquilo era verdade, Graciela não respondeu. Olhou para os sapatos gastos e esfolados que ele usava, com uma espécie de crosta escura nos bicos.

— E isso que você está usando? Que coisa brega! O que são essas manchas escuras nos bicos?

— Provavelmente, estrume. Esqueceu-se de que trabalho no estábulo?

Ele soltou uma gargalhada ao ver a cara de nojo que ela fez. Como estava muito aflita, não havia tempo para ela dar-lhe uns tapas por estar usando sapatos nojentos dentro do seu quarto. Olhou para todos os lados, muito agitada.

— O que é? O que está procurando?

— As chaves do meu carro. Não sei onde as deixei.

— Venha comigo. Eu a levo em meu veículo.

— E quem disse que quero ir com você? Eu nem o perdoei pelas ofensas.

— Esqueça isso. Deixe de ser encrenqueira e venha comigo — ele esticou a mão. — Estaremos no hospital em um instante.

Contrariada, ela apertou a mão dele e saíram correndo. Desceram as escadas em disparada. No saguão principal, cruzaram com Dora.

— Telefonaram do hospital, Dora. Parece que o meu pai acordou e está consciente — informou Graciela sorrindo, ainda de mãos dadas com Robson.

— Louvado seja Deus! Agora ele poderá nos dizer o que realmente houve na noite passada. Me ligue assim que puder. Vou aguardar as notícias ansiosamente.

— Pode deixar.

Graciela já estava saindo, quando Dora concluiu:

— Vanda também ligou, algumas horas antes, para avisar que virá aqui por volta das vinte horas. Quer que você preste depoimento. Imaginou que você preferiria que ela viesse aqui, em vez de deslocá-la até a delegacia.

— O que ela quer saber de mim? Nem estava aqui quando o acidente aconteceu.

— Não sei. E você sabe o quanto Vanda consegue ser desagradável quando quer. Faz valer sua autoridade policial para intimar as pessoas.

— A mim ela não intimida — rebateu Graciela. — Vou ao hospital e não tenho horário para voltar. Se ela chegar e não me encontrar, peça a ela que espere ou que volte outro dia. Até mais, Dora.

A governanta viu os dois jovens saírem apressadamente. Balançou a cabeça para os lados. A delegada era uma pessoa intratável e Graciela também não ficava atrás. Somando-se isso ao fato de que elas não se gostavam desde sempre, tinha certeza de que a conversa não seria nada amistosa.

Por ora, só o que podia fazer era rezar pela recuperação de Afonso.

Do lado de fora, Robson continuava correndo, conduzindo Graciela pela mão. Pararam diante de um belo cavalo marrom, que estava amarrado pelos arreios a um cercado de madeira. O animal comia lentamente um punhado de mato.

— Aí está — Robson apontou para ele.

— O que é isso? — Graciela olhou para o cavalo com inquietação.

— Um cavalo, que também é o nosso veículo. Deixe-me ajudá-la a montar.

— Você ficou louco? — ela recuou alguns passos. — De carro chegaríamos muito mais rápido. Nem em sonho vou montar nesse bicho.

— Pare de ser chata! Você não é uma menina da cidade, como pensa que é. Foi criada em uma fazenda e já montou antes. Vamos, dê-me a mão.

— Nunca.

Sem paciência, Robson a agarrou pela cintura fina, ergueu-a, e com um único empurrão colocou-a atravessada nas costas do cavalo. Graciela pôs-se a gritar e a espernear, e por pouco não perdeu o equilíbrio e desabou no chão pelo outro lado. Com prática, Robson sentou-se na sela, logo depois de desamarrar as cordas que prendiam o animal.

— Se você não se sentar direito e parar de graça, vai assim até o hospital — ele avisou com voz autoritária.

— Sua vida não vale mais nada — ela ameaçou, esforçando-se para conseguir se ajeitar. Ele a ajudou a se sentar com outro tranco brusco. — Vai pagar caro por isso.

— Feche a boca, curta a noite que está chegando e pense apenas no abraço que dará em seu pai.

Graciela tornou a gritar, quando ele saiu dali a todo galope.

O percurso realmente teria sido mais rápido se o tivessem feito no carro de Graciela. Contudo, ela teria que admitir que perderia o espetáculo que a natureza lhe oferecia, através de sons, cheiros e paisagens.

Avistou uma lua brilhante em meio às estrelas que cintilavam alegremente. Viu pequenos vagalumes que dançavam sobre arbustos imensos. Ouviu o piar de algumas corujas e viu um esquilo assustado cruzar a estrada. Embora nunca tivesse sido uma nata apreciadora da natureza, não podia negar que tudo aquilo a inebriava de prazer.

Robson cavalgava com graça, habilidade e destreza. Com as duas mãos rodeando o corpo dele para segurá-lo pela barriga, Graciela já não se sentia tão revoltada. Agradeceu-o silenciosamente quando passaram pelo paredão de pedra e ele não teceu nenhum comentário. O local em que o pai se acidentara causava-lhe calafrios e pontadas de mal-estar. Esperava que Robson estivesse maduro o suficiente para deduzir isso. Talvez ele não fosse mais o adolescente mimado e impertinente que ela tivera a má sorte de conhecer na escola.

— Estamos quase chegando — ele avisou olhando por cima do ombro.

— Ainda bem. Nunca vi nada mais incômodo do que andar a cavalo.

— Você é uma fazendeira. Deveria gostar disso.

— Não sou — ela negou com firmeza. — Moro e vivo em São Paulo há cinco anos. É lá que está a minha vida. Só estou aqui de passagem, até que meu pai se recupere.

— Então é uma espécie de ovelha desgarrada, ou uma filha pródiga que retorna para casa de vez em quando. Mesmo assim, essas terras estão no seu sangue, Gracinha. Suas raízes estão aqui.

— Não sou árvore para ter raiz — ela devolveu malcriada.

Robson sorriu e não retrucou. Ele a conhecia há um bom tempo para não se espantar com o jeito dela. Era mimada, fresca e irritante. Durante a época em que estudaram juntos, ele fazia questão de provocá-la sempre que era possível, porque isso o divertia. Não havia nada que a deixasse mais furiosa do que fazê-la pensar que moraria para sempre naquela cidade, ou que seguiria a mesma vida do pai, administrando uma fazenda e um parque de diversões.

— Quando pretende voltar à sua casa? — ele indagou, após alguns minutos de silêncio.

— Assim que o meu pai estiver bem. E espero que seja logo. Não quero que ele fique internado por muito tempo, nem desejo ficar enfurnada na fazenda por um período muito longo. Até o sinal do celular pega mal aqui.

— A vida no campo é diferente da vida urbana. Eu mal uso o meu celular, se quer saber. Quando alguém precisa falar comigo, quase sempre vem à minha procura pessoalmente. Nada como uma conversa olho no olho.

— Nesse caso, imagino que você esteja se referindo às donzelas da cidade. Mocinhas casadouras que estão prontas para usar véu e grinalda.

— Pare de achar que vivemos como um bando de caipiras. Nem todas as moças daqui são recatadas. Não acho que uma cidade forma a personalidade de ninguém, apesar de a sociedade nos influenciar bastante, se permitirmos.

— Quanta filosofia! — ela debochou.

— É o que eu penso. Claro que as garotas vêm me procurar. Não nego. Sou simpático, bonito, educado, gostoso...

— Presunçoso, metido, arrogante — ela completou, arrancando risadas dele.

De repente, o cavalo estacou de chofre e ergueu ambas as patas dianteiras, alçando as costas para trás. Graciela soltou um grito de pavor enquanto Robson tentava acalmar o animal, que relinchou demonstrando pânico e nervosismo. Quando retornaram à posição normal, e antes de Graciela berrar de novo, eles puderam ver o vislumbre de um réptil que rastejava rapidamente rumo à vegetação espessa.

— O que foi isso? Seu cavalo doido quis nos matar? — ela perguntou, extremamente pálida, com o coração em descompasso.

— Havia uma cascavel na estrada e ele se assustou. Pode ficar tranquila agora. Ele não fará isso de novo.

— Se eu não estivesse tão firmemente agarrada em você, provavelmente estaria caída no chão agora, com o pescoço quebrado, enquanto meu espírito estaria segurando as mãos dos anjos alvos, bonitos e evoluídos que viriam me buscar para me guiar às mais altas esferas celestiais.

Robson não conteve outra gargalhada. À distância, avistaram o prédio em que o hospital estava instalado.

— Essa é a visão que você tem da morte?

— Claro. Sou muito chique para ser levada por anjos de nível mais inferior.

— E por que você teria que ser levada por alguém?

Graciela pensou um pouco, deu de ombros e respondeu:

— Porque eu li isso num livro que me emprestaram anos atrás. Os anjos vêm nos encontrar quando morremos.

— Você acha que realmente é assim que acontece?

— Acho que sim, pelo menos com as pessoas boas.

— E você é uma pessoa boa?

— Nunca fiz nenhuma maldade a alguém — ela curvou o corpo para frente a fim de ouvi-lo melhor. — Você pensa que acontece o quê, depois que passamos para o outro plano?

— Não sei. Só acho que esse papo de anjos iluminados é muita pretensão da sua parte. Nunca parei para refletir a fundo sobre isso, mas acredito que, após a morte, algum amigo conhecido venha nos auxiliar, de fato. Isso não significa que ele vá nos levar para algum lugar, muito menos para o céu.

— Então nós vamos para onde?

— Minha mãe sempre dizia que do outro lado é exatamente como aqui. Que o céu que nós aprendemos a acreditar é apenas aquela extensão azul acima das nossas cabeças. Ela chamava o lado de lá de mundo astral. Dizia que os "anjos" são pessoas como nós, algumas mais estudadas, outras menos cultas. E que nós temos guias, que são esses amigos espirituais. Eles nos orientam de várias formas para que possamos descobrir o que a vida quer de nós.

— Nunca tive muito contato com sua mãe. Não sabia que ela acreditava nessas coisas.

— Até pouco antes de falecer, devido a um problema cardíaco, ela tinha uma visão muito otimista das coisas. Dizia que cada um é totalmente responsável por aquilo que vivencia na vida, pois isso é uma lei cósmica.

— Não penso assim. Minha mãe faleceu quando eu tinha dez anos e até hoje sinto a falta dela. Então essa ausência materna em minha vida é responsabilidade minha?

— Não, mas a responsabilidade pela sua independência, que surgiu com a morte dela, pode representar um aprendizado para você. Não sou perito no assunto, contudo, acho que a perda de alguém muito próximo serve como estimulador para aqueles que ficam. Você sabe que, em minha casa, vivíamos apenas a minha mãe e eu, já que meu padrasto não morava com a gente. Depois que ela se foi, eu me senti muito mais forte, mais capacitado, mais responsável. Passei a me virar, a fazer o serviço dela na casa, a cuidar mais de mim mesmo. Claro que sinto muito a falta dela e não é incomum eu chorar de vez em quando.

Ouvi-lo confessar com tamanha naturalidade que chorava de saudade da mãe fez Graciela reconsiderar seus sentimentos por ele. Realmente, Robson não era mais o moleque petulante e infantil de antigamente. À sua frente, estava um homem sensato, decidido, prudente e circunspecto.

Ela o segurou com um pouco mais de firmeza e deram o assunto por encerrado, cada um imerso em suas próprias reflexões. Minutos depois chegaram ao hospital. Robson guiou o animal até uma árvore e o prendeu no tronco. Apeou do cavalo e auxiliou Graciela a saltar.

— Tirando o fato de eu quase ter morrido, até que a viagem não foi de todo má — ela concluiu, oferecendo um sorriso a ele.

Robson piscou-lhe um olho, e momentos depois entraram na instituição. Juntos, seguiram lado a lado até a recepção. A recepcionista não era a mesma que estava no período da manhã. Ela conversava animadamente com uma moça loira, que estava de costas para a entrada. Quando eles encostaram-se no balcão, ela se virou com as sobrancelhas arqueadas, revelando olhos incrivelmente castanhos e expressivos. Abriu um sorriso de orelha a orelha ao reconhecer Robson.

— Não acredito! — ela exclamou, aproximando-se dele. — Como você está?

Antes que Robson respondesse, a loira estalou um beijo na bochecha dele, tão próximo da boca que os cantos dos seus lábios chegaram a se tocar. Desta vez foi Graciela quem ergueu uma sobrancelha, entre divertida e irritada com a presença de Mirela. Filha única da desagradável delegada da cidade, ela conseguia enervar qualquer pessoa menos paciente com seus modos frescos e afetados. Na adolescência, fora uma das grandes inimigas de Graciela, que duvidava que o quadro estivesse muito diferente atualmente.

— Estou bem — Robson respondeu, corando um pouco. Mirela adorava demonstrar seu carinho em público. — Achei que você estivesse de férias.

— Ainda faltam mais de três semanas — ela revirou os olhos e sorriu. — Meu cargo como assistente do departamento administrativo do hospital é muito importante, por isso eles estão protelando a minha saída. Já era para eu estar descansando, mas adiaram minhas férias em quase um mês. Estou aqui porque meu expediente já terminou — olhou de esguelha para Graciela e tornou a fixar o rosto de Robson. — Pelo menos eu estudei para isso, sabe? Não quis me tornar uma inútil, dessas que veem no próprio pai a galinha dos ovos de ouro e tiram dele toda a grana que conseguem.

— Se a indireta foi para mim, garanto que não surtiu efeito — rebateu Graciela. — Aliás, boa noite para você também!

— Ah, é você quem está aqui? — Mirela a mediu da cabeça aos pés. — Disseram que seu pai está acordado. Ainda bem, né? Do contrário, eu ia sugerir que você se trancasse em uma capela e rezasse para todos os santos de seu conhecimento a fim de que eles preservassem seu pai com vida. Afinal, de onde mais você conseguiria tanto dinheiro?

— Se Afonso falecer, que Deus não permita, Graciela herda tudo o que ele deixar — informou Robson com voz tranquila. — Todos os bens materiais dele ficarão para a filha.

— E eu não sou uma ambiciosa sem coração — Graciela também a olhou de cima a baixo. — Amo o meu pai e não trocaria a vida dele nem por toda a fortuna do mundo.

— Não acredito nisso — Mirela deu de ombros.

— Problema seu. Aliás, sabe o que eu penso? Que você e a solteirona da sua mãe devem ter se insinuado para ele, e foram rejeitadas como dois produtos vencidos. Desde que eu a conheço, seus olhos incham à simples menção da palavra dinheiro. Já a sua mãe, nem tem como inchar mais, pois se isso acontecer, ela estoura.

— Sua idiota! — explodiu Mirela, o rosto rubro de raiva. — Vou contar a ela que você a ofendeu. Tomara que ela a prenda para você deixar de ser metida.

— E tomara que você encontre um homem milionário com quem possa se casar — Graciela sorriu friamente. — Assim que descobrir que você não vale nada, ele lhe dará um bom pontapé no traseiro. Pelo menos, você terá usufruído de alguns momentos de fama e glória.

Descartando completamente a presença de Mirela, da mesma forma como fora ignorada há pouco, ela se virou para a atendente do balcão, que acompanhava a discussão com os olhos arregalados.

— O doutor Márcio se encontra? Fui chamada para conversar com Afonso. Sou a filha dele.

— Sim, só um momentinho por gentileza.

Enquanto a recepcionista discava para um ramal, Mirela ajeitou a alça da bolsa no ombro, passou por Robson como um tufão, sem dizer nenhuma palavra, e saiu do hospital. Ele tocou no ombro de Graciela pouco depois.

— Pelo jeito, vocês continuam se desentendendo.

— Pouco me importo com ela. Já vocês devem ter uma amizade bem estreita, pois ela o presenteou com um beijo meio íntimo.

— Meio íntimo? Não conhecia esse termo — ele riu. — Sua atitude está me parecendo cena de mulher ciumenta.

— Como é que é?

Antes que ela tivesse chance de iniciar outra discussão, ambos viram Márcio caminhando a passos largos, o jaleco branco esvoaçando à medida em que ele andava. Cumprimentou Robson e Graciela polidamente. Em seguida, ergueu os óculos e esfregou os olhos avermelhados e exaustos.

— Ainda bem que você veio depressa — ele fitou o rosto preocupado de Graciela. — Não sabemos por quanto tempo ele permanecerá consciente.

— Por quê? Ele ainda está grogue?

— Ele não está nada bem. É realmente espantoso que ele tenha despertado. Como você verá, o rosto de Afonso está destruído. Mal dá para compreender o que ele diz.

— Meu Deus! — ela cobriu a boca com as mãos.

— Vamos, venha comigo — Márcio voltou-se para Robson. — Você pode aguardar na sala de espera.

Robson obedeceu às ordens de Márcio, e Graciela seguiu o médico por um longo corredor, com portas brancas dos dois lados.

8

Pouco depois, antes de adentrarem a UTI, ela foi orientada a higienizar as mãos com álcool em gel, colocar uma máscara cirúrgica e um avental esverdeado. Mais à frente, Márcio indicou-lhe um leito, no qual repousava um corpo pálido, magro e monitorado por aparelhos.

Ao ver a figura do pai, ela não conseguiu reprimir um grito de susto.

Afonso estava sem camisa, com um lençol branco cobrindo parte de suas pernas. Havia ataduras e gazes espalhadas por seu peito, e mesmo assim, outros cortes, arranhões e ferimentos eram visíveis nos braços, ombros e pescoço. Alguns eletrodos estavam fixados na região do coração e uma agulha para o soro fora introduzida em sua veia. Linhas trêmulas e instáveis percorriam um monitor e Graciela sabia que eram elas que representavam a vida de seu pai.

O mais chocante em tudo aquilo não era vê-lo ferido. O que a deixou tão assustada foi a massa disforme em que o rosto alegre e expressivo de Afonso se transformara. Mesmo tendo o rosto parcialmente oculto sob vários metros de bandagens brancas, ela pôde ver o nariz quebrado, os olhos inchados e arroxeados, e a carne viva onde a pele fora arrancada quando pedaços de vidro penetraram ali. Os lábios também estavam à mostra, muito machucados, e ela se perguntou se os dentes dele teriam sido conservados.

Como se pressentisse a presença da filha, que chegara de mansinho, Afonso abriu os olhos o máximo que conseguiu. A boca se repuxou para os lados, numa forçada tentativa de sorriso.

— Pai! — ela chegou mais perto da cama e segurou na mão frágil e fria do enfermo. — Como você está se sentindo?

Márcio e uma enfermeira estavam de prontidão, postados logo atrás de Graciela.

— Meu... amor — a voz dele estava rouca e aguda, embora fosse compreensível. Nem de longe lembrava o timbre vocal grave e poderoso de Afonso. — Você ve-veio.

— Sim, eu estou aqui agora. Vai ficar tudo bem, sabia?

— Você precisa... saber. Deve saber.

— Não sei do que está falando e nem quero que continue fazendo esforço para conversar comigo — os olhos dela marejaram e logo as lágrimas desceram.

— Eu preciso... falar... tudo deve ser... dito.

— Sua filha tem razão, senhor Afonso — interveio Márcio. — Procure descansar por ora. Seu coração ainda está muito fraco, seu corpo bastante ferido. Deve...

— Graciela, você tem que saber — Afonso prosseguiu, parecendo não ter ouvido as palavras do médico. — Minha... filha querida...

— Pai, por favor — sensibilizada com aquela cena, ela só conseguia chorar.

Ali estava o homem que representava tudo na vida dela. Mesmo não tendo atendido às expectativas dele, Afonso era, para ela, uma espécie de ídolo, um modelo a ser seguido. Ela era o que era graças a ele, à criação que obtivera dele, que dedicara toda a sua vida para criá-la com amor, carinho e gentileza.

Ele representava toda a sua família e era a única pessoa viva a quem Graciela amava. Sabia que se sentiria incompleta se algo pior acontecesse a ele. Pensava que jamais seria a mesma mulher se o pai morresse.

Viu-se na infância, correndo pela relva de cor exuberante, tendo o pai em seu encalço, perseguindo-a de brincadeira. Podia ver a menina que ria quando ele lhe fazia cócegas, ou que chorava quando a levava na direção do galinheiro ou do chiqueiro. Nunca tivera muita simpatia pelos animais criados na fazenda, pois os considerava sujos e muito malcheirosos.

Mesmo depois de ter se mudado para São Paulo, ela passava todas as festas de fim de ano ao lado dele. Trocavam presentes, bebiam juntos e riam muito, como duas crianças. Sabia que ele jamais havia guardado ressentimento por ela ter deixado a casa em que nascera para viver a própria vida na capital. Prova disso era o fato de ele depositar, mensalmente, a polpuda mesada em sua conta bancária, para que ela gastasse sem receios, da melhor forma que lhe aprouvesse. Afonso só queria que Graciela se divertisse e que fosse feliz.

Por isso, naquele momento ela queria que o pai tentasse fazer isso mais uma vez. Ela só se divertiria ou demonstraria felicidade se ele saísse da UTI e começasse a se recuperar. Quem conseguiria ficar bem vendo o próprio pai naquela situação?

— Não posso mais esconder — a voz que já estava afônica pareceu sumir de vez.

— Esconder o quê? Pai, suas palavras não fazem sentido. É melhor dormir um pouquinho — como se quisesse enfatizar a ordem, ela apertou com mais força a mão dele, que parecia mais gelada a cada instante.

— Graciela, eu amo você...

Ela viu uma lágrima rolar pelo rosto repleto de hematomas, sem conseguir impedir que as próprias lágrimas vertessem.

— Eu também o amo muito. Sabe disso, não é?

— Cuide da fazenda... do parque. Prometa-me.

— Cuidar? Pai, você sabe que eu nunca gostei...

— Prometa para o seu pai — foi a vez de Afonso apertar a mão dela. — Não abandone tudo... o que eu lutei para criar.

— Está bem — naquele momento ela prometeria qualquer coisa, se isso lhe servisse de ajuda. — Agora pare de falar como se fosse morrer. O doutor Márcio está aqui e ele é um excelente médico — pelo menos era o que ela esperava.

— Você... — Afonso tossiu e sua frequência cardíaca no monitor tornou-se mais acelerada. — Você não é a única.

Confusa, ela aproximou a cabeça do rosto dele, tentando compreendê-lo melhor.

— Como? Não o ouvi direito.

— Você não é a única. Naquela noite... eu ia até lá.

— Lá onde? Para onde você estava indo, pai? Com quem falava ao telefone momentos antes? E que papo é esse sobre eu ser a única?

— Tome cuidado, meu amor... Saiba que eu a amo demais.

Os apitos das máquinas se tornaram mais intensos. Márcio pediu que Graciela se afastasse. Chorando, ela recuou sem saber o que estava acontecendo. Ainda teve tempo de ver o último olhar que Afonso lançou em sua direção, antes de ser retirada dali por outra enfermeira que aparecera. Jamais se esqueceria daquele olhar, tão repleto de ternura, gratidão e amor.

Ela estava em pranto quando retornou à sala de espera. Ao vê-la, Robson ergueu-se da cadeira onde aguardava e correu ao encontro dela. Envolveu-a em um abraço, permitindo que ela apoiasse a cabeça em seu peito para dar livre curso às lágrimas. Graciela tremia e soluçava sem conseguir articular nenhuma palavra. A um sinal dele, a enfermeira que a trouxera foi até um bebedouro que ficava diante da recepção e voltou trazendo um copo descartável com água.

— Beba isso — ele ordenou. — Você precisa se acalmar.

— Ele está pior do que eu pensava, Robson. Seu rosto está todo deformado. E me disse coisas das quais não entendi nada. Ele... ele...

— Calma! Por favor, acalme-se. Sente-se aqui — conduziu-a até as cadeiras e a forçou a se sentar. — Depois você me conta tudo. Só quero que pare de chorar.

— Estou com medo. Não quero perder meu pai — ela esticou a mão e pegou o copo que a enfermeira oferecia.

— Não vai perder. Já falei que Afonso é muito resistente e vai tirar isso de letra. Minha mãe sempre me dizia para nunca perdermos a confiança na vida, porque ela trabalha pelo melhor de todos nós.

Graciela tomou dois goles da água e devolveu o copo a Robson antes que entornasse o restante, pois as mãos estavam trêmulas. Ela se deixou ficar ali, embalada por ele, chorando silenciosamente. Tentou se concentrar em uma oração, porém, quando se recordava da imagem do pai, sua mente ficava enevoada e ela perdia toda a concentração.

Meia hora depois, Márcio veio ao encontro deles. Trazia no rosto uma expressão de derrota, que já prenunciava a notícia que estava por vir. Ao analisar sua fisionomia, antes mesmo que ele dissesse a primeira palavra, Graciela soube que o pai se fora.

— Fizemos o possível para salvá-lo. Infelizmente, o coração dele não aguentou. Teve três arritmias sequenciais e um infarto do miocárdio. Mesmo com as transfusões sanguíneas que ele recebeu, seu pai estava muito fragilizado — Márcio se sentia um monstro a cada palavra dita, vendo o rosto de Graciela empalidecer mais a cada instante. — Acredito que ele só suportou até agora porque queria se despedir de você.

Ela tentou dizer algo, engasgou e recomeçou a soluçar. Robson pediu a ela que ficasse ali por alguns instantes, pois desejava conversar a sós com o médico. Na realidade, inquiriu Márcio sobre os trâmites com o velório e o enterro, porque sabia que ela não teria condições psicológicas para lidar com aquilo sozinha.

Soube que o corpo seria encaminhado ao cemitério na manhã seguinte e que o enterro deveria acontecer no mesmo dia. O próprio Márcio estava derrotado. Sentia-se o pior dos profissionais a cada vez em que perdia um paciente, mesmo em estado tão debilitado quanto Afonso estivera. Era como se todos os anos de estudo e empenho ao aprendizado da profissão não valessem de nada.

Só o que queria era chegar logo em casa e passar o restante do dia na companhia agradável de Carlinhos. Torcia para que o garoto houvesse conseguido algum progresso em sua seleção de orfanatos que estavam dispostos a recebê-los sem nenhum tipo de preconceito. Ainda que essas instituições fossem obrigadas por lei a atendê-los, ele queria que isso acontecesse de forma espontânea, e não sob uma ordem judicial.

Despediu-se de Robson e de Graciela, lamentando profundamente o ocorrido. Enquanto trocava de roupa, numa área restrita a médicos e enfermeiros, ligou o celular e percebeu que havia uma mensagem de Carlinhos, que dizia simplesmente:

Venha assim que puder. Tenho novidades!

Ansioso para que houvesse uma boa notícia esperando por ele em casa, como forma de consolo por aquele dia longo e extenuante, Márcio terminou de se vestir e conferiu seu reflexo no espelho, que ficava sobre as pias do banheiro. O cansaço deixara marcas tão profundas em seu rosto quanto um trator faria ao arar uma porção de terra. E viu que seus olhos estavam ainda mais vermelhos do que antes. Lembrou-se de que deveria telefonar para um colega seu, que era oftalmologista, e agendar uma consulta com urgência. Aquilo, certamente, não era normal.

***

Nem por um instante Robson cogitou a ideia de retornar a cavalo. Já eram quase nove horas da noite e Graciela precisava de uma boa noite de sono. Ela ainda não fizera isso desde que chegara de São Paulo.

Por ter muitos conhecidos trabalhando no hospital, conseguiu facilmente carona com uma enfermeira, pelo sorriso de flerte que ele dirigiu à moça. Mais tarde, ele telefonaria para algum amigo pedindo que lhe levasse o cavalo.

55

A enfermeira os deixou diante da entrada principal da fazenda, atrás de uma viatura policial. Graciela viera deitada no assento traseiro, chorando quase que o tempo todo. Ele temia que, se ela não comesse algo, poderia passar mal ou até desmaiar. Para variar, a presença da polícia ali não indicava que a noite seria tão tranquila quanto ele imaginara.

— Obrigado pela carona, Cidinha — ele deu outro sorriso deslumbrante para a enfermeira, cujo coração facilmente apaixonável se agitou todo.

— Disponha. Espero que sua amiga fique bem.

Robson desceu, abriu a porta traseira e amparou Graciela. Ela tropeçou algumas vezes, denotando que não estava com as pernas muito firmes. Mal pareceu ter se dado conta de que estava sendo aguardada pelos policiais.

Depois que a enfermeira manobrou o carro e partiu, e antes de adentrarem o casarão, Robson segurou Graciela pelos ombros, obrigando-a a olhar para ele.

— Você está bem?

— Não. A minha cabeça está doendo muito.

— Eu imagino. Já estamos em sua casa. Não sei se percebeu, mas a polícia está aqui. Está lembrada de que Dora avisou que Vanda viria visitá-la?

— Estou. Nossa, como dói — ela massageou as têmporas com força, implorando aos céus para que fizesse a dor passar. Não tinha a menor disposição de enfrentar a delegada no mesmo dia em que praticamente vira o pai morrer.

— Robson, você pode pedir para ela voltar amanhã? Preciso me deitar.

— Vamos conversar com ela.

Como ele supunha, Vanda estava acomodada no sofá, olhando com inveja e amargura para os objetos de decoração da casa. Em apenas duas ocasiões tivera a oportunidade de adentrar aquele recinto, pois Afonso nunca convidava os amigos para conhecer sua casa. Certa vez, ela até desconfiara de tudo isso e pensara em abrir uma investigação, só para ter certeza de que o fazendeiro não escondia segredos ilícitos por ali. Por outro lado, suas buscas dariam início a uma onda coletiva de revolta e de antipatia por parte da população, que amava Afonso e a detestava com todas as forças.

Ela pousou a xícara que segurava na mesinha de centro e se levantou. Usava blusa e saia pretas, sua cor preferida, que a fazia nutrir a deliciosa ilusão de estar mais magra. Ela caminhou alguns passos na direção dos recém-chegados, balançando seu distintivo, que trazia preso ao pescoço como um colar.

De pé, ambos fardados, estavam Alexandre e Antônio, os mesmos policiais que conversaram com ela na parte da manhã na companhia de Vanda. Para Graciela, era como se os tivesse visto há uma semana. Muitas coisas haviam acontecido no curto período de vinte e quatro horas.

Por fim, observando a cena discretamente de um canto da sala, estava Dora, que encarou Graciela com um pedido mudo de desculpa no olhar e soube, ao analisá-la melhor e ver seus olhos inchados de choro, que a moça se tornara órfã de pai.

— Até que enfim você chegou, mocinha — Vanda apoiou as mãos nos quadris. — Eu havia dito à sua criada — indicou Dora — que estaria aqui às vinte horas. E já passa das nove. Acha que estou à sua disposição?

— O meu pai morreu, Vanda! — revelou Graciela sem rodeios. — Eu me atrasei porque... bom, eu não estou muito bem.

— Sinto muito, de verdade — apesar de dizer isso, no rosto da delegada não havia nenhum resquício de pesar ou compaixão. — Pelo menos ele não sofreu.

— Doutora Vanda — interveio Robson —, seria muito difícil se eu lhe pedisse para que retornasse amanhã cedo? Pelo bem de Graciela, que precisa descansar o corpo e a mente durante algumas horas. Ela...

— Seria muito difícil sim, porque a minha conversa com ela não pode ser adiada nem mais um único dia — cortou Vanda, bruscamente. — Aliás, não sei o que você faz aqui. Queira se retirar, por gentileza, pois o meu assunto com essa moça é estritamente pessoal.

Robson assentiu e quando ele deu um passo para trás, fazendo menção de se sair, Graciela retrucou, com voz fria e arrastada:

— Ele fica onde está. É meu convidado e eu o quero aqui.

— Querida, acho que você não entendeu — Vanda tentou disfarçar a ira. Odiava ser contrariada. — As perguntas que lhe farei são particulares. Não sei em que a presença de Robson poderá lhe ser útil.

— Essa casa é minha e do meu pai — desafiadora, Graciela empinou o queixo. — A utilidade de Robson aqui dentro não diz respeito à senhora. Já que é cruel o bastante para não me poupar do seu interrogatório e adiá-lo até amanhã, ele ficará ao meu lado. Dê-se por satisfeita, antes que eu faça questão da presença de um advogado.

Vanda cruzou as mãos gorduchas, porque do contrário as usaria para estrangular aquela imbecil. Bem que Graciela poderia ter morrido no lugar do pai. Que falta para o mundo aquela criatura indecente faria?

— Muito bem — respirando fundo para não extravasar sua revolta, pediu que Graciela se sentasse no outro sofá, diante dela. Controlou-se para não bufar quando Robson acomodou-se ao lado de Graciela.

— Vou gravar toda a conversa. Como você mesma disse, tem direito à presença de um advogado. Lembrando que este é um depoimento informal, pois eu acharia muito indelicado levá-la à sala de interrogatório da minha delegacia.

— Por quê? — a dor de cabeça estava ganhando força, mas Graciela não se deixaria ser dominada por ela. — Está me tratando como se eu tivesse feito algo errado.

Vanda a ignorou. Ligou um pequeno gravador portátil, recitou todos os direitos e deveres legais dela e quando ia começar, Graciela comunicou:

— Se você gravar a conversa, eu vou ligar para um advogado. Já que se trata de um interrogatório informal, por gentileza, desligue seu aparelho.

Vanda hesitou. Depois sorriu com raiva, desligou e guardou o objeto na bolsa.

— Estou investigando o acidente do seu pai. Todos nós sabemos que ele havia atendido a um telefonema misterioso pouco antes de sair daqui correndo, aparentemente ao encontro da pessoa com quem havia conversado um pouco antes. Pelo menos foi isso que a sua criada me informou.

— Dora não é uma criada — corrigiu Graciela. — É a governanta da casa e uma grande amiga minha. Ao referir-se a ela, faça o favor de mencionar sua profissão corretamente.

Vanda mordeu os lábios, furiosa. Então era daquele jeito que aquela menina mimada queria conduzir a conversa? Pois então jogaria com as mesmas cartas.

— Com licença, doutora — interrompeu Antônio antes que a delegada prosseguisse. — A senhora me permite trocar algumas palavras com a minha esposa?

— Sim, eu autorizo, mesmo que você esteja em horário de trabalho.

Antônio agradeceu, fez um sinal para Dora acompanhá-lo e eles desapareceram na direção da cozinha.

Vanda olhou para o policial mais jovem, Alexandre, que parecia uma estátua parado ali. Impassível, não movia um músculo sequer. Voltou-se para Graciela.

— Como eu dizia, quero descobrir a autoria daquele telefonema. Não estamos falando de um homicídio até agora, mas quero ter certeza de que todas as pessoas ligadas ao seu pai são inocentes como bebês.

— O que quer dizer com homicídio? — alarmou-se Graciela.

— O veículo em que seu pai estava foi levado para ser analisado pelos peritos. Esperamos que tenha sido apenas um descuido de Afonso que fez com que ele batesse. Afinal, um motorista nervoso e apressado pode cometer algumas infrações.

— Qual seria a outra possibilidade? — interessou-se Robson.

— Você não tem direito a fazer perguntas por aqui, mocinho.

— Considere a pergunta dele como sendo minha — tornou Graciela. — Do que mais a senhora suspeita?

— Ao que me consta, quem faz as indagações sou eu. Porém, como estou de bom humor — Vanda coçou os cabelos pintados de loiro —, direi o que penso. Quero descartar a hipótese de que o acidente não tenha sido proposital.

— Seja mais clara, por favor — pediu Graciela, começando a ficar irritada. — Acha que alguém sabotaria o carro do meu pai? Isso é um absurdo!

— É função de uma delegada considerar todas as teorias absurdas. Aliás, querida, por que não me informa onde esteve na noite do acidente?

Graciela pulou do sofá como uma mola. Robson viu quando Alexandre, por instinto, colocou a mão sobre o cabo do revólver preso no coldre. Vanda manteve-se calma, mas também se levantou. Corada de raiva, Graciela questionou:

— A senhora está achando que tenho algo a ver com o acidente?

— Assim como eu tenho a minha função — sorriu Vanda —, a sua será provar a sua inocência. Convença-me de que não queria a morte do seu pai para se tornar a herdeira do pequeno império que ele construiu.

9

A ampla e bem arejada cozinha estava vazia quando Dora e Antônio entraram. Ela apertou o interruptor e a claridade preencheu o ambiente.

— Não há cozinheiras aqui? — ele sondou, olhando em volta.

— Sim, mas já foram embora. Deixaram a comida pronta. Daqui a pouco vou esquentar para Graciela.

— Entendi.

De repente, Antônio esticou a mão e agarrou Dora pelo braço, apertando-o com tanta força que ela não escondeu uma careta de dor.

— Até quando vai dormir aqui, bancando a babá dessa mulherzinha cheia de pose? — ele sussurrou. — Agora que o pai dela bateu as botas, você está praticamente demitida.

— Ficarei até quando ela não precisar mais de mim.

— E eu? — intensificou a pressão no braço dela. — Acha que não preciso de você? Sou seu marido, esqueceu?

— Por favor, Antônio, solte meu braço. Está me machucando.

— Pare de choramingar como uma criança — mesmo a contragosto, ele a largou. — Alguém reparou na sua boca inchada? Qual desculpa você deu?

— A dona Graciela me perguntou e eu falei que havia sido picada por uma abelha. Tenho certeza de que a convenci.

— Acho bom. Ela não reparou nos sinais em suas costas?

— Não — sufocando o pranto, ela apressou-se em sacudir a cabeça para os lados. — Se tivesse visto, eu diria que caí em casa, ao lavar o banheiro.

— Hoje eu quero que você vá para a nossa casa. Faz duas noites que não dorme em casa. Quero transar e não tenho dinheiro para pagar uma vagabunda da rua. É para isso que sou casado, para ter sexo gratuito todas as noites, mesmo que o material não seja de boa qualidade.

Ela concordava depressa com a cabeça, relutando para não chorar. Não obstante, as lágrimas surgiram e logo molharam a face pálida de Dora.

— Farei o que me pede. Só que vou chegar tarde em casa. A dona Graciela...

— Ela que se dane! Terá que se virar sozinha a partir de hoje, já que o velho se foi. Todo mundo está acreditando que ela vai vender o parque e a fazenda e sumir no mundo com a grana. Vai colocar você no olho da rua, portanto, pare de bancar a retardada. Não fique protegendo quem não está nem aí para você.

Dora limitou-se a anuir. A figura do marido, que já era o bastante para amedrontá-la, parecia se tornar ainda mais assustadora quando ele estava fardado.

— Assim que ela jantar e dormir, eu vou para casa. Prometo.

Ele a agarrou pelo pescoço e a apertou levemente, para não deixar marcas ali. Dora tinha a pele clara e ele se precavia para não deixar sinais em locais visíveis. O tapa que dera na boca dela fora um ato descuidado.

— Você está avisada. Quero sexo até eu me fartar. Está entendendo?

— Farei o melhor que eu posso. Agora me solte. Quer que alguém nos veja?

— Você não me dá ordens, infeliz! Só não meto a mão na sua cara porque a doutora Vanda está aqui e eu ainda estou em serviço.

Dora mais uma vez assentiu em silêncio, engolindo a dor e a humilhação.

— Enxugue esse rosto. E já sabe: nem uma única palavra sobre essa conversa com ninguém, ou eu acabo com você quando chegar em casa. Tenha certeza disso.

Virou as costas para ela e saiu da cozinha. Dora apoiou-se na pia, massageando o pescoço com força. Naquele momento, sua única certeza era a de que aquele pesadelo jamais teria fim.

***

Quando Márcio parou o carro diante de sua garagem, antes de manobrá-lo para guardar o automóvel, viu que Carlinhos já o aguardava ali, parecendo ansioso, com um sorriso cintilante nos lábios. Depois de estacionar, ele desceu e foi recepcionado por um abraço caloroso e intenso.

— Tudo isso é saudade? — riu Márcio.

— Lógico. Sabe que sinto sua falta. Quase não temos tempo para ficarmos juntos. Quando você chega à noite do hospital, eu já saí para trabalhar no parque. Quando regresso, perto da meia-noite, você já está dormindo. Só temos algum tempo para nós na parte da manhã, quando você me acorda antes de retornar ao hospital, ou à tarde, quando vem almoçar em casa.

— E o que você está fazendo aqui a essa hora? Não deveria estar no parque?

— Hoje é a minha folga — Carlinhos ampliou o sorriso. — Eu lhe falei ontem. Você ainda é muito jovem para estar desmemoriado.

— Ah, moleque, vá procurar sua turma!

Entraram abraçados na casa. Mesmo tendo um dia tenebroso, com a morte de Afonso, a companhia de Carlinhos parecia ter o poder de fazer sua mente relaxar e esquecer-se do mundo. Como era bom poder chegar em casa e encontrar alguém cheio de amor à espera.

Entraram na cozinha e Márcio seguiu direto para a geladeira, e enquanto preparava sua dose noturna de insulina, perguntou:

— Fiquei curioso com a novidade que você queria me contar. Recebi a mensagem enquanto trocava de roupa.

— Na realidade, são duas — Carlinhos ajeitou melhor o boné na cabeça. — Só que eu percebi que você me parece mais abatido hoje. O que aconteceu?

— Afonso faleceu — revelou Márcio, deprimido. Aplicou a agulha no braço e mergulhou o medicamento na veia. — Problemas cardíacos. Pelo menos teve tempo de rever a filha e despedir-se dela.

— E agora? Ele era meu patrão. O que vai acontecer com a gente que trabalha no parque? Seremos todos despedidos?

— Não sei, amor. Isso será resolvido pela filha dele junto com Estevão, que era sócio de Afonso. Já ouvi vários comentários de que ela venderá todos os bens do pai e voltará com o dinheiro para São Paulo. Só que são apenas fofocas, boatos e especulações, pois acho que nem ela mesma decidiu o que fará.

— Então preciso procurar outro emprego. Eu não conheço essa moça, mas pelo jeito se deu bem na vida. Não duvido que ela amasse muito o pai, contudo, praticamente ganhou um bilhete premiado da loteria. Não são todos os dias que se recebe uma herança tão grande.

— De qualquer forma, isso não é problema nosso — Márcio olhou para o interior da geladeira. — Acabaram-se as minhas insulinas. Preciso providenciar mais.

— Não sei como você aguenta ter a pele furada todos os dias — Carlinhos fez uma careta de agonia. — Detesto injeções.

— Quem diz isso é porque tem medo delas — fechando a porta do refrigerador, Márcio olhou com carinho para o companheiro. — E então, você vai ou não me contar quais são as novidades? Estou muito curioso.

— Claro. Venha aqui — puxando Márcio pela mão, Carlinhos o levou até o sofá da sala. Sentaram-se e ele puxou a cabeça de Márcio, recostando-a em seu ombro. — Consegui agendar uma visita a um orfanato, que fica a sessenta quilômetros da nossa cidade. A diretora, pelo telefone, mostrou-se feliz e não pareceu se importar com o fato de sermos dois homens interessados em adotar uma criança. Contei que já entramos com o pedido de adoção na justiça e que estamos na fila de espera. Quando tivermos a aprovação do juiz, já teremos encontrado o nosso filho. E aí, seremos uma verdadeira família.

Emocionado com aquela revelação, lágrimas vieram aos olhos de Márcio, que ficaram mais vermelhos do que já estavam. Estendeu os braços para frente e abraçou Carlinhos com força, beijando-o repetidas vezes no pescoço, no rosto e nos lábios.

— Você é muito especial na minha vida, Carlinhos. Eu o amo muito. Obrigado por existir.

— Doutor Márcio, você sabe que faço tudo isso pela nossa felicidade, e por amá-lo demais também. E agora, vamos à outra notícia.

— Conte-me, porque a minha ansiedade está me matando.

— Recebi um telefonema de um grande amigo, que conheci na adolescência. Perdemos o contato desde que vim pra cá trabalhar na fazenda do meu tio. Ele mora na mesma cidade que meus pais.

Os pais de Carlinhos eram os únicos que sabiam de sua relação com outro homem. O pai, que já contava com mais de sessenta anos, apesar da tenra idade do filho, tinha Alzheimer em estágio avançado e mal se dava conta do que estava acontecendo à sua volta. A mãe ficou chocada quando descobriu que o filho era homossexual e só pareceu mais conformada quando Carlinhos a convenceu de que seu companheiro era um médico bem conceituado na cidade e a convidou para vir conhecê-lo. Por fim, ela desejou que eles fossem muito felizes, que não ia visitá-los devido à doença do marido, mas que gostaria que eles passassem um fim de semana na casa dela, o que aconteceu algumas vezes desde que estavam juntos.

— O nome dele é Everton — Carlinhos explicou. — Está com vinte e dois anos, dois a mais do que eu. Conheço-o há uns oito anos e ele é um grande amigo meu.

— Vocês foram só amigos mesmo? — indagou Márcio, tentando conter uma pontada de ciúmes.

— Claro. Ele nem sabe das minhas preferências. E ainda namora firme uma menina há mais de três anos. Creio que se casarão no fim deste ano.

— E por que ele o procurou, depois de tanto tempo sem se falarem?

— Quando eu saí da fazenda do meu tio para vir morar com você, minha vaga ficou em aberto até agora. Ele vai trabalhar lá, fazendo a mesma coisa que eu fazia. Ele queria saber se meu tio paga o salário direitinho, se o serviço é muito pesado, coisas do tipo...

— Sei.

— Ah, não faça essa cara de desconfiado — Carlinhos riu e apertou a bochecha de Márcio. — Everton é um cara muito bacana. Você vai gostar dele.

— E qual foi a conclusão dessa conversa?

— Ao contrário de mim, que era parente, meu tio não vai deixá-lo morar na fazenda. Everton queria saber se eu conheço alguma casinha para ele alugar. Como virá sozinho, pensei que ele pudesse ficar aqui.

— O quê? — incomodado, Márcio levantou-se do sofá. Aquele assunto não estava agradando-o nem um pouco.

— É só por um tempo. Ele começa a trabalhar na semana que vem. Não dá para procurar e alugar uma casa tão depressa.

— Claro que dá. Ele que venha com tempo e faça as pesquisas. Eu mesmo sei de algumas disponíveis para locação lá perto do hospital.

— Não seja egoísta, amor — Carlinhos também ficou de pé e abraçou Márcio por trás. — O quarto que será do nosso filho está vazio. Está até mobiliado. Deixe que ele fique lá. Pediremos que nos ajude com as despesas de água, luz, alimentação...

— Parece que você já pensou em tudo.

— Vamos, deixe de ser ciumento e confie em mim. Ele é apenas um amigo e é você que eu amo.

Como Carlinhos estava pressionando seu corpo contra o de Márcio num movimento sensual, ele se excitou e se deixou levar. Fazia tudo o que Carlinhos lhe pedia e daquela vez não seria diferente. Só esperava que não fosse se arrepender depois.

***

Graciela estava tão furiosa que, se Vanda não fosse uma delegada, teria lhe acertado umas belas bofetadas naquela cara rechonchuda. Ambas estavam em pé, confrontando-se através de uma ameaçadora troca de olhares.

— Não tenho que provar minha inocência coisa nenhuma — Graciela exasperou-se. — Acha que eu mataria o meu pai por causa do dinheiro dele?

— Que a partir de hoje é todo seu — complementou Vanda.

— Se a senhora não sabe, ele me enviava uma quantia mensal para cobrir as minhas despesas. Tudo o que eu tenho foi ele quem me deu: o meu carro, o meu apartamento, as minhas roupas, as viagens que fiz...

— A cidade inteira sabe que você praticamente extorquia dinheiro de seu pai. Sua revolta por essa cidade e sua ambição por coisas luxuosas podem ter sido a principal razão que a levou a tomar medidas drásticas.

— E aí eu pagaria para alguém ameaçar meu pai em um telefonema, só para que ele entrasse em um carro e perdesse o controle, porque eu simplesmente saberia que ele bateria o carro naquela curva?

— Como sabe que ele foi ameaçado?

— Eu não sei — gritou Graciela, fazendo Robson se levantar e colocar uma mão sobre o ombro dela. — É uma suposição, baseando-me no que Dora nos contou. Saiba que ele era a pessoa mais importante da minha vida.

— Quem me garante que você não arranjou um namorado em São Paulo, interessado na grana de Afonso, e que ajudou você a tramar uma forma de tirá-lo do caminho para agilizar a leitura do testamento? — Vanda sorriu sarcasticamente. — As possibilidades são infinitas.

— Estou sendo acusada de assassinato dentro da minha própria casa? — Graciela, furiosa, passou a mão pelos cabelos. — Saiba que eu posso processá-la por difamação e calúnia.

— Até poderia, se a conversa tivesse sido gravada — Vanda olhou para a bolsa. — Porém, você foi tão inteligente que me mandou desligar o gravador — mostrou Alexandre e Antônio. — E pode ter certeza de que meus policiais não testemunharão contra sua chefia imediata.

— Eu não sei de nada, doutora — riu Antônio. — Nem sabia que a senhora esteve aqui hoje.

— Nem eu — emendou Alexandre, falando pela primeira vez desde que chegara.

— Isso é abuso de autoridade — objetou Robson. — Eu escutei tudo e se Graciela realmente quiser levar isso adiante, estarei ao lado dela.

— E quem vai dar crédito para um camponês de quinta categoria, que recebe para limpar estrume de cavalo? — Vanda fez um sinal para os dois policiais. — A conversa está encerrada. Saiba, querida Graciela, que estarei vigiando todos os seus passos. E ai de você se eu desconfiar ou encontrar algo suspeito que a desabone. Esteja certa de que não hesitarei em colocá-la no lugar em que merece estar.

Com pose altiva, Vanda caminhou rumo à porta. Os dois soldados a rodeavam como cães de guarda. Antes que ela saísse da casa, Graciela rodou o corpo e avançou na direção da delegada, dedo em riste, alertando:

— Cuidado com o que fala. Saiba que não me intimida porque nunca tive medo de você. Quanto a Robson, creio que sua filha pensa o contrário, porque hoje, no hospital, ela tentou beijar a boca do camponês de quinta categoria. Se depender dela, seu futuro genro terá cheiro de estrume.

— Não ouse colocar Mirela nessa conversa — Vanda ordenou.

— Vá fazer o seu trabalho e me deixe em paz. Sabe que eu não tenho nada a ver com isso e que meu pai sofreu um acidente como qualquer outro. Foi uma fatalidade e mais nada. Não existe homicídio nisso. Nem sequer estava embriagado porque jamais dirigia se ingerisse uma única gota de álcool.

— Sei disso, porque já conversei com o doutor Márcio e ele me confirmou que não havia traços de bebidas alcóolicas no sangue dele.

— Então vá procurar uma ocupação que saiba desempenhar com destreza — determinou Graciela. — E nem perca seu tempo me provocando. Se quiser ser respeitada como delegada, então aprenda a me respeitar como cidadã.

As bochechas rechonchudas de Vanda ficaram rubras de ódio. Todavia, como aquela conversa já havia se estendido além dos limites aceitáveis, ela abriu a porta e saiu, seguida pelos policiais. Ao ver Graciela sozinha, Robson teve certeza de que ela começaria a chorar, por isso se surpreendeu ao ver que os olhos dela estavam secos.

— Deixe o nervosismo ir embora, Gracinha. Acho que você precisa de um banho relaxante, um jantar quentinho e algumas horas de sono. Amanhã é outro dia.

— Eu sei — Graciela soltou um longo suspiro, seguiu de volta até o sofá e atirou-se nele. — Puxa vida, essa mulher sabe como me tirar do sério.

— Ela consegue perturbar a paz até mesmo de um monge. Ignore as acusações que ela teceu sobre você. Sabe que não são verdadeiras.

— Imagino que outras pessoas pensem como ela, Robson.

— E o que você tem a ver com o jeito de elas pensarem? — ele chegou perto do sofá e agachou-se até seu rosto ficar no mesmo nível que o dela. — Vá descansar, pois amanhã você precisará de todas as suas energias de novo. Seu pai será enterrado no fim da manhã. Antes disso, o corpo será velado durante algumas horas. Acredite, você verá pessoas de todos os tipos lá, entre amigos, conhecidos, funcionários e curiosos.

— Minha vontade era nem ir, mas aí sim é que darei razão para que eles façam a minha caveira — tornou a suspirar. — Estarei lá, pode deixar.

— Muito bem. Vou para minha casa agora. Se precisar de mim, pode me ligar, embora eu quase não use meu celular.

— Que desatualizado! — ela exclamou em tom de brincadeira. Olhou-o fixamente. O cansaço já começava a lhe cobrar tributo. — Obrigada por tudo o que fez por mim hoje.

— Isso é porque eu não gosto de você — ele riu.

— A recíproca é verdadeira.

Ele aproximou-se dela e pousou suave beijo em sua testa. Aquele breve contato fez o sangue inflamar-se na corrente sanguínea de Graciela e uma pequena onda de desejo invadiu-a bruscamente. Robson também sentiu a mesma coisa, e para não fazer algo que pudesse gerar problemas futuros, acenou com a mão e saiu quase correndo.

Ela ainda pensava nele, quando Dora acercou-se dela, convidando-a para que fosse tomar banho, enquanto esquentaria o jantar. A governanta, se pudesse, passaria aquela noite em companhia de Graciela, e todas as que viriam depois. Faria isso, tanto por saber que ela careceria de uma presença amiga na casa, quanto para livrar-se da tirania e da violência do marido. O homem que um dia ela amara, tornara-se um carrasco.

10

Ela sabia que aquela era a fazenda de seu pai e, ao mesmo tempo, era como se estivesse em um lugar desconhecido. A casa-grande era a mesma, porém estava pintada de outra cor. As áreas destinadas aos animais pareciam ter desaparecido. As minúsculas florezinhas brancas e amarelas que havia em abundância pela região foram substituídas por flores imensas, de pétalas gigantescas e muito coloridas, brilhantes como diamantes. Ao erguer a cabeça, avistou estrelas cintilantes num céu escuro, e uma lua redonda e belíssima derramando sua luz prateada sobre ela.

Estava sentada em um tronco de árvore cortado, que ela nem sabia se realmente existia ali. Tudo estava tão diferente, mais leve, mais bonito, mais perfeito. Mesmo não gostando da fazenda, nem do modo de vida que provinha dela, Graciela sentiu-se em paz naquele momento.

— Nós precisamos conversar.

Ela rapidamente virou a cabeça na direção de onde a voz feminina viera. Viu uma mulher negra, bem vestida, com cabelos escuros caindo em cachos pelos ombros. Aparentava cerca de trinta anos. Sorria de forma tão brilhante quanto as flores que ela acabara de avistar.

— Quem é você? — quis saber Graciela.

— Sou Silvana. Eu sei qual é o seu nome porque você é o assunto do momento.

— Onde estou?

— Em sua fazenda. Você está enxergando algumas mudanças, porque é assim que gostaria que fosse esse lugar. Como estamos conversando do lado espiritual, as energias ficam mais sutis e o ambiente pode moldar-se de acordo com a forma como pensamos ou idealizamos.

— Espiritual? — Graciela começou a se apalpar. — Não me diga que eu morri.

— Acha que está morta?

— Espero que não. Vou ficar muito irritada por ter morrido sem antes meter a mão na fuça daquela delegada metida a besta.

— Não se deixe dominar por esse seu lado infantil, mimado e agressivo. Não vai resolver nada agindo assim — Silvana sentou-se ao lado dela, no tronco caído. — Você está sonhando. Este é o seu corpo astral.

— E você? Já morreu?

— Também não. Estou encarnada, assim como você. Isso significa que meu corpo físico também se encontra adormecido nesse exato momento.

— Moça, essa conversa está um tanto quanto maluca. Não a conheço e não sei o que deseja de mim. É melhor você ir embora.

— Muitos são os segredos da vida astral. O que parece insano possui uma explicação coerente. Durante o sono, enquanto o corpo repousa, o espírito o deixa temporariamente. Parcialmente livre, ele pode ir ao local que quiser, ou aonde tiver mais afinidade. Pode encontrar-se tanto com aqueles que já morreram, quanto com amigos que permanecem encarnados. Este é o nosso caso. Ambas ainda possuímos o corpo físico em perfeitas condições, e mesmo assim aqui estamos.

— Quem é você? — por precaução, Graciela recuou um pouco, sentando-se um pouco mais afastada de Silvana. — De onde me conhece? E o que deseja de mim?

— Possuo uma escola aqui na cidade, onde desenvolvo uma série de cursos, palestras e seminários sobre espiritualidade. Lá, ensinamos técnicas, damos dicas e orientações para que as pessoas possam viver melhor, sempre pautadas nas leis da vida.

— Desculpe, mas não me interesso por religião.

— Espiritualidade não é religião — retificou Silvana. — Ela é independente de dogmas, regras ou imposições criadas pelas religiões. Espiritualizar-se é aprender a lidar com a própria vida, para que se possa usufruir de todas as coisas boas que ela oferece.

— Você se intrometeu no meu sonho para me fazer propaganda da sua escola?

Silvana não conteve uma risada bem-humorada. Quando tornou a fitar Graciela, viu que ela a observava com expressão desconfiada.

— De jeito nenhum. Estou aqui porque sei que está buscando respostas para o que realmente aconteceu com seu pai. Já vou adiantar que também não sei muita coisa. O que posso afirmar-lhe é que Afonso era aluno em um dos meus cursos.

— Não acredito nisso. Ele também nunca se interessou muito por esses assuntos.

— Talvez a maneira imposta e doutrinária com que algumas pessoas tentam lidar com a espiritualidade não agradasse ao seu pai. Tem gente que não aceita normas nem põe fé naquilo que não vê. Mas como a vida não possui regras nem diretrizes inflexíveis a serem seguidas, ele estava aprendendo que a realidade que nos cerca é muito maior do que aparenta ser. Que vivemos rodeados por seres astrais, que o espírito sobrevive à morte do copo físico e que só se alcança a felicidade quem se propõe a cuidar de si mesmo, com amor, atenção e muito carinho.

— Muito do que você está falando é novidade para mim.

— Eu sei e nem quero encher sua cabeça com as minhas ideias. Façamos o seguinte: quando você acordar, provavelmente se lembrará deste sonho, ou pelo menos de mim e da nossa conversa. Eu irei procurá-la na fazenda ou no parque para conversarmos melhor, se quiser.

— Você deveria ser chamada de invasora de sonhos alheios.

Silvana riu mais uma vez, respondendo:

— Então toda a humanidade teria esse apelido. Isso é mais normal do que você pensa. Podemos nos encontrar com nossos familiares, colegas, amigos ou rivais durante o sono. Nunca ouviu falar sobre uma pessoa sonhar com a outra, e quando elas acordam e se encontram para conversarem, descobrem que ambas sonharam com a mesma coisa?

— Sim, acho que já.

— Pois é. Felizmente, temos essa liberdade. É assim que matamos a saudade dos nossos entes queridos que passaram para o lado astral. Quando sonhamos com eles, ainda que não nos lembremos na íntegra do assunto conversado, podemos ter certeza de que estivemos juntos. Assim é a vida, sempre nos presenteando com bênçãos, alegrias e emoções.

Silvana levantou-se e se despediu de Graciela, que ficou vendo-a se afastar. De repente, tudo pareceu girar e ela abriu os olhos, assustada. Viu-se em seu quarto, a coberta caída no chão e o corpo frio devido à brisa noturna que entrava pela janela.

Pensou na misteriosa mulher com quem acabara de sonhar e em suas últimas palavras sobre a vida. Como estava sonolenta demais para matutar sobre aquilo, deixou-se levar pelo sono e voltou a adormecer minutos depois.

***

O dia seguinte amanheceu nublado. Não estava chovendo, mas Graciela imaginou que isso aconteceria em breve. O calor fora substituído por um clima mais ameno, o que agradou as pessoas avessas às altas temperaturas.

Ela levantou-se, fez a higiene no banheiro e reparou que passava das nove horas. Já deveria estar no cemitério àquele horário. Por outro lado, estava esgotada porque passara a noite retrasada em claro, dirigindo velozmente pela estrada para chegar ali em busca de notícias do pai.

Para o cortejo que viria mais tarde, escolheu usar um vestido preto, que ia até os joelhos. Vestiu um casaquinho preto e calçou sandálias com saltos altos. Espargiu no pescoço algumas gotas do perfume francês do qual não abria mão, maquiou-se levemente, penteou os cabelos com os dedos, apanhou a melhor bolsa que trouxera e finalmente deixou os aposentos. Queria que todos os presentes vissem sua elegância, sua altivez, reparassem que ela possuía *status*, e que a mudança para a capital a transformara numa mulher chique e muito elegante.

Dora não estava presente na cozinha, porém uma cozinheira que fora contratada há poucos meses apressou-se em lhe preparar o café da manhã. Quando ela estava terminando de comer, a funcionária perguntou se poderia comparecer ao enterro do patrão. Graciela concordou e ofereceu-lhe carona em seu carro.

Levou menos de vinte minutos para chegar ao cemitério. Antes de saltar do veículo, percebeu a movimentação intensa do lado de fora. Sabia que a maior parte daquelas pessoas, senão todas, só estavam ali por causa de Afonso.

— Será que toda essa gente realmente amava o meu pai? — ela murmurou em voz baixa, mais para si mesma do que com a cozinheira.

— Ele era muito querido pelos funcionários. Só que ali tem muitos que só vieram inspecionar. Prepare-se, dona Graciela, porque eles vão tentar xeretar a sua vida.

— Espero que tentem, porque estou preparada para botá-los pra correr.

Desceram do carro e seguiram devagar rumo ao portão principal. Alguns homens viraram a cabeça para admirar parte das pernas de Graciela e seu caminhar ereto e refinado. Duas mulheres também a encararam com indisfarçável desaprovação e recalque. Uma cutucou a outra com o braço e cochichou:

— Olha lá como ela anda, toda metida. Se já era nojenta antes, agora que vai pegar o pé-de-meia do pai ninguém vai suportar.

— Um pezão-de-meia você quer dizer, né? Ela acha que tem o rei na barriga, coitada. Assim que colocar as mãos na grana, vai evaporar daqui.

— E eu não sei, amiga?

Alheia àquela conversa invejosa, Graciela passou por algumas pessoas sem cumprimentar ninguém e abordou um funcionário do cemitério. Nem precisou perguntar onde o velório do pai estava acontecendo, pois o rapaz informou que bastava seguir o fluxo de pessoas. Parecia que um evento de grande importância estava acontecendo ali, em vez do corpo de um fazendeiro que era levado à cova.

Ao adentrar o pequeno salão onde havia um caixão lacrado no centro, ela ouviu vozes murmuradas, choros baixinhos, preces sussurradas e muita conversa fiada. Percebeu que as pessoas olhavam para ela e imediatamente paravam de conversar, de chorar e de rezar. Aos poucos, o movimento foi se aquietando e ela descobriu que acabara de se tornar o alvo das atenções.

— Meus pêsames, Gisela — uma mulher segurando um lenço do tamanho de uma toalha destacou-se no meio da multidão e apontou para o caixão. — Não haverá outro homem nesta cidade como o finado Afonso, que Deus o tenha!

— Meu nome é Graciela, e a senhora seria quem?

— Eu moro do outro lado da cidade — ela fungou no lenço fazendo o barulho de uma trombeta. — Você não me conhece. Nem o seu pai me conhecia. Mas eu tinha muito carinho por ele, e pela forma como ele tratava bem o gado da fazenda. Faço parte da Sociedade Protetora dos Animais e sempre estou de olho nos fazendeiros, porque detesto maus-tratos. Você acredita que uma vez...

— Seus pêsames foram aceitos, obrigada — Graciela a cortou, impaciente.

Ao olhar para o outro lado, viu Márcio em companhia de um rapaz, que mais parecia um adolescente. Como até então o médico era a única pessoa que ela reconheceu, seguiu rapidamente até onde ele estava.

— Meus sentimentos — disse ele, baixinho. — Ainda não acredito que não pude evitar sua morte.

— O senhor não é Deus, doutor — ela confortou-o. — Fez o melhor que conseguiu.

— Obrigado. Ah, esse aqui é o Carlos, mas pode chamá-lo de Carlinhos — Márcio não acrescentou nada, além disso. Sabia que havia alguns ouvidos de plantão por perto, ansiosos para descobrirem se ele e Carlinhos eram apenas dois amigos que dividiam uma casa, como eles aparentavam ser, ou se tinham algum tipo de relação mais íntima, como também aparentavam ter. Os dois eram discretos demais e os curiosos nunca se atreviam a lhes perguntar nada.

Graciela apertou a mão que Carlinhos oferecia-lhe.

— Eu trabalhava para o seu pai no Parque da Alegria — ele informou e baixou a voz para perguntar: — Agora que você é a dona, vai me demitir?

— E isso lá é hora para se perguntar esse tipo de coisa? — ralhou Márcio, olhando para ele. — Ela ainda está atordoada com os acontecimentos.

— Estou mesmo — Graciela admitiu. — Quanto ao parque, ainda não resolvi o que farei com ele, assim como não pensei no destino que darei à fazenda — deu de ombros. — Nunca escondi que não gosto das coisas de que meu pai gostava. Tenho aversão a essa vida daqui.

— Eu posso compreendê-la — apoiou Márcio. — Porque eu já viajei até São Paulo e descobri que tenho horror àquela cidade. Acho que se eu tivesse que trabalhar lá, morreria em menos de um ano.

— Ele é exagerado assim mesmo — riu Carlinhos, beliscando o braço de Márcio.

Graciela estava sorrindo quando ouviu uma voz rouca e áspera soar atrás de si:

— Pelo jeito, já superou a morte do seu pai, pois a vejo sorrindo alegremente.

Ela girou o corpo e deparou com o padrasto de Robson fitando-a com cara de poucos amigos. No canto dos lábios ressecados, Estevão mantinha um charuto apagado.

— Se eu já superei ou não, o problema é meu — retorquiu Graciela.

— Adoro sua falta de educação. Nem parece ser filha de um homem que sempre esbanjou gentileza e bons modos.

— Meu pai e eu éramos muito diferentes em vários aspectos — ela cruzou os braços e mostrou um sorriso mordaz. — Por exemplo, eu jamais, em sã consciência, aceitaria formar sociedade com um homem malvestido, sujo, fedido e viciado em jogatina.

Estevão ignorou as risadinhas maliciosas que ecoaram disfarçadamente em volta. Tentando conter a raiva, ele mordeu o charuto. Não era possível que a figura amável do seu velho amigo Afonso fosse ser substituída pela arrogante filha dele. Jamais toleraria ser sócio dela no parque de diversões.

Como não conseguiu encontrar nenhuma palavra adequada para rebater a ofensa, Estevão viu-se obrigado a se calar, quando outras pessoas foram até ela oferecer-lhe os pêsames ou agraciá-la com palavras de consolo. Márcio e Carlinhos também se afastaram dela, seguindo para o lado de fora do salão. Combinavam os detalhes da visita que fariam ao orfanato onde Carlinhos conseguira agendar um horário.

Algumas pessoas se apresentaram como funcionárias do Parque da Alegria. Graciela não conseguiu memorizar todos os nomes e rostos que surgiram em seu caminho. Mesmo quando parou diante do caixão do pai, tentando conseguir alguns minutos a sós com ele, foi interrompida por mais pessoas que chegavam às lágrimas, ou com a cabeça baixa, ou com uma expressão de derrota no rosto. Nem mesmo ela, que amava Afonso com todas as forças e que fora a última pessoa a vê-lo com vida, sentia-se tão combalida quanto aquela gente demonstrava estar.

Quando três funcionários do cemitério anunciaram que finalmente o caixão seria levado, as pessoas deixaram o salão aos poucos para acompanharem o cortejo. Uma fina garoa começou a cair e somente algumas mulheres mais delicadas abriram suas sombrinhas. Robson chegou nesse momento e cumprimentou Graciela com um abraço. Ela agradeceu por ele ter vindo procurá-la antes de conversar com o padrasto.

Ao todo, segundo a estimativa de Graciela, deveria haver umas duzentas pessoas ali. Algumas levaram os filhos menores pela mão, ou seguravam crianças no colo. Graciela se perguntou o que levaria alguém a arrastar crianças pequenas para o enterro de um homem que nem sequer era um amigo mais chegado.

O caixão de madeira escura foi colocado sobre um carrinho. Ela se perguntou quem havia providenciado o ataúde, cuidado da documentação de óbito e conversado com a administração do cemitério para a realização do enterro, já que não fora informada de nada.

Uma longa fila se formou, seguindo os coveiros que conduziam o caixão por uma estrada de terra batida, que logo viraria barro, se a garoa continuasse. Graciela avistou Dora sendo praticamente arrastada pelo braço por Antônio, que deveria estar de folga naquele dia, pois não estava fardado. Logo atrás deles, vinha Alexandre, que também estava sem a farda cinza da Polícia Militar.

— Seu padrasto não vai reclamar com você, por estar me acompanhando? — Graciela indagou a Robson, que caminhava ao lado dela.

— Tivemos uma discussão ontem à noite por causa disso — ele revelou parecendo constrangido. — Você sabe que moramos juntos. Estevão me cobrou justificativa por ter levado você ao hospital em meu cavalo. Claro que algum fofoqueiro nos viu e passou o relatório a ele.

— Você não precisa criar atrito com ele por minha causa.

— Está tudo bem, Gracinha. Sou maior de idade e vacinado. Sei o que é melhor para mim.

A caminhada durou mais de cinco minutos. Ao final, pararam diante de uma cova aberta, onde futuramente construiriam um túmulo, e Graciela sentiu um arrepio na espinha. Era terrivelmente doloroso imaginar que um homem, cuja vida sempre fora dinâmica, despachada e extrovertida, terminaria enterrado num buraco escuro e solitário. Imediatamente, recordou-se do sonho, da mulher negra falando sobre espiritualidade. Naquele momento, ela acreditou que dentro daquele caixão não podia estar seu pai. Um homem tão cheio de vida não podia se resumir a um corpo ferido e inerte, cujo rosto ficara tão deformado que nem pudera ser exibido ao público. Toda aquela energia e disposição de Afonso deveriam estar em outro lugar. Ou ela acreditava nisso, ou enlouqueceria.

— Você sabe quem organizou o enterro? — ela perguntou.

— Fui eu — confessou Robson, sorrindo como um aluno feliz por receber um elogio da professora. — Tenho amigos no hospital, que me orientaram sobre os procedimentos a serem tomados. Você é a pessoa que deveria cuidar de todos os trâmites, por ser o único membro da família, mas eles entenderam que você não estava em condições de resolver isso. O caixão foi comprado por meu padrasto, assim como as coroas de flores que enfeitaram o salão onde o corpo estava sendo velado.

— Pois então eu devolverei a ele até o último centavo gasto com meu pai. Não quero manter nenhum tipo de dívida com Estevão.

— Não seja orgulhosa. Considere isso como um presente da parte dele.

— Ninguém dá um caixão de presente — ela discordou. — E não quero que ele venha me cobrar depois. Ainda hoje vou reembolsá-lo pelos gastos que teve.

Robson deu de ombros. Enquanto moviam o caixão para descê-lo à sepultura, Graciela viu Vanda chegar acompanhada de Mirela. A delegada trazia no rosto uma expressão de sofrimento infinito.

— Olhe aquilo — Graciela sussurrou. — Veja a falsidade estampada na face daquele demônio.

— Não vamos pensar em nada agora. Seu pai é mais importante.

— Tem razão. Desculpe-me.

Graciela tornou a sentiu um calafrio atravessar seu corpo inteiro quando o caixão chegou ao fundo do buraco e montes de terra começaram a ser lançados sobre ele. Lembrou-se das palavras que o pai dissera no leito de morte. Ele afirmara que a amava, pedira-lhe para que cuidasse da fazenda e do parque, e que tivesse cuidado. E ainda falara algo sobre ela não ser a única.

— Que mistérios você carregou consigo para o túmulo, papai? — ela indagou baixinho, sentindo que as lágrimas começavam a aflorar. — Ainda não sei como será a minha vida de hoje em diante, sem você para me orientar. Eu o amo muito, sabia?

Como resposta, ela só obteve os ruídos das pás que raspavam no chão para erguer as porções de terra que ainda restavam. Pouco depois, o caixão com o corpo de Afonso havia sido coberto pelas camadas de terra.

11

Ele se chamava Darci e passou a detestar esse nome desde o dia em que conhecera uma mulher que era sua xará. Formara-se em Direito há mais de trinta anos e detestava a profissão, porque ao longo dela só tivera problemas e encrencas com seus clientes. Só não mudava de área por não saber fazer outra coisa. Estava no enterro do fazendeiro mais famoso da cidade, mas detestava cemitérios. O tempo não estava firme e ele detestava garoas. Enfim, às vezes ele achava que detestava viver.

Entretanto, Afonso o contratara há dois anos para escrever seu testamento. Era ele quem vinha cuidando dos bens do recém-falecido. Era ele quem estava a par da vultosa soma que seria deixada para a única filha. A moça já poderia se considerar uma princesa, pois sabia que ela era solteira e que choveriam candidatos ao cargo de príncipe. Ele mesmo era um deles, com sessenta anos, baixinho, barrigudo, careca e dono de pernas curtas e envergadas.

Mesmo que Darci detestasse metade das coisas existentes no mundo, havia algo que ele idolatrava com todas as forças do seu ser: dinheiro. Era capaz de fazer um pacto com o diabo, se isso lhe trouxesse fartura, fama, riqueza e muito luxo. Porém, como nem o coisa-ruim mostrara-se interessado em propor-lhe um acordo, ele continuava no vermelho, esmolando alguns clientes, disputando outros a tapa com os demais advogados da cidade. Fora muita sorte ter conseguido um peixe grande como Afonso. E nem estava preocupado se a filha dele dispensasse seus serviços, pois ele seria esperto para seduzi-la com todo o charme que ele sabia esbanjar e levá-la ao altar antes que ela tivesse tempo de pensar.

Além disso, na remota possibilidade de que a moça decidisse residir na cidade, seria hostilizada pela maioria dos habitantes, que nutria inveja e revolta, achando que ela abandonara o pai para viver na capital, e que agora se comprazia com o dinheiro que ele lhe deixara. Interesseira e metida eram os rótulos que colocavam em Graciela.

E lá estava ela, usando um vestido preto, exibindo pernas macias e bem torneadas. Tudo o que tinha a fazer, ao conversarem sobre negócios, era lançar sobre ela o seu olhar hipnótico e sedutor. Bom seria se pudesse agir solitariamente, sem dar satisfação a ninguém sobre seu avanço na conquista à nova ricaça. Todavia, ele não estava sozinho. Havia mais alguém interessado no dinheiro da princesinha.

Fora Estevão quem o procurara há cerca de um mês. O sócio de Afonso comentara algo sobre Graciela estar solteira, vivendo a vida agitada de São Paulo. Nas ocasiões em que ela vinha à cidade em visita ao pai, jamais trazia um namorado, nem mesmo uma companhia masculina, o que significava que ela permanecia disponível. Obviamente, Estevão tentara fazer com que seu enteado investisse nela, mas ao que parecia os dois tinham certas rixas desde os tempos da adolescência.

Contudo, isso não era o que Darci estava constatando, vendo Graciela e Robson trocando palavras ao pé do ouvido com indisfarçável intimidade. Eles permaneceram juntos o tempo inteiro, enquanto o caixão foi enterrado. Só esperava que Robson não tentasse usar o mesmo jogo que ele. Afinal, quando Graciela pusesse os olhos nele e visse sua pinta de advogado bonitão, se atiraria aos seus pés implorando por um beijo.

— Adianto que não será fácil — disse Estevão, parando ao lado dele, tirando Darci de seus devaneios. — Ela é osso duro de roer.

Conversavam sob uma árvore carregada de flores amarelas, distantes da multidão, que começava a tomar o rumo da saída.

— Nada que um bom diálogo, entre alguns cálices de vinho, não resolva.

— Nem sei se ela bebe — Estevão cofiou o bigodão. — O fato é que você precisa dar o bote enquanto ela está fragilizada com a morte de Afonso. Graciela não entende nada de administração e, assim como todos, penso que ela venderá a fazenda e sua cota do parque. Uma mocinha *fashion* não combina com esse lugar, nem com essa vida.

— Muito bem — decidiu Darci. — Vou procurá-la ainda hoje. O testamento de Afonso está praticamente pronto. Preciso apresentar a ela as reais condições do patrimônio que está herdando.

— Faça isso e me mantenha informado — Estevão deu dois tapinhas no ombro de Darci, finalizando: — Não se esqueça de que temos um acordo. Se soubermos agir com rapidez e inteligência, garanto-lhe que será um negócio muito lucrativo para nós.

Estevão se afastou a passos largos, pois desejava ser visto ao lado de Darci o mínimo possível. Seguiu diretamente na direção de Graciela, que secava uma lágrima que teimara em escorrer por sua face.

— Graciela, nós precisamos conversar — ele informou, estacando diante dela.

— É o que todo mundo me diz, desde que cheguei — ela olhou de soslaio para Robson e tornou a fitar Estevão. — Se o assunto é sobre as despesas que teve com o funeral do meu pai, saiba que vou ressarcir o valor que você desembolsou.

— Não se preocupe com isso agora. Temos algo mais importante a ser resolvido, que não pode esperar até amanhã.

— Do que se trata?

— Você sabe que seu pai tinha muitos funcionários, tanto na fazenda, quanto no parque de diversões. Todos estão ansiosos para saber como ficará a situação deles. Precisam ser comunicados com antecedência, caso você se decida por uma demissão coletiva.

— Por que eu faria isso? — ela estreitou os olhos, encarando-o friamente.

— Não espero que você o faça. Aquelas pessoas não merecem perder o emprego. Entretanto, agora a fazenda é sua, assim como mais da metade do parque. Você sabe que seu pai e eu tínhamos uma sociedade. O parque era meu, quando ele resolveu aplicar algum capital para modernizá-lo. Juntamos o útil ao agradável.

— O útil era o dinheiro do meu pai. O agradável era a inteligência e a grande disposição para trabalhar que ele possuía. Não vejo qual foi sua colaboração nisso.

Estevão corou, apertando os lábios para controlar a raiva. Maldita mulherzinha! Era perita em irritar os outros. Para tentar manter a calma, ele sacou um charuto apagado do bolso e o meteu no canto da boca.

— O que você precisa saber é que nos últimos tempos ele também arcava com o salário dos empregados do parque — prosseguiu Estevão, mastigando o charuto. — Então, se você não se desfizer do negócio, deverá substituir Afonso nessa tarefa.

— Ainda não decidi o que farei com o parque e com a fazenda.

— Gracinha, eles merecem uma satisfação, não acha? — foi Robson quem perguntou. — Precisam saber se continuam trabalhando ou se devem procurar outro emprego.

— Eu posso reuni-los ainda hoje, para que você se apresente e converse com eles — opinou Estevão, ansioso para se afastar daquela menina petulante.

— Faça isso amanhã à tarde — ela contrapôs. — Hoje quero tirar o dia para descansar a mente. Ainda estou abalada com a morte do meu pai e...

— Volto a lembrá-la de que esse assunto requer urgência. Penso que hoje seria...

— O que você pensa não me interessa, Estevão — ela cortou-o. — Os funcionários podem me esperar até amanhã. Independente da minha decisão, ninguém será lesado financeiramente. Uma das características que herdei do meu pai foi a honestidade.

"Mas não herdou educação nem bons modos", pensou Estevão, furioso. Afonso podia ter sido um grande homem de negócios, contudo, falhara na criação da própria filha. Ele não conseguia imaginar como seria sua vida dali pra frente tendo que lidar com uma mulher que se considerava grã-fina até o último fio de cabelo.

— Como quiser, Graciela — ele cuspiu as palavras, em meio ao ódio que estava sentindo por ter que cumprir ordens dela. — Só me avise com um pouco de antecedência.

— Irei ao parque por volta das quinze horas de amanhã. Esteja lá com todos eles.

Sem esperar por resposta, Graciela foi se afastando. Robson deu um passo para segui-la quando foi detido pelo padrasto com um aperto no braço.

— Espero que você não me traia — rosnou Estevão em voz baixa.

— Do que está falando?

— Percebi que você parece interessado nela. Se é verdadeiro ou não, é algo que não me interessa. Só espero que seja esperto para se casar com ela, antes que apareça outro homem de olho em seu dinheiro.

— Não me ofenda com suas palavras — rebateu Robson, desvencilhando-se da mão de Estevão. — Se você está pensando que vou seduzir Graciela por causa da herança, pode tirar seu cavalinho da chuva. Nunca quis um real do dinheiro de Afonso.

— Que agora pertence a ela.

— E daí? Você não é meu pai nem tem autoridade sobre mim. Meu relacionamento com ela importa somente a nós dois. Pode desistir dos seus planos ambiciosos, porque não vai conseguir me usar para fins escusos.

Estevão enxugou o rosto que a garoa teimava em molhar, observando Robson partir no encalço de Graciela. Sacudiu a cabeça negativamente.

— Isso é o que veremos, querido enteado — sussurrou.

***

Antes de chegar até o local em que estacionara o carro, Graciela passou por Vanda e Mirela, por Dora e Antônio e também pelo policial Alexandre. Deu graças a Deus por nenhum deles dirigir-lhe a palavra, embora gostasse muito da governanta. Tudo o que queria era poder chegar em casa, tomar um banho quente e voltar para a cama. Não queria ser incomodada por ninguém até o dia seguinte.

Escutou som de passos pisando em terra molhada e virou a cabeça para trás, a tempo de ver Robson correndo até ela, o rosto corado e molhado.

— Eu não o esperei porque achei que você fosse embora com seu padrasto — ela informou.

— Eu disse que não tinha vindo com ele, portanto não vou embora com ele.

Graciela deu de ombros e seguiram até o carro dela. Ela avistou um papel branco tremulando ao vento, preso no limpador do para-brisa. Pensou que se tratava de alguma propaganda, porque sabia que ali era permitido estacionar. Logo, aquilo não seria uma multa.

— Robson, eu quero lhe agradecer mais uma vez pela ajuda — ela desligou o alarme e o brindou com um sorriso cansado. — Sei que nunca nos suportamos e que brigávamos o tempo todo quando éramos mais novos. Não creio que isso tenha mudado muito, mas acho que, por enquanto, nos demos uma trégua. Somos amigos há quase vinte e quatro horas.

Ele concordou com a cabeça, sorrindo também.

— Pode acreditar, Gracinha, não vai se livrar de mim tão cedo.

— Por quê? Sei que você sempre me detestou. Não entendo o motivo de estar ao meu lado, auxiliando-me de todas as formas possíveis.

— Afonso era um grande homem — ele ficou sério de repente. — Faço tudo isso por ele.

Mesmo sabendo que aquilo era verdade, uma pincelada de mágoa manchou o coração de Graciela.

— Imaginei. A burra aqui chegou a pensar que você estava agindo assim por minha causa.

— Mas é por você também. Eu...

— Poupe-me de suas explicações forçadas — ela arrancou o papel do limpador do para-brisa, contornou o carro e abriu a porta. — Sei que gostava do meu pai. De onde ele estiver, será grato pelo seu amparo.

Ele correu atrás dela, segurando a porta para impedir que ela a fechasse.

— Gracinha, dá para ser mais maleável e me escutar? Desculpe se a ofendi com as minhas palavras.

— Pare de me chamar de Gracinha — com um tranco, ela puxou a porta, forçando-o a soltá-la. — Peça ao seu padrasto que me informe amanhã cedo o valor total que ele gastou com o enterro. Quando for ao parque, pagarei tudo o que lhe devo.

— Você é uma mula mesmo — ele gritou, ofendido, quando ela ligou o carro. — Aliás, nem toda uma família de mulas supera você na teimosia.

Ela fez um gesto vago com a mão, dispensando-o. Buzinou duas vezes e saiu dali cantando os pneus. Por uma questão de honra a si mesma, recusou-se a olhar Robson pelo espelho retrovisor.

Em poucos minutos estava de volta à fazenda. Parou o carro diante da entrada principal e já estava descendo quando avistou o papelzinho branco, que ela depositara sobre o assento ao lado. Ao pegá-lo, viu que se tratava de uma folha lisa. Talvez fosse a metade de um papel sulfite. Somente um dos seus lados continha algo escrito. Ela leu:

ODEIO VOCÊ.

Havia apenas essas duas palavras ali, escritas com letras maiúsculas por um canetão vermelho. O bilhete estava meio molhado, o que fizera a tinta escorrer um pouco, em linhas onduladas e trêmulas. Aquilo fez Graciela pensar em sangue em movimento. Não havia assinatura, nem alguma fragrância impregnada no papel, nem nada que pudesse revelar a origem daquela mensagem anônima e ameaçadora.

Tentando dizer a si mesma que aquelas palavras não a impressionavam, nem a deixavam intimidada, ela dobrou o papel e atirou-o dentro do porta-luvas. Mais tarde, enquanto tomava um banho quente, já havia se esquecido completamente daquilo.

12

Para algumas pessoas, uma das coisas mais prazerosas da vida é poder dormir gostosamente ao som da chuva. Graciela concordava com essa ideia, principalmente quando estava confortavelmente instalada em seu luxuoso apartamento, em São Paulo. Ela jamais poderia entender como algumas pessoas poderiam apreciar a vida rural. E o que era pior: havia quem abandonasse a rotina das grandes cidades para viver no campo. Na opinião dela, esse tipo de gente não tinha o juízo perfeito.

Só percebeu que havia sido despertada pelas batidinhas quase inaudíveis em sua porta quando elas se repetiram:

— Entre — ela autorizou, bocejando e sentando-se na cama.

— Desculpe se a acordei — Dora mostrou um sorriso tímido, abrindo a porta devagar. — Vim avisá-la de que dormirei aqui esta noite, e que há uma moça lá embaixo desejando conversar com você.

— Obrigada, querida! Eu me sentirei melhor sabendo que você estará por perto.

Graciela esfregou o rosto e viu que já eram quase cinco horas da tarde. Através da janela aberta, ela viu que a garoa ainda caía preguiçosamente.

— E quem veio me ver? — ela perguntou, por fim.

— Eu não a conheço. Disse que seu nome é Silvana. Dirige uma escola no centro da cidade. Não estou lembrada de já tê-la visto antes.

Embora não soubesse o porquê, Graciela sentiu um estremecimento involuntário percorrer seu corpo ao ouvir aquele nome.

— Tudo bem. Diga a ela que desço em dez minutos.

Dora saiu e Graciela começou a se produzir. Não admitia que pessoa alguma a visse sem uma maquiagem básica, com os cabelos bagunçados, ou usando roupas que não combinassem com os sapatos. Para ela, a elegância vinha em primeiro lugar.

Escolheu uma calça e uma blusa de cor bege, e botas de couro marrom, com saltos finos e altíssimos. Desceu as escadas lentamente, avaliando a visitante que aguardava sentada no sofá da sala. A mulher negra bebericava o café que Dora lhe servira ainda há pouco.

— Olá! É você que queria falar comigo? — sondou Graciela.

Silvana virou o rosto, sorriu e colocou a xícara e o pires sobre a mesinha de centro. Levantou-se, com a mão direita estendida para frente. Como qualquer outra mulher faria, analisou rapidamente a imagem de Graciela e achou que ela tinha excelente bom gosto para se vestir.

Graciela olhava fixamente para Silvana, a mente em turbilhão tentando se recordar de onde já a vira antes. Como se adivinhasse os pensamentos dela e tentasse solucionar aquele dilema, Silvana revelou:

— Nós conversamos durante o sono, na noite anterior. Foi lá que nos conhecemos.

Ainda perplexa, Graciela indicou o sofá para que Silvana tornasse a se sentar. Ela fez o mesmo, balançando a cabeça negativamente:

— Isso não existe. Ninguém conhece uma pessoa através de um sonho, antes de conhecê-la na vida real.

— É mais natural do que você imagina, e acontece com uma frequência relativamente grande. Sabe aquele primeiro encontro com alguém que você nunca viu antes, mas cujo rosto lhe parece incrivelmente familiar? — Graciela assentiu e Silvana completou: — Essa sensação de reconhecimento nem sempre tem a ver com vidas passadas, como muita gente pensa. Às vezes, os espíritos dessas pessoas podem ter se conhecido durante o sono de ambas. Ao acordarem e se encontrarem pela primeira vez, têm certeza de que não são estranhas uma a outra.

— É como se eu tivesse visto você recentemente e, ao mesmo tempo, tenho certeza de que nunca nos encontramos antes — comentou Graciela, intrigada.

— Foi o que eu acabei de explicar. Você sonhou comigo na noite anterior, mesmo sem termos nos conhecido antes. Não pense que eu tenho o poder de escolher com quem desejo sonhar, por mais que me esforce para que isso aconteça. Acho até que o nosso encontro fora do corpo físico tenha sido auxiliado por amigos espirituais, que desejavam que nós duas pudéssemos conversar.

— Amigos espirituais? — Graciela piscou, cada vez mais confusa. — Você está falando de pessoas mortas?

— Não. Estou falando de pessoas vivas, que habitam o plano astral. Usam a vestimenta espiritual, porque a física foi devolvida à terra — Silvana mostrou um belo sorriso, pegou a xícara e tomou mais um gole do café. — Falar em pessoas mortas é como pensar em zumbis. Por isso não gosto muito desse termo.

— Sei — Graciela tornou a fitar fixamente o rosto simpático de Silvana, como se esperasse por uma piada que desmentisse aquela conversa, que já começava a parecer absurda. — Então você acredita em vida após a morte?

— Claro! Eu acredito porque isso existe. Acha mesmo que a vida do seu pai cessou naquele caixão?

— Não. Quero imaginar que ele esteja em um bom lugar.

— Se você imagina isso, então, intimamente, também acredita na sobrevivência do espírito, depois que o corpo físico para de funcionar. Sabe que seu pai está vivo, porém residindo em outro lugar, onde você não pode ir sempre que quiser.

— Você é espírita? Desculpe, como é seu nome mesmo?

— Silvana — ela sorriu novamente. — Sou espiritualista. Dirijo uma escola, na qual desenvolvo cursos, ministro palestras e atendo algumas pessoas seguindo a temática da autoajuda espiritual. Vou deixar o endereço com você.

Silvana abriu a bolsa, apanhou um cartãozinho de visita azul e o entregou para Graciela.

— Ficarei feliz se quiser me visitar. Será muito bem-vinda.

— De vez em quando eu sinto vontade de me aprofundar nesses assuntos, sabia? — segurando o cartão, Graciela ergueu os olhos e fixou-os em Silvana. — Sendo moradora da cidade, já deve ter ouvido falar em mim. A filha metida de um fazendeiro querido.

— Não vou negar que tenho ouvido burburinhos a seu respeito, mas saiba que repudio fofocas nem dou crédito a determinadas opiniões alheias. Há muito tempo aprendi que somente eu sei o que é melhor para mim. Por mais que os outros tentem me orientar com bons conselhos, na melhor das intenções, somente a mim cabe decidir o que quero para minha vida, além de ser responsável por zelar pelo meu bem-estar.

— Nisso estamos de acordo. Não me importo com o que pensam de mim. E se alguém vier me encher a paciência, sei colocar a pessoa em seu devido lugar — suspirando, Graciela informou: — O problema é que meu pai era a minha estrela-guia. Quando completei dezoito anos, eu o deixei para viver em São Paulo. Mesmo à distância, eu acatava quase tudo o que ele me sugeria. Meu pai me amava muito e se preocupava comigo. Ele me deu tudo do bom e do melhor porque queria me ver feliz.

Lágrimas se formaram nos olhos dela, que se esforçou para contê-las e continuou:

— Não sou a filha ingrata que todos acreditam que eu seja, Silvana. Eu vinha visitá-lo várias vezes ao ano, e nos falávamos por telefone toda semana. Não nego que a vida luxuosa sempre me atraiu. Sou escrava da moda. Renovo meu guarda-roupa a cada seis meses e troco de carro anualmente. Em São Paulo, minha rotina consistia em frequentar as altas rodas sociais, as festas mais badaladas, em passear com as amigas nos *shoppings* de padrão superior, a exibir aos outros o carro importado da vez.

— Você sempre soube que não nasceu para ser uma fazendeira como seu pai — asseverou Silvana. — Aqui, você se sentia como um pássaro preso em uma gaiola.

Ao ouvir aquilo, Graciela concordou com a cabeça lentamente.

— Você é a primeira pessoa que parece me compreender perfeitamente. E uma das únicas que não me julgou.

— Isso é outra coisa que aprendi a não fazer. Eliminei aquele juiz mental que condena tudo e todos. Dentro da minha cabeça, quem manda sou eu. Não me vejo no direito de julgar ninguém, e pouco me importa se os outros estão me julgando.

— Meu pai nunca me criticou pelas minhas decisões.

— Eu sei disso. Ele me contou.

Graciela, espantada, esperou que Silvana tomasse o restante do café, antes de indagar:

— Você o conheceu?

— Sei que não se lembrou do sonho que teve comigo, mas nele eu a informei de que seu pai era aluno em um dos cursos que disponho em minha escola. Ele se matriculou há pouco tempo, mas estava muito interessado em aprender mais sobre espiritualidade. Creio que ninguém sabia disso. Os demais alunos de sua turma sempre mantiveram sigilo, a pedido dele.

— E por que ele teria vergonha disso? Meu pai nunca foi um homem de esconder as coisas.

— Talvez ele quisesse o anonimato para se preservar. Como você mesma disse, as pessoas da cidade são muito bisbilhoteiras. Ouvem uma coisa e a reproduzem de outra forma. Afonso era discreto. Ele mesmo me contou que jamais convidou os amigos para conhecerem sua casa. A amizade dele com as pessoas começava da porta de sua casa para fora.

— Sim, esse era meu pai — sorriu Graciela. Pelo jeito, Silvana não estava mentindo. Além disso, algo como um sexto sentido intuía Graciela de que a visitante estava sendo sincera em cada palavra dita.

— Sei que não é da minha conta, mas seu pai foi enterrado hoje de manhã, e você herdou todos os seus bens. Os principais são a fazenda e o parque de diversões. O que pretende fazer quanto a isso? Vai assumir o trabalho dele, ou espera vender tudo e retomar sua vida em São Paulo?

— Não quero ficar aqui. Ainda não fui procurada pelo advogado dele, a quem nem conheço. Contudo, quando isso acontecer, vou receber toda a herança que ele me deixou, vender a fazenda e o parque, e viver a vida que sempre quis com minhas amigas. Eu me sinto desumana ao dizer isso, mas não suporto essa cidade.

— Respeito e compreendo o seu desejo de sair daqui. Porém, não acha que você deveria pelo menos tentar substituir seu pai por algum tempo? Nas poucas conversas que tivemos, nas quais ele sempre citava seu nome, dizia que o sonho dele, jamais realizado, era vê-la assumir o controle da fazenda e do parque. Ele achava graça ao contar que nunca conseguiu fazer com que você se interessasse por ambas as coisas.

— Ele sempre me disse isso — as lágrimas que Graciela represara tornaram a aparecer. — Sempre lhe pedi perdão por não agradá-lo fazendo o que ele queria. Às vezes, acho que fui uma péssima filha para ele.

— Se você fizesse o que ele esperava, teria realizado o desejo dele, à custa de suas próprias vontades. Muitas vezes agradamos aos outros para vê-los felizes e deixamos de lado os anseios da nossa alma. Creio que você agiu corretamente. Fez o que queria fazer — Silvana esticou a mão e a colocou sobre a de Graciela, que ainda segurava o cartão de visitas da escola. — Lembre-se, querida: você é o que é; é aquilo que dá pra ser. Essa é você, quer as pessoas gostem ou não. Seja sempre original e entregue as críticas alheias para os cavalos degustarem como almoço.

— Coitadinhos! Eles terão uma indigestão.

As duas riram alegremente. Dora entrou na sala para perguntar se poderia lhes oferecer algo para comer, e as duas recusaram com a cabeça. Depois que a governanta se retirou, Graciela afirmou:

— Eu gostei de você, Silvana. É diferente de todas as minhas amigas de São Paulo. É autêntica, sem parecer arrogante.

— Obrigada. Eu também gostei muito de você, querida. É uma moça moderna, firme, obstinada, que faz com que as pessoas a amem ou odeiem, sem meio-termo. Acho que a fazenda precisa ser controlada por alguém assim, com mãos delicadas, porém decididas. Ou, pelo menos, o parque de diversões. Seu pai me falou que o reformou, para que se tornasse o melhor de toda a região.

— Aquele parque e esta fazenda eram a vida dele.

— Então não acha que deveria se dar uma chance?

— Impossível, Silvana — Graciela sacudiu a cabeça para os lados. — Eu não suporto esse meio social. Não entendo nada de gado, nem de colheita, nem de brinquedos. Meu pai e eu temos gostos completamente diferentes... ou tínhamos.

— Por que não tentar?

— Porque eu me frustraria e passaria por maus bocados. O que minhas amigas diriam se me vissem dando ordens para meia dúzia de peões rústicos e suados?

— Certamente achariam a cena *sexy* e ficariam com inveja de você.

Graciela tornou a rir. Realmente, ela estava adorando Silvana.

— Aqui eu não teria a qualidade de vida que tenho em São Paulo.

— A verdadeira qualidade de vida não é comprada com dinheiro, nem depende de *status* social — interveio Silvana. — Qualidade de vida é o estado em que nos deixamos ficar, é aquilo que cultivamos dentro de nós. Quem cultiva e alimenta o bem, o amor e a paz, sempre terá um padrão superior de qualidade de vida. Quem acredita no oposto, verá que a vida nunca vai para frente.

— Eu nunca tinha pensado nisso. Você está falando que, para viver bem, basta alimentar o bem?

— Sim. A receita é essa, simples, fácil e prática. Assim como só a luz ilumina, só o bem faz bem, em todos os aspectos. Experimente para você ver.

— Ainda acho que seria loucura ficar aqui. Como posso fazer o que não gosto?

— Você já pensou em administrar alguma coisa antes? De repente, a tarefa pode se tornar mais divertida do que você pensa. Pode lhe trazer mais amadurecimento, mais experiência, mais discernimento. Não tenho nada a ver com a sua vida em São Paulo, entretanto, você nunca sentiu vontade de fazer algo diferente? Quem sabe essa não seja uma oportunidade para você inovar, reinventar-se e redescobrir-se? O resultado pode surpreendê-la.

— Não sei se seria uma boa ideia eu permanecer aqui. Certas coisas são imutáveis, não devem ser alteradas.

— Tudo pode mudar, Graciela. Não tema as suas escolhas, nem fique cogitando quais serão os resultados que elas lhe trarão. A incerteza durante uma tomada de decisão revela insegurança, falta de confiança em si mesma. Aprenda a escolher bem, sem depender da realidade, nem do passado, nem das sugestões que os outros lhe derem. Somente você sabe o que é melhor para si mesma.

— Às vezes acho que é isso que está faltando em mim. Essa confiança em minha própria capacidade.

— Você tem o livre-arbítrio para decidir as coisas. Nem Deus interfere em suas escolhas. Comece a despertar os seus potenciais latentes, a se enxergar por dentro, a perceber o grau de inteligência, disposição e força que estão aí, só esperando para serem acionados. Quem aprende a se conhecer interiormente, não permite ser afetado pelas ilusões, nem pelas energias do mundo. E consegue conquistar uma vida infinitamente melhor.

— Nossa, Silvana! Estou admirada com as suas palavras. Nunca ouvi nada parecido.

— Como eu disse antes, acredito que nosso encontro não tenha sido por acaso. Amigos espirituais queriam que esse momento acontecesse, portanto, eles o adiantaram através do nosso sonho. Hoje, ao acordar, eu consegui me lembrar dele quase totalmente e decidi vir aqui para batermos esse papo. Eu gostaria de ter comparecido ao enterro, mas outros compromissos me impediram. Espero que não fique chateada com isso.

— De forma alguma. Outras pessoas de quem não gosto estiveram lá, e nem isso me chateou.

Silvana se levantou e Graciela fez o mesmo.

— Promete que vai pensar com carinho no que eu propus? Esta fazenda belíssima e o parque de diversões merecem ser cuidados com o mesmo amor que Afonso dedicava a eles.

— Não preciso pensar. Acabei de me decidir só porque você me estimulou. Vou tentar dar continuidade ao trabalho do meu pai. Não sei se vai dar certo, porém, se não der, vou embora consciente de que tentei fazer tudo o que eu pude. De onde ele estiver, ficará orgulhoso de mim.

— Assim é que se fala. E espero contar com sua presença em minha escola. Aos fins de semana, sempre dou palestras sobre temas diversos. Eu me sentiria honrada se você fosse me prestigiar.

— Irei, sim, pode me aguardar — prometeu Graciela.

Elas trocaram um abraço e Graciela a acompanhou até a porta. Esperou que Silvana entrasse em seu carro, que estacionara atrás do de Graciela. Só então fechou a porta e se preparou para retornar ao quarto. Viu Dora recolhendo a xícara e o pires que ficaram na mesinha de centro.

— Dora, o que teremos para jantar?

Assustada com a pergunta de Graciela, que fora feita quase aos berros, Dora derrubou o pires no chão. A louça, ao cair, balançou, mas não quebrou.

— Que susto, menina! Por está falando tão alto?

— É porque estou empolgada — Graciela parou atrás das costas de Dora, vendo-a abaixar-se para recolher o pires. — Essa mulher que saiu daqui abriu a minha cabeça...

Ela interrompeu-se ao notar vários hematomas na parte inferior das costas de Dora. Quando a governanta se abaixou, a blusa que usava subiu um pouco e parte de sua pele ficou à mostra.

— Dora, o que são essas marcas roxas nas suas costas?

Graciela percebeu quando Dora estremeceu, e por pouco não perdeu o equilíbrio. Ela ajeitou a roupa rapidamente, escondendo os sinais. Ficou em pé e, ao virar-se para Graciela, mostrou um rosto pálido como cal.

— Acontece que ontem à noite fui lavar o banheiro da minha casa, escorreguei e caí.

— Isso não se parece com marcas de uma queda. Venha aqui, deixe-me ver isso melhor.

— Agora não! — com gestos nervosos, Dora foi recuando. — Vou pedir para que comecem a preparar seu jantar. Eu a chamarei em seu quarto.

Sem esperar por resposta, a governanta saiu quase correndo rumo à cozinha. Claro que a desculpa que ela dera não convencera Graciela. Lembrou-se da boca inchada que Dora exibira quando ela chegara, e que dissera ter sido picada por uma abelha. Ela até acreditara naquela história, mas agora ficara nítido que Dora estava mentindo. E Graciela decidiu que precisava descobrir a verdade o quanto antes.

13

O orfanato Reino Encantado parecia-se com uma espécie de escola, com parquinho, refeitório, pátio externo, salas de aula e a área dos dormitórios das crianças. Márcio e Carlinhos chegaram lá no fim da tarde. Eles foram diretamente à instituição porque acreditavam que este seria o procedimento correto em um processo de adoção. Muitas pessoas imaginam que se deve "escolher" uma criança no orfanato para depois adotá-la.[1]

Foram recebidos por uma moça gentil e sorridente, que se prontificou, com boa vontade, a encaminhá-los à sala da direção.

A diretora era uma mulher na casa dos sessenta anos, cabelos curtos e grisalhos, rosto atraente e bem cuidado. Suas sobrancelhas muito arqueadas conferiam-lhe uma expressão de eterna surpresa.

— Sejam muito bem-vindos — simpática, ela apontou para um sofá de couro gasto para que eles se sentassem. — Eu me chamo Eulália e tenho certeza de que vão se apaixonar por nossas crianças.

— Qual a faixa etária delas? — interessou-se Márcio.

— Temos apenas catorze crianças aqui, entre seis meses e nove anos de idade.

— Parece que viemos ao lugar certo, depois de tantas dificuldades — Carlinhos cobriu a mão de Márcio com a dele, numa atitude carinhosa. — Recebemos diversas recusas de outras instituições, impedindo a nossa visita. Já começávamos a perder as esperanças.

---

[1] As dúvidas sobre o processo de adoção de uma criança podem ser esclarecidas no site: http://www.cnj.jus.br/programas-e-acoes/cadastro-nacional-de-adocao-cna/passo-a-passo-da-adocao.

— Por que isso aconteceu? — Eulália parecia espantada.

— Por sermos homossexuais — declarou Márcio. — Hoje em dia todo mundo fala que encara bem a homossexualidade, mas isso não é verdade. Não discriminam abertamente porque se fizerem isso estarão cometendo um crime. Por outro lado, o preconceito surge de forma sutil e mascarada. Há pessoas que sentem nojo por ver dois homens ou duas mulheres se beijando ou passeando de mãos dadas. Na rua, todos olham para casais assim, como se fossem uma aberração. Carlinhos e eu evitamos contato físico quando saímos de casa, porque moramos em uma cidade pequena e não queremos ser alvo de intrigas e mexericos dos desocupados de plantão.

— Agindo assim, vocês estão fazendo exatamente o que essas pessoas esperam. Dão a elas aquilo que elas querem ver, ou seja, todo mundo igual, seguindo o modelo imaginário de uma sociedade homogênea.

Eulália apanhou um porta-retratos sobre a mesa e virou-o para que os visitantes pudessem analisar a fotografia. Viram Eulália sorrindo ao lado de uma moça alguns anos mais nova que ela. Ambas estavam abraçadas.

— É sua irmã? — Carlinhos olhou a foto com mais atenção.

— Nada disso — Eulália mostrou um sorriso tranquilo. — É a minha companheira. Estamos casadas há dezesseis anos. Claro que nunca precisamos dessa burocracia de certidões, alianças etc. Um coração se casou com o outro e ponto final. O resto é bobagem.

— Penso assim também — Márcio lançou um olhar amoroso para Carlinhos. — Amo esse garotinho aqui e moramos juntos há quase três anos. Vivemos uma vida perfeita, que se tornará ainda mais abençoada quando conseguirmos adotar o nosso filho.

— Como eu estava dizendo — tornou Carlinhos —, quando telefonávamos para outros orfanatos e tentávamos agendar visitas, diziam que estavam passando por reformas, que algumas crianças estavam gripadas, ou simplesmente que só aceitavam visitação na companhia de uma assistente social designada pela Vara da Infância e Juventude. Com isso, quase desistimos, até que encontramos esse abrigo e eu pude conversar com a senhora.

— Eu aceito a diversidade não somente por também ser homossexual, mas porque acredito que todas essas crianças órfãs necessitam, prioritariamente, de muito amor, carinho, respeito, educação e união. E isso elas podem conseguir num lar habitado por um casal heterossexual, ou por dois homens, ou por duas mulheres. Duas pessoas do mesmo sexo podem amar tanto quanto um casal heterossexual. E saibam que poderiam ter denunciado todas essas instituições que se recusaram a recebê-los, a menos que eles pudessem provar que realmente não tinham condições, naquele momento, de receber absolutamente ninguém. Se um orfanato dispõe suas crianças para adoção, deve abrir suas portas para quem estiver interessado em uma delas. É a lei.

Eulália levantou-se e os dois fizeram o mesmo.

— Agora chega de papo e vamos lá conhecer os nossos anjinhos. Tenho certeza de que o futuro filhinho de vocês está aqui.

Márcio e Carlinhos se emocionaram ao ouvir aquela frase, dita por tanta convicção pela diretora do orfanato. Enquanto atravessavam o pátio, ela explicou-lhes que era comum que determinadas pessoas apadrinhassem uma criança, mesmo que não tivessem intenção de adotá-la futuramente. Esses padrinhos e madrinhas se responsabilizam por enviar, sempre que possível, roupas, calçados e brinquedos para o órfão escolhido. Segundo Eulália, ao receber os presentes, algumas das crianças mais velhas choravam de alegria e emoção.

— São todas muito carentes — ela acrescentou, abrindo uma porta de vidro, que dava para um corredor comprido. — Temos apenas quatro funcionárias, que dão o melhor de si pelas crianças. Mesmo assim, sentem falta de outras pessoas, de fazerem novos amigos, de terem mais contato humano. O único homem que elas conhecem é o nosso segurança, portanto, a presença masculina é desejada ardentemente por aqui.

Eulália, que caminhava apressadamente na frente deles, abriu uma porta dupla e mostrou o interior. Márcio e Carlinhos viram-se no berçário. Quatro berços brancos, cada um posicionado diante de uma parede do quarto, abrigavam minúsculos corpinhos rechonchudos. Dois dos bebês estavam adormecidos, mas os outros dois balbuciavam algo numa língua desconhecida. Um deles mostrou um imenso sorriso banguela ao olhar para Márcio.

— Meu Deus, que coisa mais preciosa! — ele comentou, fascinado pela meiguice do pequeno.

— Felizmente e infelizmente, os que possuem menos de um ano são os mais procurados pelos candidatos à adoção — explicou Eulália. — Felizmente porque eles logo encontram um lar e, infelizmente, porque os maiores vão ficando, e acabam sendo esquecidos. Mayara, a mais velha de nove anos, praticamente já perdeu as esperanças de ser adotada.

— Onde ficam os maiores? — Carlinhos perguntou. — Pensamos em adotar uma criança um pouco mais velha do que esses daqui.

— Vou levá-los até eles.

Eles tornaram a seguir Eulália, que passou pelo refeitório, vazio naquele momento, e adentrou uma sala bem grande, com várias atividades infantis coladas nas paredes, além de cartazes e figuras feitas de EVA[2]. As outras dez crianças achavam-se ali, todas sentadas no chão, no carpete, monitoradas por duas funcionárias. Uma televisão fixada na parede transmitia o filme *O Rei Leão*. Estavam tão distraídos, rindo das trapalhadas de Timão e Pumba, que mal se deram conta da presença dos dois homens.

— Crianças, temos visitas — anunciou Eulália, atraindo a atenção de todos.

Dois meninos se puseram de pé e logo os demais passaram a imitá-los. Um a um, foram se aproximando dos dois homens, fitando-os como se fossem uma dupla de animais exóticos. Uma menina corpulenta, bem mais alta que os demais, que deveria ser a tal Mayara, fez a tão esperada pergunta:

— Vocês vieram para adotar um de nós?

— Na verdade, ainda não — Márcio a encarou com um sorriso.
— Estamos esperando a autorização do juiz. Por enquanto, só o que podemos fazer é conhecer aquele que será o nosso filho.

— E onde estão as esposas de vocês? — a indagação veio de um menino magrinho, com a pele tão branca quanto leite.

Márcio e Carlinhos já haviam se preparado para aquela pergunta e ensaiado uma resposta que não causasse choque nem incitasse o preconceito nas crianças. Foi Carlinhos quem devolveu:

— Nós não temos esposas. Somos grandes amigos e agora queremos adotar uma criança bem linda.

— Eu sou muito lindo — afirmou um menino de uns sete anos, cuja aparência não correspondia ao que ele declarara sobre si mesmo.— Quero muito ganhar um papai.

— Eu pedi um para o Papai Noel, no ano passado — lamentou uma menina negra, com os cabelos presos em quatro trancinhas. — No outro ano também. Escrevi cartinha e tudo, mas acho que ele não teve tempo de ler, já que o meu papai nunca chegou.

---
2 É uma mistura de etil, vinil e acetato, que forma uma borracha não tóxica que pode ser usada em diversas atividades artesanais.

— Luiza, você sabe muito bem que Papai Noel não existe — interveio Mayara, parecendo enfurecida. — Se for depender dele, nunca sairá daqui.

— Ele existe sim — rebateu Luiza. — Eu já o vi na televisão. Acha que sou cega?

— Calma crianças, não precisam brigar — Márcio apaziguou, achando graça das discussões infantis. — Por que não se apresentam para que a gente possa conhecê-los melhor. Meu nome é Márcio e este é o Carlinhos. Eu sou médico e ele trabalha em um parque de diversões.

— Você veio nos dar injeção? — preocupou-se outro menino, recuando alguns passos.

— Claro que não. Vim aqui porque queremos fazer novos amigos. Nós...

Márcio parou de falar quando olhou para um menino que não tinha notado até então. E imediatamente soube que seria aquele.

Aparentando entre cinco e seis anos, com os cabelos alaranjados e uma constelação de sardas enfeitando seu rosto, o garotinho também encarava Márcio com uma grande curiosidade. Usava óculos de grau elevado. De repente sorriu, revelando que estava na fase de troca dos dentes.

— Vamos começar por você — Márcio, que estava agachado, acabou sentando-se no chão. — Qual é o seu nome? E quantos anos você tem?

— Luan. Já fiz seis anos. Eu gostaria muito de morar na sua casa, mas acho que você não vai me querer.

— Por que não?

— Porque eu não enxergo direito — ele tocou na haste dos óculos. — Eu sou o único aqui a usar óculos. Eles me chamam o tempo todo de quatro olhos.

— Bobagem! Não deve dar importância ao que os outros falam sobre você. Além disso, eu também uso óculos. Vai dizer que não quer um pai que também não enxerga muito bem?

— Eu quero, sim. Quero muito um papai e uma mamãe...

— Lembra-se de que eu falei que não somos casados? — Carlinhos sentou-se no chão ao lado de Márcio. — Você não teria uma mamãe... — e sim dois papais, ele quase completou. Teria dito isso a Luan se não estivessem diante das outras crianças.

— Não faz mal. Eu aceito só a metade mesmo — Luan fez uma caretinha engraçada. — Pelo menos no Dia das Mães, você também recebe presente.

Carlinhos riu e Márcio soltou uma gargalhada. Como era possível que ele já se sentisse cativado por aquele menino em menos de cinco minutos de conversa?

— Por que os seus olhos estão tão vermelhos? — Luan olhava atentamente para Márcio. — Você chorou?

— Não. Eles ficam assim para eu ver você melhor.

— Quem fala assim é o Lobo Mau. Quer dizer, mais ou menos, porque o caçador já o matou para salvar a vovó.

Márcio tornou a rir, puxou Luan para junto de si e deu um beijo na testa dele, bagunçando seus cabelos ruivos depois. Percebendo que as outras crianças pareciam enciumadas, ele pediu que cada uma fosse até ele, para que também recebessem um beijo. A energia no ambiente estava tão gostosa que, se pudesse, ele teria ficado ali até meia-noite.

De um canto da sala, Eulália acompanhava a cena com um sorriso nos lábios. Feliz seria a criança que fosse adotada por aquele casal. Que mal havia em dois homens quererem um filho para criar? Ainda mais aqueles dois, que estavam com o coração transbordando de amor para dar. Por sorte, nos últimos tempos, o departamento jurídico vinha mudando seus conceitos a esse respeito e, de acordo com a legislação vigente, não podiam negar a custódia de uma criança para duas pessoas do mesmo sexo, a menos que elas não tivessem condições psicológicas ou financeiras para sustentá-la.

Quando deram a visita por encerrada, Márcio disse a Eulália que gostaria de ser padrinho de duas crianças, sendo que uma delas seria Luan. Carlinhos também prometeu que mandaria roupas e brinquedos para mais duas crianças e que, se fosse possível, gostaria de retornar para visitá-las o quanto antes.

— Vocês serão bem-vindos sempre que quiserem vir — Eulália apertou a mão deles com firmeza. — E vou rezar para que seu processo de adoção seja concluído o quanto antes.

— Antes de irmos embora, eu poderia dar mais uma olhadinha em Luan? — pediu Márcio, quase suplicando. — Aquele menino ganhou meu coração.

— Claro que sim. Agora eles devem estar jantando. Vamos ao refeitório.

Seguiram até lá e não tardou para Márcio avistar Luan, do outro lado da porta de vidro, comendo depressa enquanto tagarelava animadamente com Mayara e outros dois amigos. Como se pressentisse que

97

estava sendo observado, ele virou-se de repente e fitou Márcio. Sorriu com a boca cheia de comida, tentou assoprar um beijo, mas só conseguiu cuspir arroz no rosto de outro menino, que se pôs a ralhar com ele. Márcio sabia que guardaria para sempre aquela imagem em sua memória.

Quando se viram de volta no carro, logo que Márcio assumiu o volante, Carlinhos lembrou-se do comentário que Luan fizera.

— Amor, você tem colocado colírio nos olhos? Estão mais vermelhos do que nunca.

— Hoje eu me esqueci. De manhã, tivemos que comparecer ao enterro do seu Afonso e depois dirigi até aqui. Foi um dia atípico, muito corrido. Resolvo isso assim que chegarmos em casa.

— Você também percebeu que acabaram as suas insulinas, né?

— Ora, o que acha que eu sou? Está falando com um médico, esqueceu?

— Às vezes, acredita que realmente me esqueço disso! — provocou Carlinhos e riu quando levou uma cotovelada de Márcio.

A voz da cantora Lady Gaga invadiu o carro. Carlinhos tirou o celular do bolso, olhando pelo visor quem estava telefonando.

— Adoro seu gosto musical — desdenhou Márcio. — E ainda usa a música como toque de celular.

— Não seja maledicente. Ela é uma ótima cantora.

— Quem está ligando?

— É o Everton.

Carlinhos atendeu, sem reparar que o sorriso nos lábios de Márcio desapareceu num instante. Ainda não tinha se esquecido da história do amigo de Carlinhos, que desejava morar com eles por tempo indeterminado até que conseguisse se estabelecer na cidade e pudesse garantir sua própria moradia. Pelo menos fora isso que Márcio havia entendido. Ainda bem que, segundo Carlinhos, o tal Everton era heterossexual, tinha uma namorada e não oferecia perigo ao relacionamento deles.

Com ambas as mãos firmemente apoiadas ao volante, apertando-o mais do que o necessário, Márcio tentava não prestar atenção à conversa que Carlinhos travava com o amigo pelo celular. De vez em quando, Carlinhos soltava uma gargalhada alegre, ouvia alguma coisa, tornava a rir e dizia que o outro estava sendo aguardado. Antes de desligar, encerrou dizendo:

— Márcio já autorizou sua vinda, querido. Pode vir sem medo. Tenho certeza de que você será muito feliz aqui. Até segunda-feira.

— Ele já virá na próxima segunda? Aliás, não estou lembrado de autorizar nada — Márcio resmungou, sentindo outra vez a visita do ciúme apertando-lhe o peito.

— Sim, porque ele começará a trabalhar na fazenda do meu tio na semana que vem — Carlinhos guardou o celular. — E que história é essa de não ter autorizado? Nós já havíamos conversado sobre a chegada de Everton. Achei que você estivesse de pleno acordo com a estadia dele em nossa casa.

— Não é que não queira recebê-lo. Só acho que não teremos a mesma privacidade de sempre. Eu não vou me sentir à vontade para andar só de cueca pela casa tendo um desconhecido lá dentro.

— E daí, Márcio? Já falei que ele não curte homens. Everton cata uma mulher atrás da outra. Sempre foi assim, desde adolescente.

— Esses sujeitos metidos a machões são os mais suspeitos, sabia? Bancam o garanhão entre as mulheres quando, na verdade, "transam de costas".

— Não precisa falar assim. Está sendo preconceituoso, julgando uma pessoa a quem nem conheceu. Pelo menos dê uma chance ao cara. Se depois de conhecê-lo, ainda assim, você não for com fachada dele, basta pedirmos para que ele saia da nossa casa.

— Seria bom se ele nem entrasse — Márcio desviou brevemente a atenção do tráfego para olhar a expressão de Carlinhos. — Tudo bem, você venceu. Só vou concordar porque estou feliz. Tenho certeza de que Luan será o nosso filho. É ele que nós adotaremos.

— A gente se ama. Temos vários planos para o futuro — Carlinhos inclinou o corpo para dar um beijo leve no pescoço de Márcio. — Não será um amigo meu, heterossexual, que vai estragar tudo o que nós construímos. Ninguém destrói um relacionamento, a não ser que os próprios envolvidos permitam. E nós jamais permitiremos isso.

Como era exatamente aquilo que Márcio queria escutar, deu a conversa por encerrada. Porém, prometeu a si mesmo que ficaria de olho naquele Everton. E torceu para estar enganado a respeito dele.

14

    Mal o sol despontara no horizonte e Graciela já estava de pé, vestida, perfumada, com os pés calçados em sapatos de saltos altíssimos, degustando algumas das iguarias que Dora colocara sobre a mesa. Desde criança, detestava acordar cedo, contudo, aquele dia seria uma exceção. Despertara às cinco horas porque sabia que havia muito a fazer, muito a resolver, muito a conhecer. Se ficasse enrolando na cama, seu dia não renderia.

    — Se você criar um hábito de se levantar nesse horário todos os dias, basta me avisar, para que eu comunique as cozinheiras — pediu Dora, parada de pé diante da mesa. — Praticamente, você nos arrancou da cama hoje.

    — Eu sei muito bem que vocês acordam cedo — Graciela passou geleia natural em uma torrada e mordeu-a. — Falando nisso, qual o horário em que os peões costumam chegar?

    — Eles dormem aqui, na fazenda, e só retornam para suas residências nos fins de semana. Possuem um alojamento não muito distante das estrebarias. Dizem que os animais precisam ser tratados assim que o dia nasce.

    — Sinal de que Robson já deve estar acordado e, possivelmente, junto com os colegas de trabalho — Graciela tomou um último gole de café, limpou os lábios com o guardanapo e levantou-se com agilidade. — Nós dois temos muito que conversar.

    — Menina, você está pensando em ir ao alojamento dos homens nesses trajes?

Graciela olhou para si mesma. Usava um vestido que ia até os joelhos, cuja etiqueta provava que viera de uma das melhores butiques de Paris. Claro que não era uma roupa adequada para procurar homens rústicos, malcheirosos e grosseiros, assim como os sapatos de salto agulha também não eram uma boa opção para quem caminharia pela grama e pela terra batida. Por outro lado, acreditava que mostraria estilo aos funcionários, para que eles vissem que sua nova patroa era uma mulher de muita garra.

— O que tem a minha roupa, Dora? Não estou pelada.

Ela deu uma piscadela para a governanta, abriu a porta e saiu para o ar fresco da manhã. Desceu os degraus depressa, sem notar que estavam molhados pelo orvalho da noite. Olhou para seu veículo, cogitando a ideia de dirigir até o alojamento. Depois, dispensou a ideia com um menear de cabeça e começou a contornar a casa. Sabia onde os estábulos ficavam e não teria dificuldade para encontrar o que buscava.

Graciela caminhou mais alguns passos quando estacou, surpreendida pelo cenário que a natureza apresentava diante de seus olhos. Viu o céu assumindo tons mais suaves, à medida que o dia nascia, mesmo que a lua em quarto crescente ainda permanecesse no firmamento. Avistou a névoa matinal encobrindo o topo das árvores do lado direito, dois esquilos atravessando às pressas a campina muito verde, como se apostassem corrida, e um bando de pássaros miúdos que certamente alçavam seu primeiro voo daquele dia. Avistou ao fundo o aprisco em que as ovelhas repousavam tranquilamente, o galinheiro imenso e o curral, vazio naquele momento, onde o gado costumava pastar.

Por um breve instante, compreendeu porque Afonso amara aquelas terras, jamais expressando desejo de mudar-se dali. Graciela tinha a nítida sensação de que, naquele ambiente, a natureza parecia sussurrar para ela, convidando-a a participar do espetáculo que lhe era oferecido. Era algo sublime, idílico e quase fantasioso. Mesmo assim, ela trocava todo aquele tesouro natural pela vida agitada da cidade que jamais adormecia.

Avançou por mais alguns metros quando passou pelo chiqueiro. Por simples curiosidade, aproximou-se dele. Nunca simpatizara muito com aqueles animais, porque eram feios, fedidos e sebosos. Não era à toa que se chamavam porcos. E ainda havia pessoas que devoravam a carne daqueles seres como se fosse um banquete ofertado pelos deuses. Para Graciela, havia doido para todos os gostos.

101

Cinco porcos enormes e atarracados dividiam o espaço com dois leitõezinhos. Todos chafurdavam pelo lamaçal como se aquilo fosse a coisa mais divertida do mundo. A portinhola gradeada que os mantinha presos estava aberta, porém nenhum deles demonstrava vontade de sair daquele paraíso.

— Bom dia, criaturas! — Graciela murmurou, fitando os animais com certo desdém. — Enquanto vocês estão aí, nadando nessa gosma imunda, eu estou aqui, linda e perfumada, a caminho do meu novo trabalho. Sou a nova dona de vocês, aliás.

Como se a visitante fosse digna de sua atenção, os porcos pararam de brincar na lama e a encararam com seus olhos escuros.

— Desde já adianto que não voltarão a me ver tão cedo. Detesto esse mau cheiro que vem daqui — por instinto ela tampou o nariz.

Um dos suínos, que parecia ser o líder do grupo, grunhiu em resposta, sem perder Graciela de vista. Seus olhinhos miúdos pareceram brilhar de ódio.

— Agora vou até a estrebaria conversar com os peões. Mais tarde vou conhecer o estábulo. Os cavalos também fedem, mas pelo menos são animais bonitos e mais úteis do que vocês — sorrindo sarcasticamente, ela deu as costas para eles e começou a se afastar, balbuciando para si mesma: — Acho que enlouqueci. O que minhas amigas diriam se me flagrassem conversando com meia dúzia de porcos abobados que...

Um ruído baixo, como uma espécie de gemido, atraiu a atenção dela. Num reflexo rápido, ela girou o corpo velozmente, a tempo de ver o porco-líder empurrar a portinhola com a cabeça, escapando do chiqueiro.

— Ei! — gritou Graciela. — Volte imediatamente para dentro. Você não perdeu nada deste lado.

O animal grunhiu de forma nada amistosa, raspou uma das pernas dianteiras no chão por duas vezes, como se estivesse ciscando, e antes que Graciela percebesse o que estava para acontecer, o porco já havia disparado na direção dela. Ela tornou a gritar, desta vez de puro terror, tornou a dar as costas para o bicho e pôs-se a correr como uma louca. Por sorte o abrigo dos funcionários encontrava-se a poucos metros dali.

O porco furioso estava cada vez mais perto de Graciela, que gritava por socorro a plenos pulmões. Pensou em tirar os sapatos de salto para ganhar mais velocidade, o que foi tarde demais. Enfiou ambos os pés num monte de estrume e caiu ajoelhada no gramado. Berrou ainda mais vigorosamente quando viu que o suíno vinha em sua direção como um pequeno trem desgovernado.

Um estampido curto e seco fez-se ouvir. Como se reconhecesse aquele som como uma ordem, o porco se deteve, deu meia-volta e retornou na direção do chiqueiro, tão rápido quanto suas pernas curtas permitiam. Graciela, pálida, suada e esbaforida, virou o pescoço na direção de seu salvador. Viu um homem de cabelos brancos, parcialmente encobertos por um chapéu, que segurava uma carabina antiga. Ele saíra de uma espécie de galpão, de onde outros homens também estavam surgindo.

— A senhorita está bem? — ele perguntou num tom levemente debochado.

— Nunca estive melhor — ela devolveu igualmente sarcástica. Recusou-se a pegar na mão que ele lhe ofereceu e levantou-se sem a ajuda dele. Não escondeu uma careta de nojo ao perceber que se sujara de estrume até quase os tornozelos.

— A senhorita é a filha do seu Afonso, não? — indagou um segundo homem, que se juntara ao primeiro.

— A própria — ela forçou um sorriso. — E vim aqui para conversar com vocês. Posso entrar aí?

— Por favor — o homem da carabina fez um sinal para que ela o seguisse.

O recanto onde os funcionários passavam suas noites realmente aparentava ser um galpão, adaptado para acomodar inúmeras camas, dois banheiros, armários e uma grande cozinha, que eles haviam transformado em um refeitório. Tudo ficava no mesmo espaço, sem divisões. Como todas as dezenove pessoas que a fitaram com indisfarçável curiosidade eram do sexo masculino, os quesitos organização e privacidade não pareciam ser levados em conta.

Eles eram exatamente aquilo que ela esperava deles. Sujeitos mal encarados, com idades que variavam entre vinte e setenta anos, alguns bem barbudos, outros fortes e queimados de sol, vestindo as roupas simples de quem lidava com animais de grande porte ou trabalhava com agricultura. Todos estavam sentados diante de uma mesa com vários metros de comprimento. Entre os mais diversos rostos, ela encontrou o de Robson.

— Temos visita — anunciou o homem que a socorrera. — Os que trabalham conosco há pouco tempo talvez não saibam que esta moça é a filha do nosso patrão, que Deus o tenha.

103

Graciela percebeu que ser apresentada como "a filha do nosso patrão" não era o mesmo que "a nossa patroa". Havia uma diferença evidente naquela expressão.

— Ela acordou cedo porque certamente gosta de caminhar — continuou o mesmo homem. — Prova disso é que ela acaba de levar uma carreira de um dos nossos porcos, que a obrigou a correr feito o diabo ao fugir da cruz. A coitada estava caída sobre um punhado de estrume, vesga de tanto medo.

Um coro de gargalhadas explodiu no ambiente. Graciela passou da palidez para a vermelhidão em questão de segundos. Percebeu alguns olhares de luxúria na direção de suas pernas, e uma ou duas línguas que umedeceram lábios ávidos por diversão sexual. E o pior era pensar que aqueles homens eram seus funcionários agora.

— Lamentamos muito pela morte do seu pai — comentou um sujeito tão atarracado e asqueroso quanto o porco que a perseguira. — Assim como lamentamos que a senhorita tenha chegado aqui praticamente engatinhando.

Novas risadas espocaram. A vergonha começou a ser substituída pela raiva e antes que ela tivesse a oportunidade de lhes dar uma repriménda, Robson levantou-se da mesa e seguiu na direção dela a passos largos. Tomou-a pelo braço sem dizer nenhuma palavra, e tornou a conduzi-la para fora.

— Se você não percebeu, eu estava aqui fora há menos de dois minutos — ela resmungou ao retornar para o ar fresco da manhã, desvencilhando-se dele. — Vim para conversar com os sujeitos pré-históricos que estão lá dentro.

— Acho que você não veio em um bom momento. Eles estavam... — Robson parou de falar ao baixar o olhar e notar os pés dela. — Puxa vida, o que aconteceu com você, afinal? Algum cavalo confundiu seus lindos pés com uma privada?

— Ah! Ah! Ah!, muito engraçado! Não ouviu o que o velhote disse? Fui cumprimentar os porcos, mas acho que acabei irritando-os. Um deles bufou de raiva e me fez correr até aqui. Não sei como não quebrei meus saltos. Tropecei no estrume e caí ajoelhada — notando que Robson estava contendo o riso, ela colocou ambas as mãos na cintura. — Qual é a graça? Por que vocês não varrem a sujeira que os cavalos deixam para trás?

— Porque as fezes deles adubam a terra. Você foi criada em uma fazenda e não sabe disso?

— Que informação inútil!

— Falando nisso, sua crise de mau humor já passou?

Ela suspirou, deixando os braços caírem ao lado do corpo.

— Também queria lhe pedir desculpas, Robson. Ontem fui grosseira com você. Sei que você não me ajudou até agora apenas como forma de gratidão ao meu pai, e sim porque sente por mim certo... certa...

— Continue — ele ergueu uma sobrancelha, divertido.

— Certo afeto — ela completou, corando de novo. — A gente já se odiou à época da escola, contudo, hoje somos adultos e responsáveis. Creio que tenhamos deixado de lado aquelas rixas antigas.

— Sim. Hoje temos rixas novas — rindo, ele aproximou-se dela. — Gracinha, sabia que você fica muito *sexy* com os sapatinhos sujos de cocô de cavalo?

— Escute aqui, seu...

Ele não esperou que ela terminasse a frase. Não podia adiar aquilo por nem mais um dia. Robson colocou a mão sobre a nuca dela e puxou a cabeça de Graciela em sua direção. O beijo foi inevitável. Ao perceber que era correspondido, ele a beijou com mais força, com mais desejo, com mais paixão. Sabia que provavelmente estava sendo espionado pelos colegas de trabalho, o que não modificava seus sentimentos em nada. Se aquele encontro não tivesse acontecido ali, naquele mesmo dia ele teria ido à casa dela para roubar-lhe um beijo, mesmo que estivesse chateado pelo que ouvira da moça no dia anterior.

Quando os lábios se desgrudaram, Graciela estava ainda mais vermelha. Nunca fora beijada por ninguém daquela forma. O beijo lhe trouxe emoções variadas, fazendo-a experimentar sensações que jamais sentira.

— Por que fez isso? — ela perguntou quando conseguiu recobrar a voz.

— Esse foi só o primeiro de muitos outros que virão. É tarefa impossível para um homem olhar seus lábios tão próximos e não poder tocá-los com a boca.

— Então outros vão fazer a mesma coisa.

— Eles morrerão assim que tentarem.

Graciela riu, olhando-o maliciosamente.

— Entendo esse beijo como uma mensagem de que meu pedido de desculpas foi aceito.

— Mais ou menos. Depois vou querer outro para me certificar de que não guardo nenhuma mágoa em meu coração.
— Sei. E o que você queria me contar sobre os homens, aliás?
— Assunto sério. Eles já estavam pensando em procurá-la. Querem perguntar quem vai assumir a fazenda de hoje em diante. Precisam saber para quem trabalham agora.
— Acho justo. Foi para isso que vim. Vou me anunciar como sua nova patroa.

Robson olhou para o rosto afogueado, o vestido amassado e os pés fedorentos de Graciela. Mesmo assim, para ele, a moça estava deslumbrante.
— Aí está o problema. Eles não a querem à frente dos negócios.
— Como assim? — ela ficou indignada. — Desde quando são eles que tomam as decisões?
— É mais complicado do que você pensa. Alguns desses homens trabalharam metade da vida para seu pai. O seu Francisco, que deu um tiro para o alto a fim de assustar o porco, está aqui há mais de trinta anos. Antes disso, já trabalhava em outras fazendas, sempre para um homem.
— E daí? Qual a dificuldade em trabalhar para uma mulher?
— Todas.
— Está me chamando de incompetente?
— Não, Gracinha. Esses homens são, em sua maioria, pessoas de mente fechada, que não se atualizaram enquanto o mundo mudava. Ainda vivem na época em que o homem mandava na casa, que as esposas cuidavam dos filhos e dos serviços domésticos, que a palavra masculina era lei e ordem. Não admitem uma mulher no comando. Nem sequer viram com bons olhos o fato de que uma mulher tornou-se a presidente do país. Não julgam a capacidade profissional da pessoa, e sim seu sexo biológico.
— Isso é o cúmulo da ignorância. Não serei uma má patroa. Eu até ia lhe pedir que me ajudasse a administrar a fazenda. Eu decidi assumir o serviço do meu pai depois de conversar com uma mulher com grande conhecimento sobre espiritualidade. Ela me fez perceber que, se eu vendesse tudo e voltasse a São Paulo, demonstraria medo de assumir esse desafio. Por isso, resolvi ficar e dar continuidade ao que o meu pai deixou.
— Fico muito feliz por tudo isso, de verdade. Para mim, pouco me importa ser funcionário de um homem ou de uma mulher, desde que eu receba corretamente meu salário, no dia certo. Existem inúmeras empresas, algumas de grande porte, cuja gestão está nas mãos de uma mulher, que é plenamente capacitada para desempenhar o mesmo papel de um

homem. Tentei convencê-los através desse ponto de vista e quase fui linchado. Chegaram a insinuar que eu a estava defendendo por gostar de você.

— Comprovarão que isso é verdade, caso tenham visto a gente se beijar.

— Por certo, eles nos viram. Não me preocupo com a opinião deles, e sim com a reação que eles venham a ter. Disseram que, se a fazenda fosse assumida por você, todos eles se demitiriam.

— O quê? Eles não podem fazer isso.

— E quem pode impedi-los? Um convence o outro a fazer o mesmo e todos deixam de trabalhar para você no mesmo dia. Sem mão de obra sua fazenda não terá futuro.

— E eles preferem ficar desempregados? Como vão se sustentar?

— Todos eles têm contato com outros fazendeiros, principalmente os mais velhos. São homens competentes, que entendem do ramo como ninguém. Creio que conseguiriam outro emprego em menos de três dias. Você seria a única prejudicada.

— Posso lhes sugerir um aumento de salário.

— Você não está entendendo, Gracinha. Eles não se importam tanto com o dinheiro. O que eles não querem é receber ordens de uma mulher, porque acreditam que o homem é um líder natural. O homem manda e a mulher obedece, e não o contrário. Eles ainda nutrem essa visão extremamente machista e preconceituosa.

— Pois vamos entrar que eu os convencerei a ficarem. Pedirei que fiquem pelo meu pai.

Robson deu de ombros e eles tornaram a adentrar o galpão. Alguns homens ainda tomavam o café da manhã na mesa, mas a maioria já estava mais ao fundo trocando de roupa. Alguns estavam sem camisa e outros apenas de cueca. Ninguém pareceu se importar ou se constranger com a presença feminina entre eles.

— Pessoal, peço um minuto da atenção de todos! — Robson disse em voz bem alta para se fazer ouvir. Quando todas as cabeças se voltaram em sua direção, ele emendou: — A senhorita Graciela quer conversar com todos nós. Vamos nos reunir lá fora, daqui a cinco minutos, para que vocês terminem de se trocar.

— Qual será o assunto? — Francisco quis saber.

— Ela mesma nos dirá — explicou Robson.

— Se for o que estamos pensando, pode falar agora mesmo — interveio outro homem. — Estamos prestando toda a atenção.

Graciela aguardou pacientemente que eles terminassem de se vestir e de comer. Quando ela viu todos de pé, olhando-a atentamente, tentou ser o mais direta possível:

— Como é do conhecimento de todos vocês, meu pai faleceu. Estou chocada com o acontecido, assim como vocês também devem estar. Creio que jamais haverá outra pessoa como ele — pigarreou antes de continuar: — Entretanto, a vida continua para todos nós. Meu pai era proprietário desta fazenda e sócio de um parque de diversões. Os funcionários dos dois locais trabalhavam para ele, que era quem lhes pagava o salário. Diante de sua morte, torna-se necessário que alguém assuma as tarefas que ele desempenhava. Contrariando os boatos que se espalharam pela cidade, insinuando que eu venderia os bens do meu pai e retornaria a São Paulo, vim lhes comunicar que assumirei a administração da fazenda. A partir de hoje, vocês trabalham para mim.

Por quase dez segundos não houve uma única resposta. Os homens se entreolharam, menearam a cabeça e não disseram nada, até que Francisco rompeu o silêncio.

— Não aceitaremos trabalhar para a senhorita — ele decretou com voz firme.

— E por que não? — ela indagou, mesmo que já soubesse a resposta.

— Porque achamos inadmissível trabalhar para uma mulher, que não entende nada de uma fazenda. Eu a conheço desde que era pequena e a senhorita nem sequer sabe meu nome ou quem eu sou. Nunca deu a mínima para o trabalho que seu pai realizava tão bem. Assim que pôde, virou as costas e se mandou daqui.

— As razões que me levaram a me mudar não estão em discussão. O que não entendo é a aversão que vocês têm em acatarem às minhas ordens.

— Sem um homem à nossa frente, não haverá trabalho — anunciou Francisco e os demais concordaram com a cabeça.

— Vocês não podem fazer isso com ela — Robson replicou. — Ela está começando nisso, entende pouco, é verdade, porém creio que todos nós podemos lhe ensinar aquilo que ela desejar aprender. Seria egoísmo de nossa parte se não lhe déssemos uma oportunidade para mostrar como será sua forma de nos chefiar. Cada um continuaria desempenhando o mesmo trabalho e nem teriam contato com ela diariamente.

— E vou aumentar o salário de todos vocês — ela sorriu. — Hoje mesmo eu...

— Acha que estamos à venda, mocinha? — era Francisco novamente, que parecia ser o porta-voz do grupo. — Trabalhamos por prazer e não pelo dinheiro. O que recebemos aqui, podemos ganhar em outras fazendas. A senhorita não passa de uma menina mimada, arrogante e metida. Jamais obedeceremos a uma só ordem que nos der.

— E você não passa de um velho atrasado, ignorante e burro — ela atacou, perdendo o restinho de paciência. — Acha que na sua idade ainda será contratado com tanta facilidade?

— Com certeza, sim. O doutor Tavares, da Fazenda Mariana, sempre me convidou para trabalhar para ele. Só não fui antes por causa do seu Afonso, que era um homem incomparável. Agora que ele se foi, não resta mais nada a fazer aqui. Lamentarei ver que essas terras tão bonitas logo serão esquecidas e desvalorizadas porque a mocinha que cuidará delas não consegue nem correr de um porco.

Risadinhas insolentes se fizeram ouvir. Contendo o ímpeto de dar uns tapas naquele rosto enrugado e sisudo, ela olhou para os demais.

— Todos vocês estão de acordo com o que as palavras dessa múmia?

— Ele é um homem muito mais capacitado que a senhorita — devolveu um sujeito bigodudo. — Ninguém vai trabalhar para uma madame cheia de frescuras. Se ao menos, o seu padrasto assumisse a fazenda — ele fitou Robson.

— Estevão só colocaria as mãos nesta propriedade se eu estivesse morta — atalhou Graciela. — Como podem ser tão estúpidos? Vão desperdiçar anos de trabalho por causa de conceitos ultrapassados sobre uma mulher estar no poder? Sejam idiotas assim lá na China.

— Pois os idiotas, como a senhorita nos chama, estão pedindo as contas — tornou Francisco. — Claro que vamos conferir cada moeda que nos for paga como indenização, mesmo que a gente perca muito dinheiro ao sairmos por vontade própria. Duvido que nessa cidade tão pequena a senhorita vá conseguir outras pessoas tão experientes quanto nós. Não lhe restará outra opção, a não ser vender a fazenda.

— Vou contratar um contador para organizar a homologação de vocês — ela cruzou os braços, furiosa. — Não sou ladra, não quero lhes roubar o dinheiro. Receberão tudo a que tiverem direito. Quanto à saída de vocês, só posso lhes desejar boa sorte. Espero que consigam outro emprego bem depressa — Graciela mirou o rosto de Francisco.

— Quanto a você, não precisa me rogar praga. Quero lhe desejar vida longa para que veja o meu sucesso profissional. Não sei como, mas garanto que não vou deixar a fazenda do meu pai afundar. O senhor ainda vai se arrepender por não ter ficado aqui.

Ela passou a mão pelos cabelos, sorriu para Robson e seguiu na direção da saída do abrigo. Antes de ir embora, voltou-se mais uma vez, finalizando:

— Se vocês acharam que eu fosse implorar para que ficassem se deram mal. Meu pai me ensinou a lutar por tudo o que eu queria. Foi por isso que ele não me proibiu de me mudar de cidade. Mesmo que estejam longe, vou provar para todos vocês que sou extremamente capaz de cuidar da fazenda, sendo uma mulher. Agradeço em nome do meu pai por tantos anos de trabalho e dedicação que a maioria de vocês desempenhou aqui. E já que querem ir embora, fiquem à vontade. À noite, retornarei a este galpão e até lá quero vê-lo totalmente desocupado. Obrigada.

Sem esperar por respostas, Graciela saiu apressada pela porta do alojamento.

15

Se o período da manhã correra de mal a pior, com a saída coletiva dos empregados da fazenda, exceto os da casa-grande, Graciela desejava que o mesmo não acontecesse com os funcionários do parque de diversões. Não era possível que em pleno século 21 as pessoas ainda tivessem o mesmo pensamento de Francisco e seus colegas.

Depois de tomar um longo banho e lavar os pés até quase esfolar a pele, Graciela serviu-se do delicioso almoço que Dora ofereceu-lhe. Com poucas palavras resumiu para a governanta o desenrolar dos últimos acontecimentos.

— Eu já imaginava que eles fizessem isso — Dora considerou, quando Graciela terminou de falar. — São homens durões, antiquados e perdidos no tempo. Além de não aceitarem ordens de uma mulher, muitos também não admitem serem comandados por uma pessoa mais jovem, com menos idade que eles. Você se encaixou nos dois perfis. Por isso foi tão repudiada.

— Não estou nem aí para a opinião que eles têm sobre mim. Claro que vou passar maus bocados sem o apoio deles. Por sorte, Robson foi o único que ficou e ele vai me ajudar bastante, até porque não entendo nada sobre agropecuária. Não sei nem plantar feijão na terra. Isso sem contar que tenho medo dos animais. Sabe o que um dos porcos me aprontou?

Graciela narrou o episódio da perseguição e Dora começou a rir. Quando ela já pensava em brigar com a governanta, analisou a situação sobre outra óptica e percebeu que realmente havia o lado cômico naquilo tudo. Sua aventura matinal culminara com os pés cheios de estrume e a saída em massa de quase duas dezenas de funcionários.

— Irei ao parque agora. Serei apresentada aos funcionários de lá. O insuportável do Estevão também estará presente — ela apanhou a bolsa e as chaves do carro. — Deseje-me sorte, Dora. Beijos e até mais tarde.

Ainda que estivesse em um município pequeno, Graciela conseguiu se perder no meio do caminho e precisou pedir informação para chegar ao parque. Finalmente, avistou o topo da roda-gigante e a estrutura de ferro de um brinquedo que simulava um elevador e que subia a 35 metros de altura para depois despencar em queda livre, fazendo o coração dos ocupantes parar na boca. E ainda havia quem pagasse por aquele tipo de diversão.

Ela colocou o carro no estacionamento, onde havia outros onze veículos, desceu e seguiu a pé até o portão de entrada. Havia um senhor de idade avançada, com expressão desconsolada, sentado em um banquinho de madeira, com um jornal aberto no colo. Por entre as grades do portão, Graciela o fitou e tossiu para se fazer notar. O homem nem sequer ergueu a cabeça.

— Boa tarde! — ela praticamente rosnou.

— Se a senhora não percebeu, o parque está fechado — o velho resmungou, sem tirar os olhos do jornal. — Volte após as 18 horas.

— Estou sendo aguardada em uma reunião.

— Deve estar no lugar errado. Se a senhora não percebeu, isso é um parque de diversões.

— O senhor só sabe falar isso? — Graciela perdeu as estribeiras. — Meu nome é Graciela, sou a filha do dono deste parque, e se esse portão não for aberto em menos de um minuto, considere-se despedido. Fui clara ou quer que eu desenhe?

Mais do que a ameaça em si, foi o tom de voz irritado da visitante que fez o vigia erguer o olhar para ela. Não sorriu, não piscou e não se levantou. Apenas limitou-se a encará-la por alguns segundos, até retirar um molho de chaves do bolso e passá-lo pelo vão entre as barras de ferro.

— A chave amarela, a maior de todas, é a que abre o cadeado. Fique à vontade.

— Abra esse portão para mim imediatamente — ela gritou, histérica. — A obrigação é sua. Se o senhor não percebeu, está falando com a sua nova patroa.

O senhor suspirou longamente, ergueu-se devagar da cadeira, pousando o jornal no chão, arrastou-se pesadamente até o cadeado e destrancou-o com lentidão. Abriu o portão e a convidou para entrar com a cabeça.

— Placas indicativas lhe mostrarão o caminho da administração — foi tudo o que ele disse quando Graciela passou por ele.

Ela afastou-se sem agradecer. Imaginou que aquele tipo fosse outro Francisco da vida, que se recusava a acatar as ordens dadas por uma mulher. Se aquele fosse o caso, ela ficaria feliz em demiti-lo.

Como ele mesmo dissera, o Parque da Alegria estava fechado para o público naquele momento, mas abriria assim que anoitecesse. Ela passou pela arena dos carrinhos de bate-bate, pelas barracas de tiro ao alvo, pescaria e roleta, contornou por trás das xícaras malucas, tomou o corredor em que ficava a entrada do trem-fantasma e seguiu na direção de uma placa que indicava o rumo da administração, que era uma casinha branca nos fundos do parque.

Bateu na porta e foi recebida por Estevão. Ambos não contiveram um esgar de contrariedade ao se confrontarem. O repúdio era mútuo e os dois sabiam disso.

— Pelo menos você é pontual — ele provocou, mordendo o charuto apagado.

— E você é uma pessoa que eu preferiria não tornar a ver nesta vida.

Ela passou por Estevão, notando o cheiro de suor que emanava do corpo dele e chegou a uma sala grande, que parecia um pequeno auditório. Várias cadeiras estavam dispostas em fileiras, quase todas ocupadas. Na frente havia uma mesa sobre um tablado, uma televisão fixada na parede e um bebedouro junto da parede. Na lateral da sala havia dois banheiros e, no final, o cômodo que servira como escritório de Afonso, quando ele trabalhava lá.

— Antes que comecemos a nossa reunião — Estevão entregou a ela uma pasta plástica — quero lhe entregar as despesas que tive com o velório do seu pai, de acordo com o que você me pediu ontem. Aí dentro você também encontrará o atestado de óbito e a documentação expedida pelo cemitério.

— Ótimo — ela colocou a pasta junto da bolsa e ambas sobre a mesa. — Quando terminarmos aqui, eu preencherei seu cheque.

Ela aguardou que Estevão se sentasse em uma cadeira e encarou os rostos que estavam ali. Ao todo havia dezenove pessoas, incluindo

Estevão. Praticamente o mesmo número de funcionários que pediram as contas na parte da manhã, na fazenda. Ela já fora informada de que havia vinte empregados no parque e quem estava faltando na reunião era o agradável porteiro que ficara à entrada do parque.

Ela ensaiara um discurso diferente para aquelas pessoas, temendo que houvesse outra saída coletiva dos funcionários. De todos os rostos, além do de Estevão, o único conhecido era o de Carlinhos, que lhe fora apresentado por Márcio.

— Serei breve em minhas palavras — ela começou, sentindo-se nua por estar tão exposta diante de todos. — Vocês sabem que meu pai faleceu e creio que vêm questionando sobre quem assumiria a direção do parque.

— Achei que fosse Estevão — uma mulher de meia-idade, que usava uma saia que serviria em sua neta, cruzou as pernas ainda belas para sua idade. — Ele é a pessoa mais capacitada para administrar o parque porque está a par do andamento de tudo.

Graciela revirou os olhos, clamando por paciência. Será que aquelas pessoas não falavam em outra coisa a não ser em capacitação e experiência?

— Quem decide a nova direção do parque sou eu. Estevão era sócio do meu pai, e hoje comprarei a parte dele. Não quero sociedade com uma pessoa com quem nem sequer simpatizo.

Ao ouvir aquilo, o charuto pulou da boca de Estevão diretamente para o chão. Ele ergueu-se de um salto, os olhos arregalados e o rosto lívido.

— Do que você está falando, Graciela? Não abrirei mão da sociedade...

— Meu pai era sócio majoritário — ela o interrompeu. — Entrarei em contato com um contador para que ele providencie os devidos acertos e faça a dissolução da sociedade. Todos esses brinquedos foram adquiridos em nome dele, portanto quase nada aqui é seu. Não o quero trabalhando comigo.

— Você está me despedindo diante de todos? — movida pelo ódio, a voz dele tornou-se rouca.

— E o que você queria? — ela o olhou de volta. — Que marcássemos um chá da tarde em plena praia, num sábado ensolarado, para que eu lhe desse a notícia?

Ele avançou até ela e, por um momento, Graciela achou que seria atacada. Perigosamente próximo e ameaçador, ele mordeu os lábios com tanta força que não tardou a sentir o gosto amargo de sangue na boca.

— Você vai se arrepender por isso.

— Está me ameaçando diante de todos? — ela retorquiu sarcástica. — Não tenho medo de você. Volte ao seu lugar, porque agora quem manda aqui sou eu.

Estevão ainda se demorou alguns segundos, olhando-a com imenso rancor. Por fim, recuou até voltar à cadeira.

— Você acha mesmo que sabe de tudo — ele esbravejou ao sentar-se de novo.

— Pode reclamar o quanto quiser — Graciela colocou dois dedos sobre o nariz. — Aliás, eu deveria mandar um troféu para o seu desodorante, porque ele venceu.

Risadinhas abafadas ecoaram entre a plateia, que acompanhava a discussão atentamente. Estevão apanhou o charuto do chão e o esmagou com os dedos, exatamente como gostaria de fazer com o rosto daquela desaforada.

Para quebrar o clima de tensão, um homem na última fileira manifestou-se:

— Meu nome é Renato e sou um dos técnicos responsáveis pela manutenção dos brinquedos. Gostaria de saber se a senhora vai nos demitir.

— Eu preciso muito desse emprego — avisou a senhora da saia exígua. — Sem ele, não arranjo mais paqueras.

— A senhora vem aqui para trabalhar ou para paquerar? — questionou Graciela.

— As duas coisas — ela mostrou o sorriso mais feliz do mundo. — Sou Aurélia, querida, a caçadora de *boyzinhos*.

— Ela persegue todos os meninos que visitam o parque — explicou Carlinhos, meio constrangido. — E quando digo meninos, refiro-me aos que têm entre dezoito e vinte anos. Infelizmente, ainda estou na faixa etária preferida dela.

Mais risadas se fizeram ouvir e até Graciela sorriu. Furioso com aquilo, Estevão levantou-se e deixou a sala sem dizer uma só palavra.

— Juro que jamais causei confusão por causa disso — continuou Aurélia. — Até seu pai sabia disso e nunca me recriminou. Eu trabalho na bilheteria e seduzo os garotinhos que aparecem lá para comprar os ingressos. Você, Graciela, é uma moça muito bonita, mas teria sido ainda melhor se tivesse nascido um garotinho.

— Já passei dos vinte, amiga! E respondendo à pergunta do Renato, não pretendo demitir ninguém. Admito que não entendo nada sobre parques, menos ainda sobre brinquedos e patavinas de gestão

115

empresarial. Como a dona Aurélia disse há pouco, talvez Estevão fosse a pessoa mais adequada para substituir meu pai. Entretanto, por motivos pessoais, não o quero ao meu lado.

— Não me chame de dona — Aurélia pediu com voz amuada. — Isso faz com que eu me sinta uns dez anos mais velha.

Rindo de novo, Graciela juntou as mãos, como numa prece.

— Tudo o que eu quero é que vocês me deem uma chance de provar que posso assumir esse trabalho. Preciso de uma equipe comigo, pessoas que confiem em mim. Não tenho medo de revelar que hoje, ao conversar com os empregados da fazenda, todos se demitiram, simplesmente por não aceitarem ordens de uma mulher. Se vocês fizerem isso aqui também, estou perdida.

— Nem pense nisso — disse uma ruiva belíssima, que estava sentada ao lado de Aurélia. — Não é em qualquer lugar que posso ser um gorila todos os dias.

— Como?

— Sou a atriz que interpreta a Monga, a mulher que se transforma em um gorila diante do público. As crianças, em especial, adoram esse número.

— Ahhh! — Graciela simplesmente sorriu em resposta.

— E eu sou o Roque — um homem de cabelos grisalhos ergueu a mão. — Sou o gerente do parque, o homem que era o braço direito do seu pai.

— Então agora será o meu braço direito. Nós teremos muito que conversar.

— Há uma questão importante a ser discutida — tornou Roque. — Seu pai não vinha para cá todos os dias, porque achava que a fazenda exigia mais de seu tempo e de sua atenção que o parque. Só que, como a senhora é iniciante na área, sugiro que trabalhe aqui na administração durante todo o período em que o parque estiver aberto, ou seja, todas as noites durante a semana e, a partir das 15 horas, aos sábados e domingos.

— Meu Deus! — Graciela arregalou os olhos. — Já vi que vou trabalhar como uma mula.

Novas risadas surgiram e o ambiente tornou-se mais descontraído. Por incrível que parecesse, ela gostara daquelas pessoas. Pareciam ser educadas, agradáveis e prestativas, bem diferentes dos turrões suarentos que deixaram a fazenda.

Durante os minutos seguintes, todos se apresentaram a ela, falaram sobre seus cargos e comprometeram-se a apresentar o parque detalhadamente a Graciela. Quando a reunião terminou, ela disse que todos estavam dispensados do trabalho naquela noite, pois ela queria ler a documentação que o pai deixara junto com um advogado e um contador, o que faria no dia seguinte.

Depois que todos saíram, ela conferiu o conteúdo da pasta que Estevão lhe entregara, preencheu um cheque com o valor correspondente aos débitos que ele tivera com o funeral de Afonso e saiu da administração ao lado de Roque. Ele explicou como se desligava tudo, trancou a porta e deu-lhe cópias das chaves da porta e do portão principal de entrada.

Roque a acompanhou até o estacionamento e qual não foi a surpresa dela ao deparar com Estevão parado ao lado de seu carro. Já havia anoitecido e ela agradeceu a Deus por não estar sozinha.

— Estava aguardando meu cheque — ele informou e sua voz estava mais gelada que o Polo Norte.

— Aqui está — quando ela lhe entregou o cheque, completou: — Confira o valor e me assine esse recibo, por favor.

Sem dizer nada, Estevão olhou para o cheque e assinou o papel que ela lhe deu.

— Vou entrar em contato assim que meu contador me explicar como devo proceder para dissolver a sociedade que você mantinha com meu pai.

— Como quiser — mais uma vez ele cravou seus olhos escuros e misteriosos em Graciela. Por fim, cumprimentou Roque com a cabeça e afastou-se a pé.

— Sujeito esquisito — Roque comentou. — Eu mesmo não me sentiria feliz se ele fosse meu patrão.

— E nem eu aceitaria algo assim.

Graciela agradeceu a Roque pelo apoio que lhe dera e marcaram de se encontrar no parque no fim da manhã seguinte. Até lá ela teria que descobrir quem era o advogado de Afonso e perguntar a ele se poderia lhe indicar alguém de confiança para realizar os serviços contábeis de que ela necessitava.

Quando Roque seguiu para seu próprio carro, Graciela viu o papel branco preso entre os limpadores de para-brisa. Com o coração batendo mais forte, ela o desdobrou e leu as palavras escritas com tinta vermelha:

O QUE É SEU ESTÁ GUARDADO.

Os dias que se seguiram fora bastante agitados para Graciela. Aquele era um mundo totalmente novo, em que havia novas relações, novos afazeres e novas situações que exigiam rápidas decisões. Sabia que, a partir do momento em que assumisse a ideia de permanecer na cidade, dando seguimento ao trabalho que o pai deixara para trás, sua vida nunca mais seria a mesma. O mundo dos *shoppings centers* transformara-se em vistorias em plantações, as festas mais elegantes da alta roda paulistana cederam espaço ao comércio dos animais e os produtos que eles geravam, como leite, lã, carne e ovos, e as viagens internacionais chiquérrimas foram trocadas pelos brinquedos do parque de diversões.

Claro que a rotina antiga ainda era a que estava enraizada em Graciela. Era daquilo que ela gostava, era em uma cidade grande que seu corpo vibrava. Porém, sentia que precisava estar naquele lugar agora, desenvolvendo um trabalho pelo qual ela sempre sentira ojeriza, mantendo contato próximo com coisas e pessoas que ela jamais imaginara conhecer um dia. Não estava muito feliz, mas vinha dando o seu melhor, esforçando-se para aprender mais, demonstrando interesse e humildade para ampliar seu conhecimento sempre que alguém tentava lhe mostrar algo que ela desconhecia.

Roque, Renato, Aurélia e até mesmo Carlinhos indicaram amigos e conhecidos para trabalharem na fazenda. Dora também falou que seu marido, Antônio, por ser policial, tinha bastante contato no distrito e também poderia recomendar pessoas de confiança para assumirem as vagas que estavam em aberto. Em menos de quinze dias ela já tinha nove homens lidando com o gado e com a plantação. Nenhum deles demonstrou problema em trabalhar para ela. Mostraram-se gentis e cordatos desde o princípio, e até então ela não tivera nenhum contratempo com a nova equipe.

Darci, advogado de Afonso, conversara com ela por telefone. Explicou que precisavam se reunir para discutir o testamento que o fazendeiro havia deixado para a filha. Todavia, Graciela protelava a reunião, alegando estar deveras ocupada com seus novos trabalhos. Seus dias eram longos e puxados, pois acordava às cinco da manhã e não se deitava antes das onze da noite. Durante o dia atuava na fazenda, com o auxílio de Robson e, à noite, dirigia-se ao parque de diversões.

Darci indicou-lhe um amigo contador e Graciela o contratou para que aprontasse a papelada da demissão dos ex-funcionários, assim como o processo de dissolução da sociedade que Estevão teria com ela. Havia vários documentos que ela deveria assinar e Graciela pediu que Darci os enviasse via correio. Alegou que telefonaria a ele se surgissem dúvidas.

Era nisso que ele estava pensando, aboletado em sua cadeira de couro na sala escura, claustrofóbica e mal decorada que ele insistia em chamar de escritório, quando seu telefone celular tocou.

— Doutor Darci falando — atendeu.

— Quando você pensa em agir? — a voz de Estevão trovejou. — Vai esperar que ela se case com meu enteado?

— Não posso fazer nada, já que ela não quer me ver. Insisto sempre em marcar uma reunião, mas por enquanto ela decidiu que nosso contato se dará somente via telefone, e-mail e correio.

— Afonso está morto há mais de quinze dias e vocês nem sequer falaram sobre o testamento? Parece até que não está interessado na grana.

— Claro que estou, mas se eu insistir muito, ela pode desconfiar — Darci afrouxou o nó da gravata em torno do pescoço gordo. — A mulherzinha é chata e esnobe.

— E eu não sei? Ainda não me esqueço do vexame que ela me fez passar ao me humilhar diante de todos os funcionários do parque. Ela está se sentindo ultrapoderosa.

— E agora você quer dar o troco?

— Eu já achava que ela não merecia toda a grana que herdou. Fui muito amigo de Afonso para saber o quanto ele batalhou para juntar cada moeda que conquistou. Seu império não merecia cair nas mãos daquela vagabunda. Só que depois do que ela me fez, acho justo que parte desse dinheiro venha para os meus bolsos. Afinal, Darci, não foi para isso que combinamos o nosso plano?

— E se ela não me quiser como homem? — ele baixou a voz ao completar: — Sabe que a minha aparência física destoa um pouco do padrão ideal de um homem bonito.

— Se você for bom de lábia, ela cai — garantiu Estevão. — Mas haja rápido, porque a cada dia que passa ela e meu enteado estão mais próximos. Ele fica o tempo todo com ela, quando estão na fazenda. Já ouvi pessoas comentarem que eles estariam namorando. O tempo urge, Darci.

— Sendo assim, vou visitá-la em breve. E darei o bote na primeira oportunidade. Farei com que ela perceba que sou um exemplar masculino irresistível.

Eles trocaram mais algumas palavras e desligaram, ambos satisfeitos com aquela conversa.

***

Márcio adorava os dias em que tirava folga, não apenas pelo descanso que ela lhe proporcionava, mas principalmente por ficar ao lado de Carlinhos durante boa parte do dia. Como seus horários de trabalho não combinavam, havia vezes em que eles mal se viam e só podiam conversar por telefone ou por mensagem.

Agora estavam ali na cozinha, juntinhos, enquanto Márcio preparava uma macarronada.

— Sabe em que eu estava pensando? — Márcio perguntou olhando por cima do ombro. — Hoje nós poderíamos ir ao centro comprar algumas coisas para enviarmos ao Luan e às outras crianças que decidimos apadrinhar. O que você acha?

— Suas ideias são sempre incríveis, querido — Carlinhos soprou um beijo para ele. — Depois que almoçarmos, vamos andando até lá. Será ótimo para queimarmos as calorias. Além de tudo, aquelas crianças merecem tudo o que pudermos lhes comprar. É uma pena não termos condições de presentarmos a todas.

— Mal vejo a hora em que o nosso filho esteja morando conosco para passearmos com ele, levá-lo para brincar com os amiguinhos na praça, tomar um sorvete bem gostoso... — o olhar de Márcio tornou-se sonhador. — E tenho certeza de que Luan será essa criança. Meu coração me diz isso.

— O meu também. Agora é só uma questão de tempo até obtermos a custódia definitiva sobre ele.

— Falando nisso, como estão indo as coisas no parque? Graciela está sendo uma boa patroa?

— Ela é legalzinha. Eu não a acho tão insuportável quanto algumas pessoas já pregaram por aí. Aquele é o jeito dela e pronto. Não adianta falarmos mal por ela ser assim. O melhor é respeitá-la e fim de papo.

— Esse é meu garoto — Márcio mexeu na panela com molho de tomate. — Eu a vi poucas vezes, mas também gostei dela. Todo mundo gosta de criticar a chefia, porém o cargo de liderança não é nada fácil. É preciso muito foco, determinação, sabedoria e discernimento para estar à frente de muitos funcionários. Por ser inexperiente nessa área, não deve ser um desafio muito fácil para ela.

— Roque, o nosso gerente, está assessorando-a muito bem. Ele é um cara gente fina. E soube que na fazenda Robson vem dando bastante suporte para ela.

Carlinhos parou de falar e esticou o pescoço, tentando averiguar se o almoço estava quase pronto.

— Falta muito para terminar essa comida? Minha fome está maior do que o amor que sinto por você.

— Puxa vida! — Márcio riu descontraído. — Então você está praticamente morrendo de inanição.

Eles riram e nesse momento ouviram a campainha tocar.

— Estamos esperando alguém? — Márcio ergueu o sobrolho.

— Esqueci-me de avisá-lo, amor. Everton telefonou dizendo que estava vindo para cá. Creio que seja ele.

— Como é que é? — mas Carlinhos já saíra correndo na direção da porta, deixando Márcio atônito, o sorriso morrendo em seus lábios.

Da cozinha, ele ouviu vozes alegres, gargalhadas e ruídos de bagagens deslizando pelo assoalho. Imediatamente, algo dentro dele entrou em alerta. Nunca vira com bons olhos a ideia de acolher o amigo de Carlinhos, que trabalharia na fazenda do tio dele, desempenhando a mesma função que Carlinhos exercera anos antes.

Perdendo todo o prazer de terminar de preparar o almoço, jurando para si mesmo que o que estava sentindo não era ciúme, ele desligou o fogão, limpou as mãos num pano de prato e seguiu devagar para a sala.

Viu um rapaz de costas para ele, mais alto do que Carlinhos e também mais encorpado, que falava alto, gesticulando. Ao lado dele, no chão, estavam três malas com rodinhas e uma mochila. Mesmo antes de vê-lo, Márcio desejou que ele fosse terrivelmente feio.

— Amor, este é o Everton — anunciou Carlinhos ao vê-lo se aproximar.

O rosto que se virou para defrontá-lo era tão lindo quanto o de um modelo. Everton, no auge dos seus vinte e dois anos, tinha cabelos castanhos alourados, levemente enrolados, olhos escuros, pele bronzeada, lábios carnudos e um sorriso digno de um comercial de creme dental. Braços fortes e musculosos saíam pelas mangas da camiseta que se colava em seu tórax, onde havia um peitoral firme e bem trabalhado.

— Prazer! — a contragosto, Márcio apertou a mão do recém-chegado. Olhou de revés para Carlinhos antes de completar: — Seja bem-vindo.

— Com certeza, serei. Já gostei da cidade logo de cara — abrindo os braços, Everton jogou-se no sofá. — E essa casinha de vocês é perfeita. Isso porque ainda não conheci nenhum outro cômodo além desta sala.

— Vai conhecer tudo daqui a pouco, inclusive o quarto em que ficará — Carlinhos sentou-se no sofá diante dele, com um amplo sorriso. — Conte-nos como foi de viagem.

— Excelente, principalmente por saber que estava vindo ao encontro do meu amigo mais querido. Que saudade de você, cara! Dê-me mais um abraço.

Everton puxou Carlinhos contra si e Márcio mordeu os lábios para não demonstrar o ciúme e a indignação que estava sentindo. O que o tranquilizava era a lembrança de que aquele sujeito não sentia atração por outros homens.

Ele percebeu que Everton entrosou animada conversação com Carlinhos sobre os tempos de infância que eles vivenciaram juntos. Márcio poderia jurar que o tema daquela conversa fora proposital, justamente para que ele se sentisse deslocado. Resmungou que estava retornando à cozinha para terminar o almoço e sentiu o coração se apertar quando Carlinhos mal lhe dirigiu a atenção.

Os dois continuavam matraqueando sem parar quando a comida foi servida. À mesa, eles riam de situações e acontecimentos passados, citavam nomes dos quais Márcio jamais ouvira falar e não faziam a mínima questão de incluí-lo no papo. Quando não conseguiu mais se conter, Márcio perguntou:

— Você tem mesmo uma namorada, Everton?
O outro virou o rosto para ele.
— Tenho sim, por quê?
— Ela deve confiar muito em você para autorizá-lo que viesse morar e trabalhar em outra cidade, sabendo que aqui, assim como em qualquer outro local, há muitas moças que são excelentes partidos para um homem.
— Sim, ela confia muito em mim — devolveu Everton. — Se não fosse assim, ela seria como uma dessas pessoas ciumentas que não suportam ver o parceiro conversando com alguém.

Assim que terminou de falar, Everton voltou-se para Carlinhos, sorrindo novamente, ignorando Márcio como se ele não estivesse ali. Compreendendo a resposta como uma mensagem direta para ele, Márcio levantou-se da mesa, esperando que Carlinhos fosse lhe dizer algo, mas o rapaz não tirava os olhos do novo morador, que falava mais do que um papagaio.

Com o prato vazio nas mãos, ele regressou à cozinha, tentando segurar o pranto que ameaçava surgir. Como já imaginara, antipatizou com Everton logo de cara. Não gostava de conservar a primeira impressão sobre as pessoas, mas não conseguia rotular aquele garoto de outro jeito que não fosse intrometido e mal-educado por bani-lo das conversas. Afinal, ele praticamente era casado com Carlinhos, certo?

Colocou o prato e os talheres na pia, pingou algumas gotas de detergente na esponja para lavá-los e sentiu as lágrimas aflorarem aos olhos. E no instante seguinte tudo escureceu.

Durante três ou quatro segundos Márcio não enxergou absolutamente nada. Depois, a visão foi clareando de novo e ele voltou a divisar a cozinha normalmente. Saiu dali direto para o banheiro e fitou-se no espelho. Seus olhos pareciam um par de bolas de fogo. Alarmado, ele disparou até o quarto, ignorando as risadas escandalosas que vinham da sala, onde Carlinhos e Everton ainda deveriam estar almoçando. Ao parar perto da cama, ele pegou o celular que deixara carregando em uma tomada, procurou por um contato e discou, torcendo para ser atendido o quanto antes.

— Consultório de oftalmologia — ouviu a voz feminina e musical que o atendeu.

— Aqui é o doutor Márcio — ele respondeu tentando não entrar em pânico. — Preciso marcar uma consulta com o doutor Celestino, em caráter de urgência.

17

Graciela desligou o telefone com irritação. Aquele advogado, Darci alguma coisa, era mesmo muito abusado. Dissera que estava vindo conversar com ela sobre o testamento de Afonso, que ela já adiara demais aquele momento, e que não iria embora enquanto não fosse atendido. Se ele viesse botar banca, saberia colocá-lo em seu devido lugar.

Pediu que Dora substituísse o almoço por um lanche bem generoso. Seu tempo era curtíssimo agora. Mal parava para se alimentar, pois alguma coisa sempre estava acontecendo, que a tirava dos seus raros momentos de sossego. Um dos novos funcionários dissera que dois cavalos haviam fugido e que ainda não haviam sido localizados. Havia um vazamento no sistema de filtragem de água do aprisco e um boato de que uma raposa fora vista tentando invadir o celeiro. Como se fosse pouco, Robson estava gripado e não pudera trabalhar naquele dia. Ela estava completamente sozinha.

Vendo a governanta parada ali, de pé, ao lado da mesa, Graciela convidou:

— Sente-se comigo, Dora. Adoro sua companhia.

— Quando me diz isso é porque deseja conversar — Dora sorriu contente e sentou-se.

— Sim, é verdade. E o assunto principal é você.

O sorriso de Dora desapareceu.

— Eu? Fiz alguma coisa errada?

— Na verdade, fez. Está me omitindo algumas informações.

— Do que está falando? — Dora remexeu-se inquieta.

— Dora, eu a conheço desde que nasci e a tenho como uma segunda mãe. Sei qual é o seu comportamento natural e também percebo quando está mentindo. E tenho percebido algo estranho em você.

— Em mim?

— É verdade que minha vida se transformou em um caos, mas ainda mantenho as minhas faculdades de percepção em ótimo estado. Sinto que você está mais calada, menos expressiva, parecendo uma pessoa reservada, algo que nunca foi — esticando o braço por cima da mesa, Graciela segurou a mão dela. — O que está acontecendo com você?

Por mais que tentasse, Dora não conseguiu esconder a palidez que surgiu em seu rosto.

— Comigo está tudo bem. Deve ser impressão sua.

— No dia em que cheguei o seu lábio estava inchado e você me explicou que havia sido picada por uma abelha. Depois, vi hematomas em suas costas e a história que escutei foi a de que você havia caído e se machucado. Agora estou tentando imaginar qual desculpa vai me dar para esses sinais quase imperceptíveis em seu pescoço.

Numa reação automática, Dora levou as mãos à garganta, empalidecendo ainda mais. Então a base que aplicara ali não fora suficiente para encobrir as marcas?

— Sinais? — ela mostrou um sorriso forçado. — Não há nada aqui.

— Dora, não tente me enrolar. Sou um pouquinho esperta para que me façam de tola. Há marcas em seu pescoço e estou vendo todas elas daqui. Parecem marcas de dedos, como se alguém tivesse apertado essa região.

Dora cobriu a boca para conter uma exclamação de susto. Como Graciela podia ser tão sagaz?

Nervosa e incomodada com aquela conversa, Dora baixou a cabeça tentando esconder as lágrimas. Na noite anterior, em que não dormira na mansão e sim em sua própria residência, seu marido passara dos limites. Não era comum Antônio agredi-la em locais visíveis, mas não pudera se conter. Pelo menos ele não apertara sua garganta com a mesma força com que socara suas costelas. Ela estava fazendo um esforço sobre-humano para que Graciela não notasse o quanto ela sentia-se dolorida. Tinha que negar e esconder aquilo enquanto pudesse. Antônio já ameaçara matá-la, caso contasse aquilo a alguém.

— Realmente é impressão sua, minha menina — repetiu, mas as lágrimas a traíram e rolaram por seu rosto lívido.

— Eu sei que não é — Graciela manteve a mão sobre a de Dora. — E sei que algo muito sério está acontecendo com você. É aqui, na fazenda?

— Não.

— Na sua casa, então?

— Por favor, eu não posso falar sobre isso — assustada, Dora levantou-se. — Peça-me o que quiser, menos que eu toque nesse assunto.

— Por que, Dora? Nós não somos amigas? Não confia em mim?

— Suplico que respeite meu silêncio.

— De quem você tem medo? — Graciela também ficou em pé. — É o seu marido? É Antônio quem vem fazendo essas coisas com você?

— Pare, pelo amor de Deus!

Com o rosto molhado de lágrimas sentidas e desesperadas, Dora rodou nos calcanhares e saiu correndo rumo à cozinha. Quando Graciela se preparava para seguir a governanta, a campainha e o seu telefone celular tocaram ao mesmo tempo. Optou por atender à porta, mas conferiu no visor do aparelho que a pessoa do outro lado não estava cadastrada em sua agenda de contatos.

Destrancou a fechadura e encheu os pulmões de ar, para o caso de deparar com o homem que fora advogado de seu pai. Porém, ali estava Alexandre, o policial militar que era parceiro do marido de Dora. Vestia a farda e trazia um sorriso tímido no rosto.

— Boa tarde, Graciela! Está muito ocupada para um papo?

— Depende. Você está aqui em visita oficial ou extraoficial?

— Apesar da farda, vim como amigo. Não vou tomar muito do seu tempo.

Ele era um rapaz de compleição atlética, rosto moreno, cabelos curtos e escuros, quase raspados. Os olhos, igualmente escuros, eram expressivos e atraentes, assim como seu rosto quadrado e viril.

Ela fez um gesto para que ele entrasse e indicou-lhe o sofá, mas ele recusou com a cabeça. Olhando-a rapidamente, Alexandre foi obrigado a reconhecer que Graciela estava belíssima. Aparentemente, a morte do pai não a abalara da forma que todos esperavam. Ou então ela era uma mulher mais forte do que todos supunham e se ainda sofria pela ausência de Afonso, não demonstrava esse sentimento a ninguém.

— Minha visita será breve — ele começou, fitando-a nos olhos. — Antes de começar, gostaria de lhe pedir desculpas.

— Por qual motivo?

— Ambos sabemos que a doutora Vanda não simpatiza muito com você. Meu parceiro, Antônio, a menospreza ainda mais. Desculpe a sinceridade...

— O que você está falando não é surpresa para mim. Não sei como Dora, minha governanta, pôde se casar com aquele traste. Quanto a Vanda, os nossos atritos são antigos e pessoais.

— E creio que eu tenha me deixado levar pelas fofocas e comentários maldosos a seu respeito. Vim aqui para lhe pedir perdão por tê-la julgado mal.

Graciela achou que era estranho ver um policial fardado pedindo perdão a alguém. Como a cena era um tanto quanto inusitada, ela sorriu e o abraçou, num gesto que revelava que ele estava perdoado. Quando se separaram, ela tocou carinhosamente no rosto dele, de forma fraternal.

— Alexandre, quer um conselho de amiga? Não se deixe envolver pelo veneno das pessoas invejosas e amarguradas. Sei que você deve estar na corporação policial há pouco tempo. Também sei que nessa área você ainda vai encontrar muita sujeira, muita decepção e muito horror. E olha que nem estou me referindo ao mundo do crime e sim às pessoas que fingirão ser suas colegas de trabalho para lhe passarem uma rasteira depois.

— Quem a ouvir falar vai pensar que você tem longa experiência profissional — havia um sorriso ingênuo nos lábios dele.

— Que nada! Você sabe que essa é a primeira vez que trabalho, porque até então era sustentada pelo meu pai. Estou nisso há somente duas semanas e sabe o que tenho notado? — Graciela andou alguns passos sobre o imenso tapete felpudo que enfeitava a sala principal. — Que o trabalho é algo extremamente gratificante. Faz com que a gente se sinta útil, forte, importante. Amplia nosso conhecimento, traz-nos novas amizades, quebra a rotina habitual. E eu que pensava que viver no ócio era um dos melhores prazeres da vida.

— Fico contente por essa descoberta, Graciela — aprovou Alexandre. — Eu mesmo sempre achei que você fosse uma bonequinha de luxo.

— É o que todos pensam de mim — ela riu resignada. — Entretanto, poucos me conhecem de verdade. Aliás, acho que até eu mesma venho me descobrindo diariamente. Tenho me surpreendido ao usar habilidades que nem eu mesma sabia que possuía. Se no mês passado

127

alguém me dissesse que eu me tornaria uma fazendeira, sabendo o quanto era avessa a esse setor, eu teria dado boas gargalhadas.

— Eu senti o mesmo quando me tornei policial militar. O que me deu poder não foi isso aqui — ele tocou no revólver que trazia na cintura, preso num coldre — e sim a realização de um sonho. Sempre quis trabalhar nessa área e aqui estou eu.

— Então, parabéns para nós dois — como num brinde, Graciela o abraçou de novo.

— Outra coisa, Graciela — ele murmurou após se recompor. — A doutora Vanda continua investigando o acidente do seu pai. O resultado da perícia sobre o veículo em que ele estava deve chegar hoje. Esperamos ter boas notícias até o fim do dia.

— Agora você me deixou curiosa. Claro que não encontrarão nada de errado. Se ela queria encontrar resíduos de bebida alcóolica no carro do meu pai, vai se frustrar. Ele jamais guiava embriagado.

— E até hoje você não descobriu quem telefonou para ele, momentos antes do acidente? Não faz nem ideia de quem ele pretendia encontrar antes de bater o carro?

— Não. Nada. Nem uma única pista. Interroguei todos os funcionários do parque e ninguém sabe nada a respeito. Esse mistério me deixa muito inquieta e intrigada.

— Tudo será resolvido. A doutora Vanda, apesar de tudo, é ótima profissional.

— Espero que ela seja mesmo, porque no quesito fofoca e maledicência, ela sempre foi nota dez.

Alexandre sorriu e caminhou devagar na direção da porta. De repente, como se lembrasse de algo, voltou-se para Graciela com uma expressão questionadora.

— Por acaso você não está precisando de um segurança no período noturno?

Ela já ia dar uma resposta negativa quando se recordou dos bilhetes anônimos que haviam colocado em seu carro, em dias diferentes. Eram dois até o momento, ambos escritos com a mesma letra, na mesma cor. Não havia cheiro, nem nenhum tipo de identificação. Ambos estavam guardados no porta-luvas de seu automóvel. Ela nunca comentara aquilo com alguém, porque não lhes dera a devida atenção. Como não era muito querida na cidade, certamente estavam tentando assustá-la para que ela saísse de cena e retornasse correndo para São Paulo, em definitivo.

— Você conhece alguém para me indicar?

— Seria eu mesmo — Alexandre enrubesceu um pouco. — Você sabe que meu salário como policial militar não é grande coisa. Tenho bastante despesa em casa com meus familiares e preciso de uma renda extra— ele ficou ainda mais vermelho. — Eu poderia cumprir cerca de quatro ou cinco horas todos os dias, assim que anoitecer, que é quando se encerra meu expediente na delegacia.

— No período da noite eu costumo permanecer no parque. Mesmo adorando todas essas novidades, eu tenho trabalhado como uma escrava.

— E o que você decide?

— Lá já temos um rapaz que faz a ronda, contudo, segurança extra sempre é bem-vinda — Graciela pensou no olhar de ódio com que Estevão a fitara, logo após demiti-lo diante de todos os funcionários. — Passe lá quando puder para combinarmos o valor do seu pagamento. Está contratado.

Ainda corado de vergonha, Alexandre abriu um sorriso de orelha a orelha. Abriu os braços e envolveu Graciela num terceiro abraço. Ela o presenteou com um suave beijo na bochecha, antes de acompanhá-lo até a porta de saída.

— Obrigada pela visita. É muito bom poder contar com um amigo.

— Sou eu que agradeço muito, Graciela. Você está bem diferente daquela adolescente de nariz empinado. Mudou bastante, sabia?

— Acho que a vida trabalha pela nossa mudança, mesmo que a gente nem se dê conta disso — ela concordou em voz baixa.

Alexandre despediu-se dela e enquanto se afastava, tocou com o dedo no local em que ela o beijara. Experimentou uma emoção diferente, forte e calorosa. Era algo que ele nunca sentira antes com nenhuma das mulheres com quem já se envolvera. Independentemente do que aquilo significasse, ele gostaria de experimentar de novo. O mais depressa possível.

Seguiu diretamente para a delegacia. Ao entrar, deparou com Antônio, cujos olhos irritados denotavam seu costumeiro mau humor.

— Onde estava até agora? — Antônio o censurou. — Seu horário de almoço terminou há mais de dez minutos. Esqueceu-se de que o soldado Lourenço encerrou o turno mais cedo? Estamos praticamente sozinhos hoje.

— Desculpe, senhor. Tive um imprevisto — justificou Alexandre. Nem de longe pretendia contar a ele ou à delegada que tivera uma prazerosa conversa com Graciela.

— Que isso não se repita. Vamos, a doutora Vanda está à nossa espera.

Alexandre quis responder que Antônio não era seu superior e que, portanto, não tinha o direito de lhe dar reprimendas, mas como queria evitar atritos no local de trabalho, preferiu manter-se calado. Lembrou-se de Graciela falando que ele ainda passaria por muitas situações desagradáveis na profissão que escolhera.

O espaço em que Vanda ficava era a maior sala da delegacia. Sobre a mesa ampla havia quase uma dezena de pastas, que estavam ao lado de uma pilha de papéis, inquéritos, relatórios e cópias de boletins de ocorrências. Também estava ali o computador da delegada, um porta-lápis e um porta-retratos em que se via Vanda, alguns anos mais jovem, abraçada à filha, Mirela. Atrás da cadeira de couro, havia duas bandeiras presas aos mastros, sendo que uma era a do estado de São Paulo e a outra, do Brasil.

— Até que enfim vocês chegaram — Vanda foi logo dizendo assim que os viu entrar. O cenho franzido revelava que ela estava azeda. — Sabem o quanto detesto que me façam esperar.

— O culpado é Alexandre, que chegou atrasado do almoço — delatou Antônio, sentindo-se vingado.

Vanda olhou para o policial mais jovem, avaliando se deveria dar-lhe uma bronca ou não, e por fim decidiu mudar de assunto.

— Eu preciso de vocês aqui, porque quero que sejam as primeiras pessoas a descobrir os resultados enviados pelos peritos — ela abriu uma gaveta e dela retirou um envelope lacrado. — Nem eu mesma sei o que eles descobriram, pois ainda não li.

— Já era tempo de darmos sequência a essa investigação, doutora — reforçou Antônio. — A herdeira está deitando e rolando em cima da grana do pai. Mulherzinha preguiçosa aquela, que nem merecia essa boa vida.

A inveja e o despeito eram evidentes na fala de Antônio. Alexandre pensou em rebater a crítica com algum comentário em defesa de Graciela, porém seriam dois contra um. Ele sabia que a delegada não suportava a moça.

— Não sabem como eu rezei para que ela tivesse algo a ver com o acidente — Vanda apanhou uma espátula e usou-a para abrir o envelope. — Seria a minha chance de agarrá-la.

— Acho que não deveríamos misturar o lado profissional com o pessoal — sugeriu Alexandre timidamente. — O fato de a senhora não gostar de Graciela não a torna uma criminosa.

— E quem foi que pediu sua opinião, policial? — as bochechas muito redondas de Vanda ficam rubras de raiva. — Não dê a sua palavra sem que eu a peça.

— Você é praticamente um aprendiz ainda — completou Antônio. — Tem que observar mais e falar menos. E tome cuidado para não deixar essa língua muito solta e acabar se dando mal.

Alexandre empalideceu, compreendendo aquilo como uma clara ameaça. Vanda deu de ombros, retirando o documento do envelope.

À medida que lia o conteúdo dos relatórios, seu rosto iluminava-se como o alvorecer. Seus dedos curtos e roliços folhearam as páginas com rapidez, enquanto um sorriso mordaz surgia em seus lábios. Quando terminou a leitura, sacudiu a mão que segurava a papelada.

— Eu sabia! — exclamou eufórica. — Tinha certeza disso.

— O que diz aí? — indagou Antônio animado.

— Você mesmo lerá tudo, mas vou adiantar o assunto. Aqui diz que os freios do automóvel que Afonso conduzia não sofreram uma avaria técnica causada por algum defeito. Eles não funcionaram porque foram cortados — os olhos de Vanda brilharam ao emendar: — O carro dele foi sabotado. Temos que agir imediatamente.

— E isso significa exatamente o que já esperávamos — concluiu Antônio.

— Com certeza — entregando os papéis a ele, Vanda enfatizou: — Afonso não sofreu um acidente. Ele foi assassinado.

18

Graciela saiu do frescor da casa-grande para o sol abrasador do lado de fora. Mal havia se afastado alguns passos quando seu celular voltou a tocar. Ela reconheceu o mesmo número que já havia ligado no momento em que ela recebera a visita de Alexandre.

— Alô?
— Graciela?
— Sim. Quem fala?
— Aqui é Silvana. Está lembrada de mim?
— Claro! Como eu poderia me esquecer da mulher que me transformou em uma fazendeira em menos de uma hora de conversa?
— Nada disso. A responsável por essa transformação foi você mesma.

Elas riram e Graciela sentou-se no segundo degrau que levava ao alpendre da casa. Contou para Silvana as últimas novidades. Relatou as dificuldades que tivera no início quando todos os funcionários da fazenda se demitiram e que, apesar das muitas lacunas que ainda havia, ela estava fazendo o possível para manter-se no negócio. Depois, contou sobre o trabalho no parque de diversões, que mesmo sendo um ramo totalmente diferente do agropecuário, também carecia de uma pessoa na gestão.

— Até hoje não sei como meu pai conseguia administrar, com tanto empenho e profissionalismo, dois setores tão distintos entre si — finalizou Graciela.

— Talvez não fosse tão difícil, já que você também está conseguindo tocar o barco.

— Às vezes, ainda me pergunto se fiz o certo ao permanecer aqui. Sinto falta da rotina a qual estava habituada. As minhas amigas de São Paulo sempre me telefonam cobrando a minha presença nas festas e eventos mais importantes da cidade. E eu aqui, nessa terra de ninguém.

— Você não precisa fazer nada que não goste. Precisa tirar o "tenho de" da cabeça. Pare de ver as suas tarefas como uma obrigação imposta, ou um simples favor que você acredita estar fazendo pela memória do seu pai.

— Talvez eu tenha ficado aqui por uma questão de orgulho.

— Besteira! — discordou Silvana. — O orgulho é somente um estado de fantasia, de alucinação, de irrealidade. É um conjunto de ilusões. Eu costumo dizer que o orgulho é o pai da vaidade, que muitos confundem com amor-próprio, mas que não passa de uma forma exagerada de tentar enxergar em si mesmo coisas que não existem.

— Então por que eu estou aqui?

— Essa pergunta somente você poderá responder, porém eu me arrisco a dizer que você permaneceu na fazenda porque a vida quis que você mostrasse seu melhor. Estava na hora de despertar seus mecanismos de ação que estavam adormecidos em seu interior. Todos nós temos essa força secreta que fica guardada lá no fundinho do nosso ser, apenas esperando pelo momento certo para ser colocada em prática.

— E quando as pessoas dizem que lhes faltam forças para seguir em frente? Isso acontece por que essa força secreta se esgotou ou por que não pôde ser encontrada?

— Essa força é infinita, da mesma forma que a vida também não se acaba, nem mesmo com a morte. Se nós somos criações divinas, então o nosso poder é ilimitado. Muitas vezes, essa força só é encontrada quando a pessoa volta toda a sua atenção para si mesma, quando passa a valorizar-se, a amar-se, a cuidar-se com carinho. E o corpo vai responder a essa energia de afeto, mostrando a chave do sucesso, que esteve ali o tempo todo.

— Eu realmente tenho me sentido forte, Silvana, mesmo com plena convicção de que os meus problemas mal começaram.

— Prefira encarar esses obstáculos como desafios. As encrencas, as contendas, aquelas situações que parecem não se resolver nunca são próprias de pessoas enroscadas, travadas, que não querem caminhar para frente. Na verdade, não existem problemas e sim pessoas que problematizam tudo. O otimista simplesmente vence os desafios, que lhe trazem mais experiência, mais conhecimento, mais sabedoria e mais fé na vida e em si mesmo. Acredite, querida, tudo o que você vivencia diariamente são verdadeiras aulas para seu espírito.

— Será que vou dar conta de tudo isso, Silvana? — a voz de Graciela tremeu ao telefone. — Tenho medo de falhar e virar motivo de chacota na cidade. As pessoas já nem gostam de mim e se souberem que fracassei, darão graças a Deus. Terão certeza de que eu não sou como meu pai.

— Ih, pode parar. Não estou pagando por esse telefonema para ouvir queixas, lamúrias, angústias e sofrimento por antecipação. Pare de se preocupar com o que os outros possam dizer ou pensar sobre você. Em primeiro lugar, você não é como seu pai foi. Cada espírito é único e conserva suas características, sua individualidade. Não existe em todo o universo dois seres absolutamente iguais. Nem mesmo um grão de areia é idêntico ao outro e uma observação microscópica atesta isso. Você é única, do jeitinho que veio ao mundo, com seus gostos, suas manias, suas peculiaridades. Você tem que ser você e não uma cópia dos outros.

Graciela pressionou o celular com mais força contra a orelha para poder escutar melhor a amiga.

— Em segundo lugar, não banque a vítima porque estará perdendo seu tempo — prosseguiu Silvana. — O vitimismo é uma capa protetora para o orgulho. Tenha coragem de ser você mesma e siga adiante. Não espere pelo apoio nem pela compreensão de ninguém para atingir suas conquistas. Se você está gostando da nova rotina, mesmo com algumas dificuldades iniciais, acredite que pode continuar por aí. A vida só cobra aquilo que sabe que você tem condições de fazer.

— Esse é um mundo novo para mim e o desconhecido sempre causa medo e insegurança.

— Se fosse tão ruim você já teria abandonado tudo. Angústias, medos, ânsias, preocupações, apreensões, agonias, inquietudes e aflições são meras fantasias. Todas essas sensações não são naturais, pois foram impostas a nós pela família, pela sociedade, por uma determinada crença religiosa. O medo e a insegurança são crenças no mal. O espírito desconhece tudo isso. Não nascemos para a negatividade. O verdadeiro vencedor é aquele que não teme nada, porque ele apoia-se, banca-se, garante-se nos caminhos da prosperidade. E quando isso acontece, todos os caminhos se abrem para ele.

Diante daquelas palavras, Graciela sentiu-se mais tranquila, com a nítida sensação de que precisava encorajar-se para continuar com seus projetos. Precisava esquecer-se de palavras como fracasso, derrota, desânimo e medo. Se ela não fosse a primeira a acreditar em si mesma, quem o faria?

— Silvana, você se formou com distinção na faculdade dos anjos da guarda?

Ela escutou a risada extrovertida que soou do outro lado.

— Quem me dera ser digna de ter uma auréola pairando sobre minha cabeça. Só penso que as coisas funcionam de acordo com a maneira como agimos. Tudo é questão de atitude, tudo tem a ver com o lugar em que você se põe. E quando sentir que as coisas não estão correndo como você espera, lembre-se de que tudo tem jeito na vida.

— Acho que eram essas as palavras que eu precisava ouvir hoje, Silvana — Graciela coçou o queixo quando avistou um carro se aproximando devagar. — Quando posso ir à sua escola?

— Venha amanhã à noite. Darei uma aula sobre o bom uso do arbítrio.

— Posso ir com Robson, meu amigo?

— Serão bem-vindos. A palestra começa às vinte horas, mas cheguem um pouco antes para conhecerem a casa. Aguardo por vocês.

Graciela se despediu e desligou em seguida. Colocou o celular no bolso da calça, observando o homenzinho que saltou do veículo, que acabara de estacionar diante da entrada principal da casa. Trazendo uma maleta de couro numa das mãos, Darci andou devagar até onde ela estava sentada.

— Pela aparência deslumbrante, aposto que a senhorita é Graciela, que vai me fornecer alguns minutos do seu tempo para conversamos sobre um assunto de seu interesse.

— Pela voz esganiçada, aposto que você é Darci, que veio encher a minha paciência durante meu horário de trabalho.

O advogado de Afonso mostrou um sorriso que tentava dissimular a raiva.

— A senhorita me parece desocupada, apreciando a paisagem sentada nesse degrau. Aposto que estava tão ansiosa pela minha chegada que veio me aguardar do lado de fora.

Ela se levantou devagar e o olhou de cima para baixo. Além de feio, o sujeitinho sabia ser petulante.

— O que deseja, afinal?

— Trouxe os documentos necessários para discutirmos o testamento do seu pai. Parece que você não tem interesse no dinheiro que o velho lhe deixou.

— Velho? — Graciela desceu os dois degraus e avançou na direção de Darci, que recuou quase dez passos, ligeiramente pálido. — Meça as suas palavras quando se referir ao meu pai. Certamente ele foi um dos seus melhores clientes e o mínimo que você pode fazer é respeitá-lo.

— Sim, sim. Perdoe meu comentário brincalhão. Então, podemos conversar lá dentro ou vamos discutir aqui mesmo, sob esse sol escaldante?

Ela pareceu considerar a pergunta por alguns segundos e, por fim, retornou para a porta de entrada. Assim que o colocou para dentro, olhou para Dora, que se aproximava, solícita, para atender ao recém-chegado.

— Essa pessoa não come nem bebe nada, Dora — pronunciou Graciela andando depressa. — Vou levá-lo ao escritório do meu pai.

— Ei, um copo de água eu aceito sim — interpôs Darci, sorrindo para Dora. — Minha garganta está tão seca que parece que não me hidrato há séculos.

Sem saber o que fazer, Dora aguardou pela autorização de Graciela, que se limitou a assentir com a cabeça.

— Dora, por favor, leve a água dele ao escritório.

Graciela seguiu na frente de Darci, que mexeu no nó da gravata, sem tirar os olhos do traseiro bem-feito da moça. Quando ele se casasse com ela, faria maravilhas com o corpo gracioso daquela morena. Estevão ficaria orgulhoso por tê-lo convidado para participar daquela empreitada.

Logo depois de acomodarem-se no espaçoso e confortável cômodo que Afonso adaptara como seu local de trabalho quando estava na fazenda, e após Dora servir a água, Graciela foi direto ao assunto:

— Não entendo muito de questões relacionadas à herança, por isso gostaria que você fosse o mais objetivo e didático possível.

— Vamos falar sobre o que a senhorita tem direito — Darci colocou a maleta sobre a mesa e abriu-a com dois estalos. Retirou de dentro dela um calhamaço de papéis. — Tenho aqui a lista de todos os bens que ele deixou em seu nome, assim como o valor em dinheiro que ele havia depositado em uma conta-corrente, cuja beneficiária passa a ser você, caso ele falecesse por morte natural ou por acidente. Também tenho uma relação com os fabricantes dos brinquedos do parque, o atestado de aquisição de cada um deles e seu atual valor no mercado. Quer dar uma olhada?

Mesmo entendendo pouco sobre assuntos contábeis, Graciela gastou mais de uma hora analisando as planilhas que Darci trouxera. Afonso deixara uma pequena carta escrita de próprio punho nomeando a filha como sua legítima herdeira. Em resumo, segundo o advogado, tudo o que ela tinha de fazer era conferir a documentação e assiná-la nos locais corretos para usufruir do espólio de seu pai.

— Se não confiar em mim, tem todo o direito de consultar outro advogado para avaliar a veracidade das informações que constam aqui — recomendou Darci.

— Com toda a certeza, eu farei isso — confirmou Graciela. O marido de uma de suas amigas em São Paulo era um renomado advogado e ela entraria em contato com ele o quanto antes.

Ela também solicitou a Darci os serviços de um contador, pois precisava acertar as contas dos funcionários que haviam ido embora, bem como registrar a admissão dos novos, que foram contratados depois. Darci garantiu que na cidade existia um excelente contador e colocou sobre a mesa um cartão de visitas do escritório de contabilidade.

— Há algo mais em que eu possa ajudá-lo? — ela perguntou, tentando dar aquela reunião por encerrada.

— Bem... — para fazer suspense, Darci guardou sua papelada na maleta com a velocidade de uma tartaruga. Finalmente chegara o momento de ele dar o bote na donzela. — Digamos que há um segundo assunto a tratarmos, de cunho mais íntimo.

— Como? — desconfiada, ela contraiu as sobrancelhas.

— Você há de convir que é uma moça rica. Acabou de analisar que os rendimentos que receberá em breve são muito polposos.

— E daí?

— Daí que você se tornará alvo de muitas pessoas ambiciosas e interesseiras, que verão na sua pessoa uma mina de ouro. Você é jovem, bonita e tem dinheiro. Isso faz crescer os olhos de qualquer homem.

— Ainda não entendi exatamente aonde você pretende chegar com essa conversa — mas ao dizer isso, Graciela sentiu o seu sangue esquentar.

— Soube que o único funcionário externo que permaneceu com você foi Robson. Não acha estranho o fato de ele ter ficado por aqui, quando poderia ter seguido o exemplo de seus companheiros de trabalho, demitindo-se?

— O que você está querendo insinuar?

— Que esse moço pode ter interesses escusos com relação a você. Quem nos garante que ele não quer seduzi-la apenas pelo seu dinheiro?

E isso era exatamente o que o próprio Darci pretendia fazer.

Cerrando os punhos e procurando algo para socar que não fosse o rosto de Darci, Graciela ficou de pé.

— Acha que não sei cuidar de mim mesma? — a voz dela ecoou rouca de ira.

— Claro que sim — ele a imitou, levantando-se também. Fechou a maleta e tamborilou os dedos em sua alça. — Só que você estaria bem melhor se estivesse acompanhada por um homem honesto, íntegro, bonito, que a respeitasse como mulher e que a amasse de verdade, sem interesse algum em sua fortuna.

— E esse homem seria...?

— Eu — Darci mostrou seu melhor sorriso, pois na época das vacas gordas ele gastara uma fortuna implantando aqueles dentes. — A senhorita deve admitir que não sou um homem de se jogar fora. Podemos nos conhecer melhor, se quiser. Que tal um jantar hoje à noite, lá no centro da cidade?

Como aquilo ia do assombroso ao ridículo, ela contornou a mesa e o agarrou pelo braço com tanta firmeza que Darci não escondeu uma careta de dor.

— Dê o fora da minha casa, seu verme tarado!

— O que eu fiz? — ele perguntou com os olhos esbugalhados.

— Fora! — repetiu Graciela aos gritos.

Arrastando-o como se puxasse um cachorro teimoso pela coleira, ela o tirou do escritório e continuou guiando-o até a porta de saída. Ele reclamava e ela bradava, o que atraiu a atenção de Dora, das cozinheiras e dos dois rapazes que faziam os serviços mais pesados na casa e que raramente eram vistos.

— Você vai se arrepender por me tratar assim — garantiu Darci, quando se viu do lado de fora da casa.

— Eu espero nunca mais tornar a ver essa sua cara horrível por aqui — ela devolveu, segurando a porta. — Sabe quando eu namoraria um cara cujas pernas são tão arqueadas que parecem duas letras cês? Só no Dia de São Nunca, à tarde.

— Você é maluca — ele gritou antes de entrar no carro.

— Maluco é você, que acha que sou cega e burra.

Darci partiu dali cantando pneus. Graciela respirou fundo para se acalmar. Quando entrou, viu os funcionários encarando-a com uma expressão aterradora no olhar.

— Está tudo bem? — foi a única pergunta que Dora fez.

— Nunca estive melhor, Dora — afirmou Graciela com um sorriso trêmulo nos lábios. — Juro que jamais estive melhor.

19

    Márcio não conseguiu esconder o nervosismo quando adentrou o consultório de seu amigo, Celestino, oftalmologista. Imaginou que era assim que um paciente se sentia quando temia ouvir uma notícia não muito agradável.

    Celestino era um homem na casa dos sessenta anos, corpo magro e franzino, nariz adunco com óculos de lentes finas. Penteava os ralos cabelos grisalhos para um lado, numa tentativa de ocultar a calvície. Márcio sabia que aquele homem ingressara na medicina antes mesmo de ele nascer.

    — Só pela vermelhidão nos seus olhos já posso garantir que sua visão não está normal — informou Celestino. — Há quanto tempo esses sintomas começaram?

    — Há algumas semanas — murmurou Márcio.

    — E seu nível de diabetes? Está controlado? — quis saber Celestino. Em outro encontro anterior, Márcio contara ao amigo sobre a doença.

    — Bom... Devo dizer que deixei o tratamento meio de lado por causa de uma situação particular que tenho vivenciado e que está me incomodando muito — ele evitou pensar na presença de Everton em sua casa para não se estressar de novo. — Isso fez com que eu me esquecesse de aplicar as insulinas e ingerir outros medicamentos.

    — Belo médico o senhor está me saindo — ralhou Celestino e em sua voz havia um misto de humor com censura. — De fato, em casa de ferreiro o espeto é de pau. Você recomenda tratamento aos seus pacientes, pega no pé deles se não cumprirem à risca aquilo que você pediu, mas deixa a si mesmo de lado.

Como um aluno arteiro na sala do diretor, Márcio abaixou a cabeça e não retrucou.

— Sei que não preciso ensinar o padre a rezar a missa, meu caro, porém você é portador de diabetes do tipo 1. Entende disso melhor do que eu, portanto, sabe que a produção de insulina do pâncreas é insuficiente, já que suas células sofrem de destruição autoimune. O pâncreas perde a capacidade de produzir insulina em decorrência de um defeito do sistema imunológico, fazendo com que os anticorpos ataquem as células que produzem esse hormônio. Em outras palavras, é como se o corpo atacasse as células produtoras de insulina por não as reconhecer como sendo suas.

Celestino fez uma pausa e cruzou as mãos sobre a mesa. Embora já soubesse de tudo aquilo de cor e salteado, Márcio manteve-se calado.

— O diabetes tipo 1 responde por cerca de 5 a 10% dos pacientes diabéticos — Celestino continuou sua explicação. — Faz com que os pacientes necessitem de doses diárias de insulina para manterem a glicose no sangue em valores normais, havendo risco de vida se esse cuidado não for tomado... Não acredito que estou explicando tudo isso a um médico.

— Eu sei disso. O que acontece...

— Sabe, mas ignora as medidas preventivas — cortou Celestino. — Estamos falando de sua saúde. Diabetes é uma doença séria, que não escolhe idade, condição financeira ou sexo para atacar. Necessita de cuidados diários, sob o risco de trazer graves consequências ao corpo. Veja só os seus olhos. Você me disse que está com esses sintomas há semanas e só veio me procurar quando o quadro se agravou muito. O que pretende, Márcio? Quer perder a visão?

— Nem brinque com isso — pediu Márcio e num breve resumo relatou ao colega os instantes de cegueira total que sofrera no dia anterior, quando Everton chegara. Foram poucos segundos de pânico e desespero. Só agora refletia sobre o que faria de sua vida se não tivesse recobrado a visão.

— Faremos alguns exames para que eu possa dar um diagnóstico mais preciso, todavia, a minha longa experiência como oftalmologista já me fez perceber o que você tem. Venha, sente-se aqui — indicou outra cadeira.

Celestino conferiu se o grau dos óculos de Márcio permanecia o mesmo, analisou a córnea e a retina, mediu a pressão dos olhos e prescreveu dois colírios para que fossem usados. Sob o olhar de curiosidade de Márcio, Celestino revelou:

— Ao que parece trata-se de um caso de retinopatia diabética em estágio avançado.

— Já ouvi falar sobre isso, embora eu não seja especializado na área óptica.

— A retinopatia diabética pode se desenvolver em pacientes que não controlam corretamente o seu diabetes. Trata-se do acúmulo de material anormal nos vasos sanguíneos do fundo do olho, o que pode ocasionar o entupimento ou o enfraquecimento desses vasos, muitas vezes levando ao seu rompimento e a danos à retina.

Márcio sentiu os olhos arderem e lacrimejarem. Piscou para tentar suavizar aquela sensação, atento às palavras de Celestino:

— Você sabe que a retina é a camada do olho em que estão alojadas as células que recebem luz, distinguem as imagens e levam essas informações ao cérebro. Com o excesso prolongado de açúcar no sangue, os vasos sanguíneos da retina se deterioram, tornando-se mais permeáveis, possibilitando o extravasamento de sangue e fluido, chamado edema. Em consequência disso, o portador de retinopatia diabética pode, no início, perceber um embaçamento da visão, que pode evoluir para perdas rápidas e passageiras de captação de imagens, que são os famosos "apagões", como o que você sofreu. Se o tratamento não for feito com urgência e seguido à risca, essa condição pode progredir para a perda parcial ou mesmo total da visão.

O rosto de Márcio tornou-se tão pálido quanto o jaleco do médico à sua frente. A possibilidade de ficar cego fez seu coração disparar, enquanto gotas de suor frio começaram a se formar em suas costas. Celestino deu mais algumas informações sobre a doença, acrescentando que se Márcio não passasse a cuidar de si mesmo a partir daquele dia, seus olhos poderiam ficar comprometidos definitivamente.

Ainda estava trêmulo e pálido quando retornou ao seu carro e deu partida. Seguiria direto para casa. Não tinha condições de voltar a trabalhar durante o restante daquele dia. Sabia que a intenção de Celestino não fora a de assustá-lo e sim preveni-lo do que estava acontecendo. Mesmo assim, estava apavorado. E achava que a culpa de tudo aquilo era de Everton.

Sempre fora um homem organizado, prático e eficiente. Poucas coisas o tiravam do prumo. Sua vida afetiva estava definida ao lado de

Carlinhos. Mantinham uma vida de casados e tinham em mente a adoção de uma criança, que ele esperava ardentemente que fosse Luan. Essa era a peça que faltava para que eles fossem completamente felizes.

E eis que surgia do inferno o amigo de infância de Carlinhos. Desde que ouvira pela primeira vez que Everton desejava residir com eles, Márcio tornou-se inquieto e preocupado. E a partir desse dia não manteve o mesmo zelo com seus medicamentos. A ansiedade ante a chegada do sujeito o deixara nervoso e angustiado, sem saber ao certo o que o esperava. Carlinhos lhe garantira que o amigo era heterossexual e que não oferecia nenhuma ameaça ao relacionamento deles. De fato, até aquele momento Everton não fizera nada que sugerisse o contrário. Seu único defeito era falar pelos cotovelos e direcionar suas conversas apenas para Carlinhos, como se a presença de Márcio fosse tão necessária quanto a de uma alma penada.

O que ele não podia era deixar a peteca cair. Precisava voltar a aplicar em si mesmo as doses diárias de insulina. Como Celestino dissera, a saúde dele vinha em primeiro lugar. Talvez estivesse procurando um bode expiatório para culpar e encaixara Everton nesse papel. Afinal, o rapaz não dera motivos para que ele não se medicasse corretamente.

Atento ao tráfego quase inexistente da cidade, Márcio continuou dirigindo, refletindo sobre o que deveria fazer para descobrir se Everton realmente era aquilo que aparentava ser. E que não podia deixar que ele ou qualquer outra pessoa interferisse na sólida relação que havia construído ao lado de Carlinhos.

***

Carlinhos terminou de borrifar algumas gotas de perfume no pescoço e olhou-se pelo espelho, que ficava entre as portas do guarda-roupa. Gostou do resultado. Sempre curtiu bastante sua aparência máscula, sedutora e atraente. Embora não fosse narcisista, não podia deixar de admitir que adorava seu corpo e seu rosto. No auge de seus vinte anos, era exatamente aquilo que a idade permitia que fosse: um garotão saudável que queria aproveitar o melhor da vida.

Ouviu batidas na porta e autorizou a entrada. Sabia que só podia ser Everton, pois Márcio dissera que iria a uma consulta médica com um colega dele. Não pudera acompanhar o companheiro porque não sabia quanto tempo Márcio demoraria e ele precisava trabalhar. Sua nova patroa, Graciela, não gostava que os funcionários do parque chegassem atrasados.

Everton entrou gingando, usando um boné preto virado para trás. Mastigava chiclete e demonstrava o mesmo ar de molecagem que Carlinhos exalava.

— Você está tão perfumado que minha mãe me telefonou perguntando se algum caminhão de flores havia tombado na cidade — brincou Everton entrando no quarto. A mãe dele ficara em sua cidade natal e eles conversavam ao telefone duas vezes por dia.

— Preciso caprichar, né? Se tem algo de que não abro mão é o meu perfume.

— Amadeirado, pelo jeito. Posso ver qual é?

Carlinhos mostrou-lhe o frasco do perfume e Everton assobiou:

— Importado. Deve ser caríssimo. Aposto que foi Márcio quem comprou.

— Foi, sim. Ele não é de se perfumar muito, mas costuma dizer que me acha mais gostoso quando uso esse perfume. A fragrância o atrai bastante.

— Posso usar um pouco?

— Claro. Fique à vontade.

Everton parou ao lado de Carlinhos de maneira que também pudesse se ver no espelho e espargiu o perfume sobre si três vezes. Devolveu a embalagem de vidro para Carlinhos, sorrindo para si mesmo.

— Eu me sinto como se tivesse acabado de tomar banho.

— Engraçadinho — bem humorado, Carlinhos virou-se para encará-lo. — Espero que não acabe com o meu perfume enquanto evita o chuveiro.

Os dois riram e Everton lançou um olhar de curiosidade para a cama de casal atrás deles.

— Então é nessa cama que tudo acontece, seu Carlos?

— Deixa de ser bobo. Ultimamente só o que rola ali é o encontro de duas pessoas cansadas, que deitam e dormem.

— Ah, é? — Everton arqueou uma sobrancelha. — Não me diga que vocês não transam mais.

— Direto você, hein?

— Não gosto de rodeios. Sinceramente, achei que vocês estivessem com a vida sexual em dia.

— E estamos — confirmou Carlinhos. — Só não precisamos fazer sexo todos os dias. Márcio se desgasta muito naquele hospital e eu não volto muito diferente do parque. Às vezes, quando chego, já o encontro adormecido, vencido pelo cansaço.

— Que coisa chata! — Everton fez uma cara de contrariedade. — Eu confesso que ficaria muito irritado se, ao voltar para casa, encontrasse a minha namorada dormindo, principalmente se eu estivesse a fim de um pouco de diversão.

— Namorada? — voltando a sorrir, Carlinhos pegou a carteira e o celular, guardando ambos nos bolsos da calça. — Não me diga que mudou de lado.

— Claro que não, mas isso foi o que você contou ao seu marido, certo? Tenho que sustentar essa minha versão de macho garanhão.

Essas duas frases provocaram um estremecimento em Carlinhos, deixando-o sério e tenso. Everton estava morando com eles há quase uma semana e jamais tentara qualquer tipo de insinuação. Até então vinha demonstrando respeito por Márcio e pelo relacionamento deles. O amigo era maduro o suficiente para não prejudicar sua própria imagem. No entanto, o que o afligia era lembrar-se de que não dissera toda a verdade ao companheiro. Ou que distorcera a realidade a favor de Everton.

O que Márcio diria ou faria se soubesse que Everton também era gay?

Fora sincero em quase tudo o que contara a Márcio. Realmente conhecia Everton desde quando ambos tinham sete anos de idade. Estudaram juntos em algumas séries, as famílias deles se conheciam e se davam bem, e eles dividiram muitos segredos na adolescência, alguns até promíscuos. Certa vez, meses antes de Carlinhos conhecer Márcio, ambos haviam se envolvido com outro garoto, o que culminou em uma transa a três da qual jamais se esqueceram. Por outro lado, mesmo já tendo visto o amigo nu, eles nunca tiveram nada entre si. Na ocasião em que dividiram o mesmo parceiro, eles mal chegaram a se tocar.

Carlinhos estava ciente de que nutria apenas amizade por Everton. Nem sequer sentia atração sexual por ele. E tinha certeza de que o outro não pensava diferente. Demonstrara alegria e empolgação quando ficou sabendo que Carlinhos estava namorando Márcio. Ambos eram grandes amigos com gostos e preferências semelhantes, e nada mais.

Quando Everton lhe contara que conseguira um emprego na mesma fazenda da qual ele fora funcionário e que precisava de um local para residir por um curto período de tempo, Carlinhos sabia que precisava ajudar o amigo. Que mal havia se o convidasse para viver na casa que dividia com Márcio? Não seria caridade, já que Everton estava disposto a colaborar com as despesas básicas da residência. Já prometera que destinaria parte do seu salário para pagar-lhes uma espécie de aluguel, além de contribuir com os gastos referentes à agua, luz e alimentação.

Carlinhos também estava ciente de que Márcio recusaria essa ideia de imediato, principalmente se tomasse conhecimento de que Everton também era homossexual. Ciumento e inseguro, Márcio não aceitaria um terceiro homem vivendo entre eles, temendo que isso pudesse abalar os alicerces do relacionamento, ainda mais se soubesse do passado de aventuras sexuais picantes que ele e Everton partilharam.

Sentindo-se entre a cruz e a espada, refletindo sobre como faria para ajudar o amigo sem trair a confiança de Márcio, Carlinhos viu-se obrigado a mentir ao companheiro. Era a primeira vez que o fazia e jurou a si mesmo que seria a última. Amava Márcio e estava certo de que não seria perdoado se o outro descobrisse que estava sendo enganado. Por isso, decidiu afirmar que Everton gostava de mulheres e que não era motivo de preocupação. E não era mesmo, já que Everton nunca sugeriu que gostasse dele, ou que desejasse algo mais pessoal entre eles. Afinal, dois homens homossexuais podiam ser grandes amigos sem manterem relações íntimas entre si.

Ademais, Everton não ficaria por ali durante um período muito longo. Talvez três ou quatro meses fossem mais do que o suficiente. Nesse meio tempo, o próprio Carlinhos o ajudaria a procurar uma casinha pequena e aconchegante, cujo aluguel coubesse no orçamento do amigo. Depois que ele fosse embora, sua vida com Márcio voltaria à mesma tranquilidade de sempre.

— Eu sei o que contei ao Márcio — murmurou Carlinhos, saindo de seus devaneios. — Não precisa me lembrar disso, pois não quero que ele acabe por nos ouvir.

— Jamais faria isso — prometeu Everton. — Nunca faria algo que pudesse afetar seu relacionamento e você sabe disso. Pode confiar em mim, amigo. Garanto que não vou lhe dar motivos para se arrepender de ter me convidado para morar aqui.

— Eu sei. Nunca o traria para cá se não confiasse em você — declarou Carlinhos. Lançou um último olhar para o seu reflexo no espelho e preparou-se para ir embora. — Estou de saída. Se Márcio vier para cá, diga a ele que o amo mais do que tudo.

— Romântico você, não? — Everton deu uma risadinha. — Pode deixar que darei o recado. Vou aproveitar que hoje estou de folga para dar uma geral na casa.

— Viu como acertei em cheio quando o trouxe pra cá?

Eles riram e Everton o acompanhou até a porta, com um imenso sorriso nos lábios. Assim que ele trancou a porta, logo depois de Carlinhos sair, o sorriso desapareceu. Retornou a passos largos até o quarto do casal e tornou a encarar a cama, desta vez, com desdém. Sentiu vontade de deitar-se nela só para sentir a maciez dos lençóis e o conforto que o móvel deveria oferecer. Faria isso se tivesse certeza do horário em que Márcio retornaria.

Como precisava mostrar sua utilidade ali, seguiu na direção da área de serviço e muniu-se com balde, vassoura, rodo e pano de chão. Estava separando alguns produtos de limpeza que pretendia usar quando ouvir o barulho da maçaneta da porta. Foi até lá quase correndo, fingindo demonstrar surpresa ao se deparar com Márcio, cujo rosto ainda estava descorado e os olhos vermelhos como tomates.

— Carlinhos saiu há menos de dez minutos — ele foi logo informando. — Por pouco vocês não se encontraram.

— Sim, eu imaginei que ele não estivesse mais aqui — como não estava disposto a conversar com Everton, Márcio foi caminhando na direção de seu quarto.

— Pretende se deitar? — indagou Everton, aproximando-se dele.

— Estou perguntando por que vou varrer e encerar a casa daqui a pouco. Posso deixar para limpar seu quarto quando você desocupá-lo. Assim eu não o incomodo.

Márcio não saberia dizer o motivo, todavia aquele excesso de gentileza de Everton o deixava irritado. Como era possível detestar uma pessoa que nunca lhe fizera mal?

— Meu quarto está limpo. Não precisava se preocupar com...

Ele interrompeu-se, farejando o ar. Inclinou um pouco o corpo na direção de Everton, perguntando:

— Você usou o perfume de Carlinhos?

Como já esperava por aquela pergunta, Everton devolveu:

— Não. Acho que a fragrância passou para mim quando ele me abraçou, ao sair. Ele me disse que você o presenteou com esse perfume. Parabéns pelo bom gosto!

Ao ouvir aquilo, Márcio ficou ainda mais pálido, se é que isso era possível.

— Como assim, ele o abraçou?

— Calma aí, meu querido! Não precisava ficar enciumado — mostrando o sorriso que já encantara o coração de homens e até de mulheres, Everton completou: — Acontece que Carlinhos toma banho de perfume. Era natural que o cheiro ficasse impregnado em mim, mesmo por meio de um abraço simples e rápido como o que ele me deu. Por favor, espero que você não fique chateado comigo nem com ele.

Márcio queria ficar, mas as lembranças das palavras de Celestino ainda estavam vivas em sua mente e aquilo, por ora, era muito mais preocupante que o fato de Carlinhos ter abraçado Everton. O que havia de errado nisso? E de mais a mais, ele confiava cegamente no companheiro. Estavam juntos há três anos e desde então não tivera motivos para desconfiar da fidelidade de Carlinhos. Provavelmente, os alertas do oftalmologista acerca de sua visão o deixaram de muito mau humor.

— Tudo bem. Não pretendo brigar com ninguém — garantiu Márcio. Quando estava entrando em seu quarto, virou-se para indagar, a título de curiosidade: — Carlinhos deixou algum recado para mim?

"Diga a ele que o amo mais do que tudo", lembrou-se Everton.

— Não falou nada, pois estava meio atrasado quando saiu daqui.

— Hum... OK, obrigado — agradeceu Márcio, fechando a porta do quarto.

Sorrindo para si mesmo, Everton retornou à área de serviço, para dar início à faxina da casa.

20

Nem mesmo uma taça de seu melhor vinho, que nem de longe lembrava aqueles que ele tomara em seus tempos de glória, era capaz de melhorar o estado de espírito de Darci. Ainda doía quase fisicamente a humilhação e a vergonha que Graciela o fizera passar quando o enxotara da fazenda quase a pontapés, expondo-o diante de todos os funcionários da casa.

Quem ela pensava que era para desprezar todo o amor que ele tinha para lhe oferecer? Uma mocinha que mal saíra das fraldas se achando a dona do mundo só porque herdara todos os bens do pai bem-sucedido. Sim, era exatamente isso que ela era.

Furioso e magoado, ele entornou na boca o restante de vinho que ainda havia na taça e apanhou o telefone. Ouviu a voz de Estevão logo após o terceiro toque.

— Como foi sua visita à fera? — o ex-sócio de Afonso perguntou.

— Da pior maneira possível — admitiu Darci. — Ela é grossa, mal-educada, barraqueira e me expulsou de lá quando entrei no assunto que nos interessava.

— Sim, essa é Graciela — balbuciou Estevão, como se já esperasse por aquela resposta.

— Você só diz isso? Ela só faltou me jogar no chão e sapatear nas minhas costas. E mal pareceu interessada nos documentos que lhe mostrei referentes ao espólio do pai.

— Talvez ela não seja tão ambiciosa como eu pensei e isso pode nos ser útil. Ela fez algum comentário sobre meu enteado?

— Não. Quando eu insinuei a possibilidade de que Robson estivesse interessado em seu dinheiro, ela começou a esbravejar. Não o defendeu, mas quase me enforcou com a minha gravata.

— Sei — do outro lado da linha, Estevão sorria imaginando a cena, que deveria ter sido hilária e dantesca. — Isso pode ser um sinal de que ela já está bastante envolvida com Robson. Se estiver apaixonada por ele, aí sim é que você não tem a menor chance.

— E por que você não procura conversar com ele?

— Robson nunca foi um grande amigo meu, principalmente depois que a mãe dele faleceu. Mantínhamos certo nível de respeito e cumplicidade. Inclusive ele ouvia alguns conselhos meus. Tudo mudou depois que essa sirigaita voltou para a cidade. Sabe como nós ficamos diante de uma mulher bonita, né? Robson tratou de esquecer os antigos atritos que tinha com ela para transformar a coisa em algo romântico e afetuoso. Decerto ele pode mesmo estar de olho no dote generoso da infeliz, porém ele jamais admitiria isso a mim, principalmente depois de ela ter me demitido.

— Nunca colocaremos as mãos naquela grana, Estevão — lamentou Darci.

— Eu não entregaria os pontos tão depressa. Ainda temos alguns trunfos na manga.

— E quais seriam?

— Aguarde que em breve vou informá-lo. Só não digo agora porque quero aprimorar as minhas ideias, que ainda estão em formação.

— E se nenhuma dessas ideias funcionarem? Perderemos de vez o tesouro.

— Graciela não tem herdeiros, portanto é a dona absoluta de tudo — assegurou Estevão. — Ela ainda não se casou com o meu enteado, nem pretendemos deixar que isso ocorra. A fazenda e o parque não teriam dono, por assim dizer, se algo acontecesse a ela.

— Mas não vai acontecer. A mulher é mais saudável que um cavalo de corrida.

— Pelos meios naturais, não...

Darci custou alguns segundos para compreender o teor daquela mensagem. Quando o fez, quase gritou ao telefone:

— Meu Deus, Estevão! Você não está pretendendo...

— Claro que não, meu caro. Nunca faria nada para me prejudicar, principalmente sabendo que a delegada está com holofotes na direção de Graciela. Só quis dizer que, enquanto ela estiver em nosso caminho, realmente continuaremos tão pobres quanto estamos agora.

Sem esperar por uma resposta, Estevão desligou, mordiscando o charuto apagado que trazia preso entre os dentes. Não sabia como um sujeito tão burro e ignorante como Darci pudera se formar em Direito. Era lamentável que ainda precisasse daquele babaca para os seus planos, do contrário já o teria descartado há muito tempo.

Minutos depois, Estevão achava-se montado em seu cavalo, galopando em alta velocidade na direção do centro da cidade. Apeou próximo ao hospital e caminhou a largas passadas até a recepção. Mostrou seus dentes amarelos num sorriso educado para a recepcionista.

— Boa tarde, senhorita! Sabe me dizer se Mirela já foi embora?

— Ainda não. Ela sempre conversa comigo antes de sair — a moça conferiu as horas no relógio de pulso. — Deve passar por aqui a qualquer momento.

— Vou aguardar, obrigado.

Estevão coçou o bigode, tão peludo e espesso quanto a cauda de um esquilo, e sentou-se em uma das cadeiras dispostas por ali. Batia o pé no chão impacientemente quando, dez minutos depois, viu a moça loira e atraente sair de um dos elevadores. Esperou que ela trocasse algumas palavras com a recepcionista, antes de levantar-se e interpor-se em seu caminho.

— Olá, moça! — ele voltou a exibir a dentição amarelada.

— Oi, Estevão! O que o traz por aqui? Está se sentindo mal?

— Preciso conversar com você sobre um assunto muito sério que, se não for rapidamente resolvido, realmente me deixará muito mal.

Homem vivido e experiente, Estevão sabia quando precisava impor à sua voz um tom dramático e lamentoso. Se não apelasse, não teria o apoio desejado da filha da delegada.

— Quer conversar aqui mesmo, ou prefere ir para algum outro lugar? — ela perguntou solícita.

— Vamos até a cafeteria, que fica na rua de trás? Podemos ir a pé até lá.

Mirela concordou e pouco depois estavam sentados à mesa da pequena e bem equipada cafeteria. Ambos haviam pedido um cappuccino e a moça tomava o seu sem disfarçar a curiosidade quanto ao assunto que Estevão queria tratar.

— Para chegar ao tema desta conversa, preciso lhe fazer uma pergunta de cunho pessoal. Você está namorando alguém, Mirela?

— Não — ela replicou depressa. — Não me diga que veio me pedir em namoro.

Ele riu, descontraído:

— Nada me deixaria mais feliz, mas como tenho senso do ridículo, sei que você nunca se envolveria comigo. Também sei que até algum tempo atrás você sentia certa atração pelo meu enteado, e isso nunca foi segredo para ninguém, apesar de vocês nunca terem se envolvido. O que desejo saber é se você ainda gosta de Robson, ou se, pelo menos, mantém os mesmos sentimentos de antes por ele?

À simples menção ao nome do rapaz fez os olhos castanhos de Mirela se acenderem como duas lanterninhas. Ela pousou a xícara na mesa e sorriu abertamente.

— Você sabe que sim. Eu adoro o Robson e nunca escondi de ninguém que seria muito feliz se o namorasse. Minha mãe não quer nem ouvir falar sobre isso, pois me vê casada com um homem de posses. Mesmo assim, eu não estou nem aí para a opinião dela. Se ele me quisesse, ignoraria para sempre qualquer outra pessoa.

— E eu me encheria de orgulho se você fosse minha nora. Digo isso porque você sabe que eu tenho Robson como um verdadeiro filho.

— Sim, eu sei, assim como você deve saber que ele sempre me evitou. Na época da escola, eu roubava alguns beijos dele sempre que podia, só que isso servia apenas para irritá-lo e fazer com que brigasse comigo.

— Acha mesmo que não tem a menor chance com ele? — quis saber Estevão.

— Só Deus sabe o quanto tentei ficar com ele em todos esses anos que o conheço. Houve vezes em que me ofereci como uma prostituta — ela revelou sem constrangimentos. — Frequentamos festas em que ele ficou completamente embriagado e eu me esforcei para arrastá-lo até a cama mais próxima. E mesmo alcoolizado ele me dispensou. Só não posso me atirar nua nos braços dele porque provavelmente eu seria presa pela minha própria mãe.

— Hoje ele tem uma cabeça mais madura. Acredito que se você tentasse uma nova aproximação conseguiria algum resultado.

— Bobagem, Estevão! — Mirela meneou a cabeça para os lados. — E depois, você não viu quem voltou? A vadia da cidade grande está na área. Eu já os vi juntinhos, quando Afonso esteve internado no hospital. E percebi a maneira como eles se olhavam. Só não entendo uma coisa. Robson e Graciela sempre se estranharam e agora se tornaram amiguinhos quase íntimos. Por que eu não consegui o mesmo efeito sobre ele?

— É justamente esse o motivo de eu estar aqui — era hora de Estevão emprestar à voz aquele tom emotivo e trêmulo. — Pelo amor e carinho que sinto pelo meu enteado é que desejo o melhor para ele. Cida, a minha falecida esposa, certamente pensaria da mesma forma que eu. E como me considero praticamente o pai dele, sinto que é meu dever afastá-lo daquela mulher. Graciela não é nem nunca será a melhor opção para Robson.

Comovida com aquelas palavras, Mirela assentiu.

— Concordo, só que na idade dele creio que você já não possa mais intervir.

— Mas posso mostrar minha insatisfação com isso. Eu confesso claramente que não suporto Graciela.

— Então somos dois — aquiesceu Mirela. — Aliás, dá até para contar nos dedos de uma mão as pessoas que gostam dela na cidade.

Estevão tomou o último gole de seu cappuccino antes de segurar a mão de Mirela de forma carinhosa.

— Você é a mulher adequada para meu enteado. É muito mais bonita, educada, culta, inteligente e bem vestida do que ela.

Aquelas palavras bastaram para que o peito de Mirela estufasse de orgulho. Estevão era mesmo um homem sábio, que reconhecia nela tantas qualidades ao compará-la com a insossa da filha de Afonso.

— E o que você sugere que eu faça? — ela indagou, limpando os lábios com o guardanapo.

— Invista nele de forma mais direta. Force uma amizade, busque um contato mais próximo. Procure-o em seu local de trabalho.

— Mas o local de trabalho dele não é na fazenda da mocreia?

— E daí? Você pode esperar por ele no percurso que ele faz para casa. Ele encerra o expediente bem depois de sua saída aqui.

— Por sorte entrarei de férias a partir da próxima segunda-feira. Só não saí antes porque sou muito necessária como assistente do departamento administrativo. Estou correndo para deixar tudo organizado. Como não pretendo viajar, terei tempo de sobra nesse período.

— Que maravilha saber disso! Está vendo como o universo está trabalhando a nosso favor? Tenho certeza de que, se você souber agir direitinho, vai conseguir bons resultados.

— Deus lhe ouça, Estevão.

— Só peço que você não comente nada disso com Vanda. Acho que sua mãe não seria partidária dessa ideia.

— Com certeza não. Ela não gosta de Robson e nem cogita a possibilidade de que eu me envolva com ele. Tem a minha palavra de que essa conversa ficará somente entre nós dois.

— Nós dois vamos sair lucrando. Eu vou conseguir afastar meu querido enteado daquela víbora e você se tornará a namorada dele.

— Agora fiquei empolgada — ela sorriu. — Quando já pensava que não tinha mais nenhuma chance com Robson, surge você para iluminar as minhas esperanças.

Eles continuaram conversando, trocando ideias e dando sugestões para que pudessem dar sequência ao plano sem margem para erros. Estevão estava convicto de que Mirela saberia fazer um bom trabalho. Graciela mal perdia por esperar. Ela ainda pagaria muito caro por tê-lo demitido diante de todos os demais funcionários do parque. Ele ainda mostraria a ela o que o ódio acumulado em seu coração era capaz de fazer.

***

Dora exalou um suspiro de cansaço quando adentrou a sala de sua casa. Teria pernoitado na fazenda, se Antônio não houvesse mandado uma mensagem em seu celular exigindo a presença dela sob pena de "severa punição". Ela sabia que apenas aquelas palavras que ficaram gravadas em seu aparelho já seriam uma grande prova para incriminá-lo, na hipótese de que quisesse denunciá-lo. Entretanto, entregá-lo à justiça era mais difícil do que parecia. Ela o temia muito e ele era um policial respeitado na cidade, colega e amigo da delegada. Duvidava muito de que o marido ficasse detido por agredir a própria esposa.

A conversa que tivera com Graciela naquele dia a aterrorizara. A moça chegara muito perto da verdade e se continuasse insistindo no assunto acabaria descobrindo tudo. O que faria se seu segredo viesse a público? E o que era pior: o que Antônio faria com ela se mais alguém acabasse descobrindo que era espancada?

Tentando afastar da mente aqueles pensamentos perturbadores, Dora cruzou a sala de estar, onde Antônio achava-se refastelado sobre o sofá, segurando uma garrafa de cerveja gelada enquanto acompanhava fixamente o jogo de futebol pela televisão. Ela preferia mil vezes quando ele ficava ali, largado, do que quando vinha incomodá-la. Sua vida seria bem mais tranquila se o marido se limitasse a comer, beber e dormir.

— Isso são horas de chegar? — ele rosnou ao vê-la passar em silêncio.

— É o mesmo horário de sempre. São nove e meia apenas.

— Você anda chegando muito tarde — ele retorquiu, sempre atento aos movimentos dos jogadores na tela.

— Não tem como eu vir mais cedo. A dona Graciela precisa de mim até que eu lhe sirva o jantar.

— E agora você virou babá de uma mulher feita? Sua função lá dentro é a de zelar pela manutenção da casa e não de servir de pajem para uma marmanja.

"Ele está a fim de confusão", pensou Dora, olhando-o de revés. "Não vou entrar no jogo dele".

— Já jantou? — ela sondou tentando mudar de assunto.

— O que você acha? — foi a resposta dele, que ainda não a encarara.

— Eu deixei comida pronta na geladeira, mas se quiser posso preparar algo para você comer.

Quando Antônio ia responder, um dos times marcou gol e ele proferiu dois ou três palavrões irritados, revelando que fora o lado adversário que vencera. Dando de ombros, Dora foi até a cozinha. Avistou uma lata e outras duas garrafas de cerveja vazias sobre a pia. Pacientemente, colocou tudo no lixo.

Tudo o que mais queria era poder tomar uma ducha e deitar-se em seguida. Se Antônio gostasse, ela pediria uma pizza ou compraria esfirras para o jantar daquela noite. Entretanto, o marido não comia nada que fosse adquirido na rua. Até mesmo no horário do almoço ele vinha para casa esquentar a comida que ela deixava na geladeira.

Ainda estava pensando se deveria preparar algo rápido como uma macarronada quando percebeu uma sombra movimentando-se atrás dela. Levou um susto e virou-se de repente, dando de cara com Antônio, que viera buscar outra cerveja.

— Por que ainda não está no fogão? — ele grunhiu secamente. — Acha que eu vivo à base de cervejas? Depois de um longo dia de trabalho tenho direito a um jantar decente, não acha?

— Eu já disse que tinha comida pronta.

— Se eu quisesse teria esquentado. Se não o fiz é porque estou com vontade de experimentar uma comida feita na hora. Trate de se apressar, porque estou com fome — dizendo isso ele abriu a geladeira e apanhou outra latinha de cerveja.

— Estou cansada, Antônio. Gostaria de tomar um banho e ir para a cama. Eu posso esquentar o que já está pronto. Não vai demorar nem...

— Você é surda ou o quê? — ele berrou. — Faça uma comida decente e cale essa boca nojenta.

Dora sentiu o rosto corar de raiva. Odiava quando ele a tratava daquele jeito, como se ela fosse sua escrava. Gostaria de ter coragem suficiente para enfrentá-lo, dizer-lhe na cara umas tantas verdades que ele merecia ouvir. Como, porém, o medo do marido a retraía, ela simplesmente balançou a cabeça para os lados.

— Não entendo por que você me trata assim. Sou a sua esposa e não sua empregada. Mereço um pouco de respeito, não acha?

— Faça o meu jantar e eu prometo pensar no seu caso — descartando-a com um gesto vago, Antônio foi saindo da cozinha.

— Se quer tanto algo diferente, por que não cozinha você mesmo? — ela indagou num fio de voz, quase certa de que não seria ouvida.

Para seu azar, Antônio a escutou.

Ele girou o corpo com uma rapidez espantosa, avançando na direção dela como um touro. Antes que tivesse tempo de reagir, ele desferiu um golpe violento usando a lata de cerveja como arma, que se chocou com um estalo contra o queixo de Dora. Ela sentiu a cabeça explodir em meio à dor que surgiu quando ele a acertou com outro golpe, desta vez com a mão aberta, em pleno rosto. Ela começou a chorar e tentou fugir, mas ao passar por ele, foi agarrada pelo braço com uma força doentia.

— Ouse me responder de novo e eu quebro todos os seus dentes. Fui claro?

— Solte-me, pelo o amor de Deus, Antônio. Está me machucando!

— É para machucar mesmo, sua imbecil. Você merece pelo o que fez em seu passado. Merece cada surra que levar. Se a sua consciência não a castiga, aqui estou eu para fazer isso. Ainda não sabe quem dita as ordens nessa droga de casa?

— Sim, perdoe-me, por favor — as lágrimas rolaram por sua face ferida, o que não o comoveu nem um pouco. Desde que a agredira pela primeira vez, tempos atrás, ele a vira chorar inúmeras vezes, sem sentir um pingo de remorso por isso.

— Agora volte para a cozinha e prepare meu jantar — notando que um hematoma começava a se formar no queixo dela, ele acrescentou:

— E trate de pensar em uma desculpa para dar à sua patroazinha amanhã. Do jeito que é abelhuda, ela vai querer saber onde você se machucou.

Quando Antônio a soltou, Dora voltou correndo para a cozinha. Abriu a geladeira e pegou uma pedra de gelo, que pressionou contra o queixo golpeado. Por sorte ele não lhe atingira os lábios nem quebrara algum osso. Era apenas uma dor passageira, que entraria para a coleção de muitas outras que já sentira. A culpa era toda dela, que desobedecera ao marido. Se não quisesse bancar a rebelde, nada daquilo teria acontecido.

Quem sabe ele tivesse razão no que dissera. Acreditava que estivesse pagando pelos erros do passado. Se Deus não a castigara até então, Antônio fazia isso em Seu lugar. Só esperava que um dia pudesse ser perdoada pelo o que considerava como um grande pecado. E que tivesse o direito de tentar ser feliz.

Resignada e ferida, no corpo e na alma, Dora começou a preparar o jantar.

21

    Poucas coisas podiam ser comparadas à inebriante sensação de se estar em um parque de diversões à noite, principalmente quando o público lotara o espaço e todos os brinquedos estavam em pleno funcionamento. A noite estava quente, o que motivara todas aquelas pessoas a saírem de casa e se divertirem um pouco.

    Luzes dos mais variados tons se acendiam e se apagavam, à medida em que as atrações funcionavam. Alguns brinquedos mais radicais pareciam direcionar seus feixes de luz para o céu, enquanto giravam em seu próprio eixo, virando os passageiros de cabeça para baixo. Gritinhos excitados e assustados se faziam ouvir em toda parte. Havia ainda crianças felizes comendo algodões-doces ou maçãs-do-amor, casais de namorados que caminhavam de mãos dadas, grupos de amigos que se encostavam uns aos outros para fazer uma *selfie* e pessoas solitárias que simplesmente se sentiam alegres com a energia positiva que emanava daquele lugar.

    Desde que começara a trabalhar no parque, Graciela tinha a impressão de que podia visualizar a imagem do seu pai sorrindo, sempre que via o lugar tão cheio. Ele fizera tudo aquilo crescer e se desenvolver. Fora o responsável por gerar aquele clima quase mágico que pairava por ali. Às vezes, ela se pegava imaginando o que ele diria se a visse tocando o negócio do jeito que sabia, assim como tentava fazer com a fazenda. Acreditava que ele ficaria muito orgulhoso.

    Naquele momento, ela deixara a sala da administração para dar uma volta, apreciar os visitantes e acompanhar o movimento. Robson caminhava ao lado dela, sentindo-se feliz apenas por ver os olhos de Graciela brilhando de satisfação.

— Tudo o que o meu pai sempre quis foi que eu seguisse os seus passos, profissionalmente falando — ela comentou de repente, parando diante da roda-gigante, que se projetava para o alto, decorada com luzes pisca-piscas. Era um dos brinquedos favoritos dos visitantes e o cartão-postal de todo parque de diversões. — E eu só decidi fazer isso depois que ele morreu. De vez em quando eu me questiono sobre a forma como agi. Eu deveria tê-lo deixado feliz enquanto estava vivo, realizando o sonho dele, que era ver-me trabalhando aqui.

— E acha que ele não está feliz, no lugar em que vive agora? Eu tenho certeza de que ele está acompanhando tudo o que você faz, grato por ter dado continuidade ao trabalho dele — Robson colocou uma das mãos no ombro dela, apertando-o gentilmente. — Você superou todas as expectativas, Gracinha! Vem dando conta do recado de uma forma deslumbrante.

— Continua sendo difícil — ela olhou em volta. — Veja só tudo isso. Nada aqui existe por mérito meu. Eu peguei o bonde andando, como se costuma dizer. Tudo estava pronto quando assumi o serviço. Esse parque maravilhoso é fruto do trabalho do meu pai.

— Sim, concordo. Porém, ele começou tudo isso e você pode melhorar ainda mais. Eu confio na sua capacidade de desenvolver novos projetos. Em menos de vinte dias dirigindo o parque, você já mostrou a todos que veio para ficar. Teve algum problema com os funcionários?

— De jeito nenhum, com exceção do seu padrasto, no primeiro dia — ela sorriu, acariciando a mão dele, que ainda estava pousada no ombro dela. — A equipe daqui é excelente. São verdadeiros profissionais, pessoas com vontade de trabalhar. E fui bem recebida por eles, ao contrário do que aconteceu com os empregados da fazenda.

— Acho que você precisa confiar mais em si mesma, nas suas habilidades. Havia uma empresária disfarçada naquela mocinha mimada que só queria torrar o dinheiro do pai perambulando por São Paulo.

O comentário de Robson, que antes a teria deixado furiosa, foi motivo para fazê-la rir.

— Acho que a gente se descobre todos os dias — ela murmurou.

Ele assentiu, perguntando:

— E como foi seu dia hoje? — ele não fora trabalhar porque ainda estava meio gripado. — Sentiu a minha falta?

159

— Bastante, principalmente na hora de expulsar o advogado do meu pai. Se bem que eu dei conta do recado sozinha.

— Do que está falando? — o semblante dele tornou-se sério.

— O sujeito foi até lá para me explicar sobre o testamento do meu pai. Até aí tudo bem, se não fosse o fato de que ele começou a me assediar — em poucas palavras ela resumiu as insinuações de Darci, finalizando com sua expulsão da fazenda: — Acho que eu soube colocá-lo em seu devido lugar. Espero não vê-lo tão cedo.

— Eu teria arrebentado a cara dele — garantiu Robson, irado com o atrevimento daquele fulano. — Ainda bem que ele não tentou nada de mais, do contrário iria agora mesmo procurá-lo para tirar satisfações.

— Não seja encrenqueiro — ela riu, agitando o dedo indicador.

— Olha, por que não damos uma volta na roda-gigante? Preciso me acalmar, Gracinha. Essa história realmente me deixou nervoso.

— Tá, pode ser. Você sabe que não sou muito fã de brinquedos, mas na roda eu posso ir. Vamos pegar a fila.

Quando chegou a vez de eles embarcarem, Graciela cumprimentou um dos rapazes que recolhia os ingressos e piscou-lhe um olho com ar travesso.

— Robson e eu vamos de graça. Se quiser, reclame para a dona do parque.

— Sejam bem-vindos — cumprimentou o funcionário, rindo da piada dela.

Sentaram-se na cadeira dupla e logo que a trava de segurança foi fechada, eles começaram a subir. Por instinto, ela segurou a mão dele, rindo como uma criança, enquanto o brinquedo subia cada vez mais.

— Sabia que eu tenho medo de altura? — ela mostrou um sorriso trêmulo.

— Você já não viajou para outros países? Como fez no avião?

— Sentei o mais longe possível da janela, fechei os olhos, pensei em todas as orações que eu conhecia e comecei a rezar como uma beata. E a viagem durou mais de doze horas.

Robson deu uma gargalhada, divertindo-se com a expressão de medo que ela fazia, principalmente quando a cadeira deles balançava, a cada parada do brinquedo. Em dado momento, tentando se distrair e não olhar para baixo, ela informou:

— O que mais me deixou irritada dentre todas as besteiras que ouvi de Darci foi um comentário insidioso a seu respeito.

— E você quer me contar qual foi? — ele olhou-a fixamente.

— Desde que você me prometa que não vai quebrar a cara dele.

— Tudo bem. Prometo não quebrar aquela cara feia e redonda. Agora fale.

— Ele insinuou que você está comigo apenas pelo meu dinheiro.

Graciela sabia que estava cutucando a onça com vara curta, mesmo que não tivesse a intenção de envenená-lo contra Darci. Simplesmente não desejava esconder nada de Robson.

O resultado foi exatamente o que ela imaginava: ele ficou rubro de ódio.

— E o que você acha a respeito disso tudo? — ele perquiriu rangendo os dentes.

— Se eu concordasse com essa visão, você não estaria aqui comigo. Simplesmente não consigo vê-lo como um homem ambicioso e interesseiro.

— Assim que descermos desta roda, vou atrás de Darci encher aquela pança gorda de pancadas.

— De jeito nenhum! Você me prometeu que não bateria nele.

— Eu prometi que não quebraria a cara dele, mas não falei nada sobre a barriga. Darci terá que repetir essas palavras na minha frente.

— Pelo o amor de Deus, não faça isso. Não arrume confusão com ele. Darci é advogado e pode processar você. Não precisamos passar por isso agora.

Robson estava com a respiração ofegante, tamborilando os dedos sobre a barra de ferro que os mantinha seguros. Ergueu o rosto para o alto e viu um céu escuro pontilhado de estrelas cintilantes. E quando olhou em volta, avistou o rosto de Graciela muito próximo ao seu, os olhos cheios de preocupação e os lábios entreabertos. Mesmo que fosse um pretexto para tentar se acalmar, ele não resistiu mais e a beijou.

Pega de surpresa, ela se entregou ao momento, deixando-se envolver por aqueles braços fortes e por aquela boca faminta. Percebeu que, ao lado dele, nada mais a assustava, nem mesmo a altura em que estavam, nem as ameaças e ofensas que recebera através dos bilhetes anônimos, nem o fato de ser detestada por mais da metade dos habitantes da cidade. Para ela, era como se Robson fosse seu porto seguro, sua tábua de salvação, a peça que se encaixava perfeitamente em seu coração.

E ele queria eternizar aquele momento, fazer aquele beijo durar tanto quanto pudesse. Aquele era o segundo beijo deles e ele adorava pegá-la desprevenida. Ela perdia toda a pose e compostura que acreditava ter. Se pudesse, ele gritaria do alto daquela roda-gigante que continuaria ao lado daquela mulher, mesmo que ela morasse debaixo da ponte. Nunca sentira nada parecido por ninguém até então. Só o que queria era beijá-la, mantê-la junto de si e protegê-la como pudesse.

Quando se afastaram um do outro e abriram os olhos, antes mesmo que pudessem fazer qualquer comentário, perceberam que estavam sendo encarados pelo rapaz que controlava a atração, de cujos olhos saía um brilho de malícia. Ele não disse nada, porém o sorrisinho debochado em seus lábios revelava muitas coisas.

— Já temos que descer? — ela perguntou, tentando se recompor. — Não temos direito a seis voltas, como todo mundo?

— Sim, senhora. Acontece que a senhora está sendo aguardada na sala da administração. Roque, o nosso gerente, acabou de me dar o recado.

— Sabe quem está lá? — Graciela perguntou, desembarcando do brinquedo junto de Robson.

— Parece que é a delegada — retrucou o rapaz.

— Ah, grande inferno — ela praguejou. — Estava bom demais para ser verdade.

— Vamos ver o que ela quer e despachá-la bem depressa — sugeriu Robson.

Andaram rapidamente, desviando-se da multidão que estava no caminho. Assim que se aproximaram da casinha adaptada como administração do parque, viram dois policiais fardados e desconhecidos do lado de fora.

— Quem são vocês? — um deles perguntou.

— Sou Graciela, a dona do parque, que está sendo esperada por Vanda. E este é Robson, meu amigo e acompanhante.

— Temos autorização de permitir apenas a sua entrada, senhora — o policial retrucou com voz áspera.

— E quem deu essa ordem? — Graciela quis saber.

— Foi a própria doutora Vanda.

— Vocês estão no meu parque e quem manda aqui sou eu. A doutora Vanda dá ordens somente na delegacia dela.

— Sinto muito, mas a senhora deve entrar sozinha.

— Quero ver quem vai me impedir — falando o mais alto que podia, ela avançou na direção da porta puxando Robson pela mão.

Os dois policiais postaram-se diante da entrada, bloqueando a passagem. Nesse momento a porta foi aberta pelo lado de dentro e Vanda apareceu, com cara de poucos amigos.

— O que está acontecendo aqui? Por que tanto escândalo, Graciela?

— Porque eles não querem deixar que Robson entre comigo. Já que a senhora não agendou sua visita, não tive como contatar meu advogado. Portanto, exijo a presença de Robson ao meu lado.

— Você não tem que exigir nada — devolveu Vanda. — A autoridade máxima aqui sou eu.

— Se insistir nisso abro uma reclamação contra você na corregedoria por abuso de autoridade. Robson fica comigo e ponto final.

— Eu posso levá-la para um interrogatório formal na delegacia. E creio que não ficaria bem para a sua imagem sair do parque direto para uma viatura. Todos que estão aqui veriam a cena — um sorriso cruel surgiu nos lábios de Vanda.

— Então faça isso. Já que desejamos chamar a atenção das pessoas, vou até a viatura fazendo o maior escândalo de que você já teve notícia. E pode ter certeza de que sou boa nisso. A sua reputação ficará tão manchada quanto a minha, posso lhe garantir.

Vanda levantou as sobrancelhas, considerando a ameaça de Graciela. Por fim, deu um passo para dentro, fazendo um gesto com a cabeça para que os policiais liberassem a passagem dos dois. Assim que se viu do lado interno, Graciela completou:

— E espero que, caso você precise voltar aqui, coisa que torço para que não aconteça, queira me aguardar do lado de fora com a sua equipe. Se não possui um mandado judicial, não tem autorização para adentrar meu espaço.

A delegada pensou em dar uma resposta afiada. Entretanto, como trouxera uma carta na manga, sua pequena vingança seria muito mais saborosa.

Graciela e Robson viram quando um sujeito magricelo, alto como um salgueiro e ligeiramente corcunda, saiu do banheiro masculino com a mão direita estendida. O rosto era fino e ossudo, e os olhos negros brilhavam por trás das lentes dos óculos.

Graciela o cumprimentou e Robson fez o mesmo, enquanto Vanda o apresentava:

— Este é Gomes, o investigador de homicídios que trabalhará comigo no caso do seu pai.

163

— Homicídios? — Graciela sentiu um calafrio na espinha. — Como assim?

— Onde podemos nos sentar? — tornou Vanda com um sorriso mordaz.

Graciela apontou-lhes algumas cadeiras e depois que todos estavam acomodados, a chefe de polícia foi direta e objetiva:

— Recebemos hoje o laudo pericial referente à análise feita no automóvel que seu pai dirigia na noite do sinistro. E descobrimos que os freios foram cortados. Afonso não perdeu a direção. O carro que dirigia foi sabotado.

Ver a palidez espalhar-se pelo rosto de Graciela deixou Vanda satisfeita. Analisava cada reação da moça, à espera de alguma atitude que a denunciasse.

— A senhora está dizendo que alguém queria que o seu Afonso batesse o carro? — Robson quis confirmar, abraçando Graciela.

— Espero que não me faça outras perguntas, rapaz, ou serei obrigada a pedir que se retire. Você está aqui apenas como acompanhante dela e deve permanecer calado — Vanda abriu uma pasta e retirou um envelope, esticando-o na direção de Graciela. — Este é o resultado que acabei de mencionar. Pode verificar por si mesma.

Ela agarrou o envelope com mãos trêmulas. Teve vontade de rasgar os documentos, antes mesmo de abrir. Vanda não podia estar falando a verdade. Quem mataria seu pai, homem querido por toda a população? Aquilo era um absurdo. Tinha que ser mentira.

— Quem... não sei quem poderia fazer isso — ela balbuciou, sentindo a chegada das primeiras lágrimas.

— Tudo ainda é um mistério, que pretendemos desvendar o quanto antes — atalhou Gomes. — Sabemos que existe uma relação entre o misterioso telefonema que ele recebeu antes do acidente e o fato de seu carro ter sido sabotado. Acreditamos que a ligação tenha sido feita pelo próprio assassino, visando fazer com que Afonso saísse com o carro. Já entramos em contato com a companhia telefônica para rastrear todas as ligações discadas e recebidas por seu pai nos últimos dois meses.

— Meu pai era um homem bom — mesmo relutando para não chorar diante de Vanda, Graciela não conseguiu se conter e as lágrimas escorreram. — Ele não tinha inimigos.

— Ao que parece, tinha sim — enfatizou Vanda, de forma maldosa. — Sabemos que não foi um crime qualquer, como por exemplo, um roubo, em que o assassino dispara uma arma e vai embora. Quem teve o trabalho de alterar os freios do carro premeditou tudo com perspicácia. Afonso deixou alguém muito irritado. Só precisamos descobrir quem foi.

— Então o criminoso entende de mecânica, já que soube mexer nos freios? — perguntou Robson diretamente a Gomes, ignorando o olhar de censura da delegada.

— Com certeza. Já descobrimos o nome do mecânico que seu pai costumava levar o carro. E pretendemos fazer uma varredura em todos os amigos e colegas dele que entendem do assunto. Uma pessoa leiga certamente não saberia fazer esse trabalho.

— Trabalho? — Graciela secou as lágrimas, olhando para Gomes. — Cometeram um crime hediondo contra o meu pai e você chama isso de trabalho?

— Devemos admitir que foi um trabalho bem-feito por parte do assassino — disparou Vanda.

— Então você ainda elogia a ação do criminoso? — os olhos de Graciela, ainda embaçados de lágrimas, tornaram-se duros e frios. — Que espécie de delegada é você?

— Sou a espécie que faz perguntas — sorriu Vanda. — Por exemplo, eu gostaria que me dissesse exatamente onde estava na noite do assassinato. E quero que me dê nomes de amigos seus que entendam de mecânica de automóveis.

— O quê? — reunindo as forças que pareciam ter desaparecido, Graciela ficou de pé. — Você está insinuando que eu matei meu próprio pai?

— Não, querida! Quem está insinuando é você mesma. Curioso você ter ido diretamente ao ponto ao qual eu pretendia chegar.

— Eu amava o meu pai, sua louca! Eu jamais o mataria. Nunca mais volte a fazer acusações desse tipo.

— Veja como fala comigo — Vanda também se levantou e, por precaução, pousou a mão sobre o cabo do revólver que trazia preso no cós da calça. — Já que você não quis chamar um advogado, nem está gravando a conversa, posso dizer claramente que não me surpreenderia saber que você planejou a morte do seu pai somente para ficar com o dinheiro dele.

Graciela soltou um grito de raiva, cerrou os punhos e avançou contra Vanda. Robson e Gomes levantaram-se de um salto. O investigador empurrou-a para trás e Robson postou-se entre ele e Graciela, mantendo-a atrás de si.

— Volte a tocar nela de novo, senhor, e vou lhe ensinar como um homem luta de verdade — prometeu Robson.

— Encoste um dedo em mim e eu o prendo agora mesmo.

— Não me importo de passar o restante dos meus dias atrás das grades, se você passar os seus num cemitério — com uma voz que assustou até Graciela, Robson alertou: — O mesmo vale para a senhora, doutora. Não tenho medo de armas. Se essa conversa não puder ser conduzida com um mínimo de respeito por parte de vocês, não tenho porque tolerá-los como autoridades policiais.

— Basta! — Vanda fez um sinal para Gomes de que estava tudo bem. — Eu mesma dou a conversa por encerrada, porque quando precisar falar com essa mocinha será na delegacia. Já cumpri a minha missão por hoje, que era informá-la sobre o assassinato do pai. Só não imaginava que ela fosse ficar tão nervosa com uma pergunta simples que eu fiz. Venha, Gomes, vamos embora.

Gomes, com seus quase dois metros de altura, mirou Robson com desprezo, louco de vontade de prendê-lo pelo desacato. Depois que os dois se retiraram, Robson abraçou Graciela com força, beijando-a diversas vezes na face.

— Acalme-se, Gracinha! Eles já foram. Estou aqui com você.

— Eu nunca faria mal ao meu pai — ela alegou, voltando a chorar.

— Acha que eu não sei disso? Esses dois são completamente loucos. Você precisa encontrar um bom advogado, que não seja Darci, para defendê-la, porque vem chumbo grosso por aí.

Graciela assentiu e deixou-se envolver pelo abraço. Ainda bem que o tinha por perto. Foi somente naquele momento que ela descobriu o quanto Robson era importante em sua vida.

22

Robson ficou com Graciela até o parque fechar, por volta das vinte e três horas. Permaneceu ao lado dela, não somente por gostar da companhia da moça, como também por achar que ela precisava de seu apoio. Procurou contar coisas engraçadas para distraí-la e fazer com que ela risse. Não queria que ela continuasse com a mente focada na visita de Vanda e nas palavras que a delegada dissera a respeito de Afonso. A mulher deixara uma cópia do relatório dos peritos num envelope lacrado, contudo, Robson impedira Graciela de verificar o conteúdo. Não queria que ela ficasse ainda mais abatida e transtornada do que já demonstrava estar. Obrigou-lhe a comer um cachorro-quente que ele adquiriu em uma das barracas do próprio parque. Graciela explicou que a governanta da fazenda sempre pedia que uma das cozinheiras deixasse comida pronta para ela. Mesmo sabendo que Dora cuidava muito bem de sua patroa, Robson não a queria de estômago vazio. Tiveram uma pequena discussão, já que ela se negara a lanchar, porém ele acabou vencendo a breve batalha verbal e só sossegou quando a viu comer até a última batata-palha.

Ela percebeu que Robson tinha muitas facetas que jamais conhecera antes. Do adolescente irritante e bagunceiro dos tempos de escola surgira um homem maduro, educado, atencioso e carinhoso. Ela notava agora que nunca fora tão bem cuidada em toda a sua vida por outra pessoa que não fosse seu pai e Dora. Nem mesmo da mãe, de quem tinha poucas lembranças, ela se recordava de semelhante afeto.

Depois que os últimos visitantes do parque foram embora, e os funcionários começavam a se preparar para voltarem para casa, ela achou que também precisava descansar. Estava de pé desde as cinco da manhã e seu dia parecera interminável.

— Não vejo a hora de me deitar — ela confessou a Robson. — Minhas costas estão doloridas e os meus pés parecem me bombardear como canhões.

— Você não deveria emendar os dois serviços. Por que não reveza? — sugeriu Robson. — Em um dia você trabalha só na parte da manhã, na fazenda, e no outro, só à noite, no parque. E deixe todas as tardes livres para você.

— Meu pai aguentava o tranco duplo todos os dias.

— Você não é seu pai. Além disso, ele já estava acostumado. Se considerarmos que você sempre foi uma moça fresca e cheia de mi-mi-mi, é de admirar tanta disposição pelo serviço.

— Obrigada pela parte que me toca — suspirando de cansaço, ela pegou as chaves do carro e lançou um olhar agradecido a Roque, que tinha cópia de todas as chaves também e de vez em quando era quem trancava os portões do parque. — Tenha uma boa noite, Roque! Obrigada por tudo.

— Bom descanso, Graciela! — Roque apertou a mão de Robson e viu os dois saírem. Ele havia notado o quanto a fisionomia da jovem se tornara apagada após a visita da delegada e seu séquito policial.

Quando Graciela chegou ao carro e assumiu o volante, Robson sentou-se no banco do carona. Por um instante, ela havia imaginado que poderia encontrar outro bilhete anônimo pregado no para-brisa. Agradeceu a Deus por não haver nenhum.

Conversaram trivialidades durante o percurso, enquanto ela seguia na direção da casa dele, onde pretendia deixá-lo. Robson foi orientando-a quanto ao melhor caminho para se chegar até lá mais depressa. Em um dado momento, ela comentou:

— Amanhã irei a uma palestra sobre espiritualidade que será ministrada por uma pessoa que conheci recentemente, de quem gostei muito. O nome dela é Silvana.

— Não sabia que você se interessava por esse tema.

— O que me interessou foram algumas coisas que ela me disse, e que me deixaram muito reflexiva. Gostaria que você fosse comigo, se quiser, é claro.

— Com você vou até Júpiter, Gracinha! Com certeza estarei lá.

Quando pararam diante do belo sobrado, cuja luz acesa indicava que havia alguém lá dentro, Robson sorriu em agradecimento:

— Eu adoraria convidá-la para entrar e até posso fazer isso, se você não se importar com a presença do meu padrasto. Sabe que dividimos a casa desde a morte da minha mãe.

— Deus me livre! Já tive a minha cota de terror por hoje.

Ele sorriu, emoldurou o rosto dela com as mãos e beijou-a com intensa paixão. Saltou do carro em seguida, acenou e aguardou até que ela desse a partida antes de destrancar seu portão. Não estava a fim de conversar com Estevão. Só o que queria era dormir. Tomou um banho rápido, comeu duas maçãs e uma banana, e entrou no seu amplo dormitório. Escutou a voz de Estevão falando baixinho com alguém ao telefone e deu de ombros. Às vezes, eles pareciam dois estranhos compartilhando o mesmo teto, como uma espécie de pensão.

Despiu-se e atirou-se na cama. Antes de render-se ao sono, telefonou para Graciela e tranquilizou-se quando a escutou dizer que já estava em casa, pronta para dormir também. A voz dela soava bem mais animada, embora com traços de cansaço, e para ele isso era um bom sinal. Não queria que ela se sentisse derrotada porque Vanda não merecia ter esse gostinho.

Minutos depois de ter adormecido, o espírito de Robson desprendeu-se de seu corpo físico e afastou-se dali rapidamente. Instantes mais tarde ele viu-se em uma espécie de refeitório, embora todas as mesas estivessem vazias. Olhou em torno e percebeu que uma mulher saíra de uma porta, caminhando até onde ele estava. Ela trazia um luminoso sorriso nos lábios. Ao reconhecê-la, ele mal pôde acreditar:

— Mãe? É você mesma?

Cida assentiu com a cabeça, balançando os inúmeros cachinhos de seus cabelos castanhos. Quantas e quantas vezes ele brincara com aqueles cachos, mesmo quando ela adoecera. Sua mãe estava exatamente do jeito que ele se recordava.

— Claro que sou eu, meu amor. Quem mais poderia ser? — sorrindo, Cida abriu os braços e Robson mergulhou neles. Ambos riam e choravam ao mesmo tempo. Era grande a emoção do momento.

— Quanta saudade! — ele exclamou, esforçando-se para não chorar. — Você está linda, saudável e parece tão feliz...

— A vida me dá todos os motivos de que preciso para ser feliz. Talvez eu não tenha aprendido isso quando estive na matéria, ou tenha interpretado de outra maneira. Descobri que nunca é tarde para sorrir, para mostrar o lado alegre que todos nós temos.

— Queria poder sentir a mesma alegria que você. Sinto tanto a sua falta.

— Eu também sinto a sua. O que me conforta é saber que essa separação é temporária. Ninguém desaparece da vida de ninguém pelo resto da eternidade. Cedo ou tarde os caminhos se cruzam de novo e a gente se encontra novamente — Cida mostrou um sorriso tranquilizador.

— É o que acabou de acontecer.

— Vendo-a tão feliz, eu me pergunto o que vem a ser essa tal felicidade, que cada pessoa enxerga de uma maneira. E alguns morrem sem a encontrar.

Cida conduziu-o pela mão para que se sentassem em um dos largos bancos do refeitório. Afagou o rosto de Robson carinhosamente antes de responder:

— A felicidade não precisa ser encontrada, porque ela não está perdida. Não está nas posses materiais, nem nos mais variados tipos de relacionamento, porque é independente das coisas de fora. A felicidade é descoberta quando damos a nós mesmos a atenção que merecemos. Ela é a habilidade de você saber se colocar diante da vida. É um jeito interior de fazer as coisas darem certo.

— Então ninguém faz ninguém feliz?

— A felicidade está nas mãos de cada um. Claro que a companhia de uma pessoa querida e amada nos deixa contentes e satisfeitos. Ficamos bem quando estamos ao lado de quem gostamos.

Robson concordou, pensando em Graciela. Cida continuou explicando:

— Uma pessoa até pode fazer com que a outra desperte seus potenciais, orientando-a no caminho do bem. E essa aprendizagem felicita o espírito. Porém, a felicidade é individual. Apenas você pode se fazer feliz.

Ele não respondeu, refletindo sobre aquelas palavras.

— Por que está me perguntando sobre isso? — Cida quis saber.

— Não sei. Às vezes, acho que a minha vida é tão vazia. Depois da sua morte, eu me sinto como se não tivesse família, já que não considero Estevão como um familiar. Tenho poucos amigos, não namoro nem estudo, trabalho pesado de manhã e à tarde... Vivo uma rotina maçante e previsível, em que tudo está sempre igual.

— As coisas podem mudar a qualquer momento, para melhor ou para pior, dependendo da forma como você usará o seu direito de escolha. Meu querido, se você está cansado do marasmo de seu dia a dia, é hora de arregaçar as mangas e começar a sua reforma interior. A vida de ninguém se transforma positivamente se o próprio interessado não trabalhar pelo seu progresso pessoal.

— Como assim, mãe? O que devo fazer exatamente?

— A resposta está dentro de você. Posso até contribuir com algumas sugestões, todavia, apenas você possui a chave para a sua prosperidade íntima. Anule o que está cansando-o e procure técnicas para fazer tudo diferente. Estude, namore, faça novas amizades, viaje, vá a lugares em que nunca foi. Se o seu emprego o desagrada, procure outro, mas se o atrai, faça com que ele se torne um ambiente acolhedor e agradável. Você é jovem, está cheio de saúde e muita força física. Tem todas as ferramentas para promover em sua vida mudanças magníficas. Só depende de você, Robson.

— Graciela ressurgiu em minha vida, depois de anos em que perdemos o contato. Ela não é a moça má e ambiciosa que todos dizem ser, não é?

— Faça-se de surdo diante de opiniões preconceituosas e invejosas. Uma pessoa com boa condição social costuma ser muito criticada por aqueles menos providos financeiramente, que acham que quem tem dinheiro é metido, prepotente ou arrogante. Faz parte da cultura brasileira valorizar o pobrezinho, o carente e o humilde, como se quem tem uma posição social mais bem colocada não fosse digno de valor. Graciela é detestada por muitas pessoas simplesmente por ser a herdeira dos bens do pai dela, como se fosse culpada por ter nascido ali. Seu coração sabe que ela não é nada disso e nem cabe a nós procurar os defeitos do outro.

— Ouvindo as suas palavras, eu me senti mais animado — ele riu, piscando um olho para Cida. — Acho que se eu começasse um relacionamento sério com Graciela estaria dando o primeiro passo para modificar o meu cotidiano parado e repetitivo.

— Então tente seguir por essa direção e veja no que dá. Vivemos de desafios e são eles que nos fortalecem. Não tenha medo de nenhum obstáculo. Procure as coisas boas da vida e não faça nada por obrigação.

— Prometo mudar a minha forma de pensar.

— Prometa isso a si mesmo, meu filho. Adote atitudes que atraiam coisas boas, como pôr-se no melhor, confiar no invisível e cultivar o bem.

Só quem alimenta a positividade terá portas abertas à felicidade, da qual falamos há pouco.

— Obrigado por essa conversa, mãe. Como faço para me encontrar com você mais vezes? Gostaria de poder levá-la comigo e que tudo isso não passasse de um simples sonho.

— Eu o trouxe aqui por saber que você precisava desta conversa. Muitas pessoas ignoram o fato de que possuem inúmeros amigos no astral, que as aconselham das mais variadas maneiras, ajudando, consolando, ensinando, amparando, guiando, tentando mostrar os sinais que a vida nos oferece. Ao final, sempre dependerá de cada um seguir o que aprendeu ou fazer do jeito que acredita ser o certo — Cida sorriu novamente. — Infelizmente, não poderei acompanhá-lo, mas quero que saiba que estaremos sempre próximos um do outro. A vida não cria barreiras quando há coisas boas na relação. E lembre-se de que você não está tendo um simples sonho.

— Ah, não? — ele olhou em volta. — E de onde veio esse refeitório?

— É onde trabalho agora, numa cidade astral, ajudando da melhor forma que posso. A vida não cessa nunca e o trabalho, independente do plano em que se esteja, anima, incentiva e dignifica o ser humano. Eu me sinto muito útil aqui.

— Então me deixe beijá-la de novo.

Cida recebeu um beijo no rosto e retribuiu, beijando o filho na testa. Ainda ficaram juntos por mais alguns instantes, antes de ela auxiliar o espírito dele a retornar ao corpo adormecido.

***

Assim que despertou, no dia seguinte, Graciela já sabia que teria mais um dia corrido e movimentado. Robson prometera que viria trabalhar, pois se sentia melhor do resfriado que o acometera, o que já a ajudaria bastante. Ele entendia do setor agropecuário como ninguém. Mesmo com quase vinte dias trabalhando diariamente na fazenda, Graciela não aprendera quase nada sobre animais e plantações.

Do lado de fora, o sol já mostrava seus primeiros raios alaranjados, dando indícios de que teriam mais um dia quente e abafado. Enquanto descia as escadas para tomar o café da manhã, antes mesmo de olhar no rosto da governanta, Graciela notou que havia algo de errado com Dora. A mulher estava de costas para ela, colocando a mesa com gestos rápidos e inquietos, o que não era muito comum.

— Bom dia, Dora! — Graciela cumprimentou. — Você está bem?

— Bom dia! — ela respondeu, sem se virar. — Já vou servir o seu café.
Começou a se afastar no rumo da cozinha, contudo, Graciela saltou os dois últimos degraus com uma agilidade impressionante, disparou atrás da funcionária e agarrou-a pelo braço antes que ela desaparecesse no outro cômodo, forçando-a a encará-la. Levou um susto imenso ao notar o hematoma no queixo de Dora.

— Outra vez, Dora? Se não me disser agora mesmo quem está fazendo isso com você, vou jogá-la numa banheira de água quente e depená-la como uma galinha.

— Não tenho penas — Dora devolveu sem sorrir.

— Mas eu tenho pena de você. Diga-me agora mesmo: o que está acontecendo?

— Eu virei a cabeça de repente e bati contra a soleira da porta. Pode acontecer com qualquer um.

Não era preciso ser um profundo conhecedor dos sentimentos humanos para reparar que os olhos de Dora estavam cheios de pavor. Percebendo isso, Graciela devolveu:

— Infelizmente, hoje terei um dia exaustivo, sem muito tempo para ficar em casa, e à noite vou a uma palestra importante. Portanto, a senhora tem até amanhã para me esclarecer esse assunto sem me apresentar desculpas e justificativas mentirosas.

Dora permaneceu calada, controlando-se para não chorar. Por um breve instante quis contar toda a verdade, dizer à sua patroa que era espancada impiedosamente por um marido violento e tirano. Conhecendo o sangue quente de Graciela, ela sabia que a jovem procuraria Antônio para tirar satisfações, e ele viria com tudo para cima dela, vingando-se por tê-lo delatado. As consequências sempre sobravam para Dora. Quem sabe ele não estivesse certo quanto ao que dissera: que ela estava sendo castigada por ter cometido atitudes reprováveis no passado.

Graciela ainda aguardou mais um pouco, mas como Dora não se manifestou, a moça retornou à mesa e esperou pelo café da manhã. Não voltou a abordar o assunto durante o restante daquele dia.

23

Ser uma fazendeira não obrigava Graciela a gostar de andar a cavalo, muito menos quando Robson corria como um desesperado, fazendo com que suas nádegas batessem constantemente contra a sela dura e incômoda. Aliando-se a isso o fato de ela estar esgotada, após um dia de trabalho longo e puxado, acreditava que chegaria à escola de estudos espirituais de Silvana com a aparência de um zumbi, mesmo que tivesse tomado um banho e passado uma discreta maquiagem no rosto.

— Por que não viemos no meu carro? — ela indagou, apertando-o mais pela cintura, enquanto Robson acelerava o galope. — Seria mais confortável e menos dolorido.

— Esta é a quarta vez que você me faz a mesma pergunta e será a quarta vez que lhe darei a mesma resposta. Viemos a cavalo porque gosto de cavalgar, porque nos sentimos mais livres, porque a noite está deliciosa e porque nunca ouvi falar de uma proprietária de fazenda que não gostasse de montaria.

— Para toda regra há uma exceção. Ai! — ela gritou quando a pancada do seu corpo contra o lombo do cavalo foi mais forte. — Deus queira que a gente chegue logo, ou corro o risco de sair daqui engatinhando.

Robson ria como um menino arteiro. Graciela lhe informara o endereço do espaço de Silvana e ele dissera que conhecia a região muito bem. Minutos depois pararam diante da escola. Robson pulou para o chão e agarrou Graciela pela cintura, para ajudá-la a saltar. Riu do olhar de reprovação que recebeu por parte dela.

— O endereço é esta casa — ele indicou a construção amarela, que ficava atrás de um portão baixo de ferro. — Sempre passei por aqui e nunca soube que se tratava de uma escola que aborda espiritualidade. Não tem nenhuma plaquinha informativa.

— Talvez Silvana goste de discrição. O povo daqui é muito linguarudo e poderia importuná-la, principalmente aqueles que não veem esse assunto com bons olhos — mas ao dizer isso, Graciela se perguntou se Silvana se importaria com esse tipo de coisa.

Foram conduzidos ao interior do imóvel por uma moça baixinha e educada, cujo sorriso fazia com que as pessoas sentissem vontade de abraçá-la. Apresentou-se como Telma e foi a responsável por guiar os dois até um cômodo bem espaçoso, amplo como um salão, onde cerca de 30 cadeiras estavam dispostas em círculo. Quase todas já estavam ocupadas. Telma mostrou dois assentos reservados para que eles se sentassem, explicando que Silvana já estava para chegar.

Graciela reparou que não conhecia ninguém dentre os presentes, porém Robson já se encontrara com vários deles antes. Reconheceu o tabelião do cartório, o dono da padaria que ficava na rua de sua casa, o relojoeiro e um casal que administrava o abrigo de idosos da cidade.

Silvana entrou no salão pontualmente às vinte horas, sorriu para as pessoas e sentou-se em uma das cadeiras. Estava linda em um vestido branco, que ressaltava sua viçosa pele negra. Graciela imaginou corretamente que a palestra, na verdade, seria um bate-papo explicativo, o que muito a agradou.

— Boa noite a todos! — começou Silvana, apontando um dedo na direção deles. — Hoje temos a companhia de dois novos amigos, Robson e Graciela. Sejam muito bem-vindos à nossa escola.

Meio constrangidos, os dois acenaram com a cabeça, como se fossem duas crianças tímidas em um novo colégio. Para deixá-los mais à vontade, Silvana explicou que Graciela era a filha de Afonso, que fora membro do grupo por um breve período de tempo antes de falecer. A moça tentou visualizar a imagem do pai sentado naquelas cadeiras, ouvindo as palavras inteligentes que Silvana costumava dizer.

— Hoje eu gostaria de começar a nossa conversa fazendo uma pergunta que, em geral, as pessoas não conseguem responder de imediato — iniciou Silvana. — O que faz cada um de vocês feliz?

Como era esperado, algumas pessoas sorriram, mas ninguém respondeu. Graciela percebeu que simplesmente não conseguia encontrar uma resposta coerente para aquela indagação. E Robson, pela primeira vez desde que despertara, lembrou-se de haver sonhado com sua mãe, e que parte do diálogo fora acerca da felicidade. Como aquilo podia ser possível?

— Percebem como uma questão tão simples dá margem para dezenas de pensamentos, que se embolam em nossa mente e não ajudam a formar uma resposta objetiva? — Silvana cruzou as pernas com elegância. — Poucas pessoas respondem a isso sem hesitação, contudo, se começarem a pensar muito, dirão que ficam felizes ao verem os filhos prosperando, ao verem que o casamento está dando certo, ao conseguirem e se manterem em um bom emprego, ao se formarem na universidade, ao adquirirem um carro ou realizarem o sonho da casa própria... Variadas serão as respostas, que só vão aparecer após as pessoas refletirem por certo tempo.

— E por que isso acontece? — perguntou o relojoeiro. — Deveríamos saber responder, logo de cara, aquilo que nos faz feliz, sem precisar pensar muito.

— Exatamente. E sabe por que não conseguimos essa resposta de pronto? — Silvana lançou um olhar pela sala, estudando alguns rostos, antes de completar: — Porque, no fundo, não estamos felizes conosco. Achamos que falta alguma coisa que nos complete. Sentimos a sensação de que, apesar de conquistarmos tudo o que queríamos, ainda há um vazio no coração. E isso ocorre porque só nos tornamos plenamente realizados quando somos capazes de fazer a nós mesmos felizes.

A temática da conversa assemelhava-se cada vez mais com o que Robson recordava-se de ter ouvido de sua mãe. Era como se o papo fosse direcionado a ele.

— Tudo sempre vai depender do nosso arbítrio, e o bom uso dele é o nosso tema de hoje — elucidou Silvana. — Diariamente passamos por momentos de decisão, desde coisas simples, como tomar um ônibus mais cheio ou esperar pelo mais vazio, até optar por coisas que poderão modificar profundamente nossa vida. O arbítrio é a força mais poderosa que temos e nem Deus interfere em nosso direito de escolher. Afinal, não podem existir duas vontades atuantes, pois de nada adiantaria optarmos por um caminho se Deus escolhesse outro para nós. Não teríamos nenhuma liberdade, concordam?

— Dizem que a gente faz um plano e Deus faz outro — comentou a mulher que cuidava do asilo junto com o marido.

— Fazemos um plano e Deus nos mostra o resultado dele depois, que pode ser o que esperávamos, ou algo completamente diferente. Por isso é importante questionarmos a nossa alma se aquilo é o melhor para si. A alma, que não é a mesma coisa que espírito, é constituída por um conjunto de sensos, é o nosso verdadeiro orientador. Popularmente dizemos que é bom ouvir a voz do coração. Isso significa que perguntamos à nossa alma sobre a melhor atitude a ser tomada. E acreditem, meus queridos, a resposta chega e sempre será a mais acertada para vocês.

— E como fazemos para ter certeza de que é a alma nos respondendo, em vez da nossa mente? — interessou-se o tabelião.

— Boa pergunta! A resposta da alma é aquela que chega de repente, de improviso, que surpreende até a nós mesmos. Aquele tipo de coisa em que costumamos falar: "Por que eu não pensei nisso antes?". É a escolha que tomamos através do instinto e não do pensamento racional. Quando você opta por algo refletindo muito, pesando os prós e contras, então está obtendo respostas da cabeça, e não da alma.

— Às vezes, escolhemos mal, e as consequências são catastróficas — atalhou o relojoeiro novamente. — E isso acarreta em muito sofrimento depois.

— O sofrimento pode ser opcional, pois tudo depende de como a gente crê. Isso é uma lei cósmica. Só atrai dor, desilusão e mágoas quem, intimamente, não confia em si mesmo e dá forças para o negativo. Se você só fica mencionando a falta, cria a falta. Se você escolhe com a cabeça, que pode estar abastecida com a maldade do mundo, certamente atrairá sofrimento. Ninguém nasceu para a dificuldade. Desconheço a situação que cada um aqui possa estar vivenciando, mas quero deixar clara uma coisa: cada um faz a sua realidade com suas escolhas. Todos vocês nasceram para o melhor. Vocês fazem seu destino e são responsáveis pelo próprio sucesso.

— Sou nova nesses assuntos e estou entendendo aos poucos — manifestou-se Graciela. — Pelo que entendi, você quer dizer que, além de escolhermos com a alma, precisamos acreditar que a nossa escolha só nos trará prosperidade.

— Ninguém ganharia nada se vibrasse pela derrota, pelo fracasso ou pela decepção. E mesmo quando isso acontece, é preciso tentar de novo, porque talvez naquele momento, dentro daquele contexto, essa não tenha sido a melhor opção para o seu espírito aprender. Costumo chamar de seres espiritualmente saudáveis aquelas pessoas que já limparam a mente da negatividade e, com isso, podem exercer as forças espirituais em sua vida, realizando os anseios da alma, tendo uma vida plena, farta e muito rica. Cada um aqui nasceu para a conquista de muitas coisas boas.

Graciela e Robson estavam encantados com aquele diálogo e mal notaram as horas avançarem. Quando Silvana deu a aula por encerrada, todos se surpreenderam com o horário, descobrindo o quanto era interessante interpretar a vida sob uma óptica moderna e avançada.

Silvana explicou que daria uma nova aula na semana seguinte, no mesmo horário, e que os aguardaria. Agradeceu pela presença deles, que a elogiaram pelas palavras repletas de ensinamentos.

Já na rua, Robson riu ao perceber que Graciela estava tão encantada, que nem sequer reclamou do cavalo durante o retorno para casa.

***

Márcio acordou quando o agudo som do despertador fez-se ouvir no quarto. Antes de abrir os olhos, esticou o braço e desligou o relógio sobre a mesinha de cabeceira. Sentiu o corpo despido de Carlinhos remexendo-se ao seu lado, esfregou o próprio rosto, sentou-se na cama e finalmente ergueu as pestanas.

E sentiu o pânico invadi-lo totalmente.

Percebeu que, apesar da penumbra do quarto, as imagens estavam embaçadas, desfocadas e mais escuras do que deveriam estar. Sufocando um grito de horror, ele saltou da cama e abriu as cortinas. O sol derramou seus raios dourados dentro do aposento, e mesmo assim, sua visão não estava totalmente clara e nítida. Cada vez mais apavorado, correu para o banheiro e mirou-se no espelho. E desta vez não conteve um grito terrível.

A parte branca dos seus olhos estava completamente alterada e gotículas vermelhas haviam se formado nos canais lacrimais, como se ele estivesse prestes a derramar lágrimas de sangue. O ardor era insuportável, o que o fez ter quase certeza de que alguns nervos ópticos haviam se rompido.

Everton e Carlinhos entraram no banheiro quase que ao mesmo tempo, esbarrando entre si, ambos de cueca, pálidos e assustados. Viram Márcio pingando o colírio nos olhos com mãos trêmulas.

— O que aconteceu? — Everton olhou para o rosto de Márcio refletido no espelho. — Seu grito deve ter acordado o bairro inteiro.

— Seus olhos pioraram — Carlinhos aproximou-se de Márcio, tocando-o gentilmente no rosto. — E parece que há sangue neles.

— Preciso voltar ao doutor Celestino agora mesmo — a voz de Márcio estava tensa. — Não estou enxergando as coisas com clareza.

— E como vai dirigir até lá, amor?

— Não vou. Irei de táxi. Só espero que ele consiga me encaixar na parte da manhã.

— Vou com você — ofereceu-se Carlinhos. — Vamos vestir a roupa.

— Prefiro que você fique — declarou Márcio, limpando o canto dos olhos com algodão. — Não será de muita ajuda estando comigo. Talvez o doutor Celestino nem o deixe entrar na sala de consultas.

— Concordo com isso — interveio Everton. — Fique aqui à disposição dele. Caso seja necessário, Márcio lhe telefonará solicitando a sua presença.

Márcio sentiu vontade de mandar Everton calar a boca e parar de dar palpite na vida deles. Entretanto, aquele não era o melhor momento para arranjar confusão. Apesar das vistas estarem embaçadas, ele pôde perceber que os dois meninos estavam seminus e não conseguiu disfarçar uma pontada de ciúme. Mesmo assim, não queria que Carlinhos ficasse assustado diante do que Celestino pudesse dizer. Era preferível que ele ouvisse a bomba e filtrasse a notícia para amenizá-la.

Solicitou um táxi pelo celular, vestiu a roupa, telefonou ao hospital dizendo que não poderia ir trabalhar e despediu-se de Carlinhos com um beijo rápido nos lábios. O garoto o acompanhou até a rua e esperou que ele entrasse no táxi e seguisse viagem.

— Você está preocupado com ele — comentou Everton assim que Carlinhos tornou a entrar na casa. Ainda estava de cueca e não parecia preocupado em se vestir.

— Lógico. Você viu como os olhos dele estavam? Tenho medo de que ele tenha a visão comprometida. Diabetes tipo 1 é uma doença muito séria.

— Imagino que sim — com um sorriso insinuante nos lábios, Everton emendou: — Graças a Deus estou esbanjando saúde. Olha só — passou a mão pela barriga estilo tanquinho e pelas coxas grossas e bem definidas.

Carlinhos acompanhou os gestos dele com um sorriso nos lábios. Sentou-se no sofá e encarou Everton, que continuava de pé.

— Seu corpo é bonito e você adora exibi-lo, né?

— Tudo o que é bonito é para se mostrar. Aposto que Márcio não tem essa estrutura física de causar inveja.

— Não gosto de fazer comparações — Carlinhos deu de ombros. — Gosto dele do que jeito que é.

— Mesmo sendo um homem doente? — alfinetou Everton.

— Ele não é doente. Simplesmente tem um problema de saúde, que requer bastante cuidado. Além disso, Márcio é médico e sabe cuidar de si mesmo.

— Pois não parece. Não reparou na cara dele quando viu os próprios olhos vermelhos? Acho que ele saiu daqui se borrando de medo — Everton completou a frase com uma gargalhada.

— Porque ele ficou assustado. Eu nunca vi os olhos dele daquele jeito. Até eu estou preocupado.

— Você deve mesmo gostar muito dele. Não é qualquer moleque de vinte anos que aceita viver com um homem bem mais velho, cheio de problemas, que se cansa tanto no trabalho a ponto de não fazer sexo. Sim, deve haver muito amor envolvido.

— Pode parar — irritado, Carlinhos levantou-se e apontou um dedo para Everton. — Não admito que você fale mal de Márcio, nem da minha vida particular com ele. Gosto muito de você e da nossa amizade, mas não vou tolerar esse tipo de coisa.

— Certo, tudo bem, me desculpe — abrindo as mãos em sinal de paz, Everton chegou mais perto. — Sou muito espontâneo e costumo falar as coisas sem pensar. Posso te dar um abraço para ter certeza de que fui perdoado? Afinal, somos amigos.

Carlinhos concordou com a cabeça e Everton o abraçou com força, dando um jeito de pressionar seu corpo contra o do amigo. Isso foi o suficiente para se excitar e sentiu uma satisfação sem igual ao notar que o mesmo estava acontecendo com Carlinhos.

Foi nesse momento que eles ouviram a voz de Márcio gritar:

— O que significa isso?

Ele estava parado na soleira da porta aberta. Nos últimos minutos, sob o efeito do colírio, sua visão tornara-se mais límpida, o suficiente para visualizar a imagem de Carlinhos agarrado a Everton, que só estava de cueca. Com o susto, os dois se separaram. Márcio correu e teve a impressão de notar que Everton estava excitado. Sentiu um desejo louco de esmurrar a cara daquele sem-vergonha.

— Amor, por que você voltou? — pálido, como se tivesse feito algo muito errado, Carlinhos mirou o rosto rubro de raiva de Márcio.

— Eu já estava no táxi quando percebi que havia esquecido a carteira e pedi ao motorista que voltasse para cá — Márcio cuspia as palavras com uma fúria sem tamanho. — E quando chego, me deparo com essa cena promíscua.

— Promíscua por quê? — perguntou Everton. — Não estávamos fazendo nada demais. Somos amigos há muitos anos e não é pecado algum nos abraçarmos. Além disso, você já sabe que sou heterossexual — pelo menos era nisso que Márcio deveria acreditar.

— Ah, sim? E por que você se excitou? Acha que não vi?

— Eu? — Everton fingiu sentir vergonha, enquanto cobria a região genital com as mãos. — Não aconteceu nada disso. Suas vistas não devem estar tão nítidas assim. Não aceito ser acusado de algo que não fiz.

Como não tinha muito certeza do que vira, já que sua visão clareava e embaçava o tempo todo, Márcio preferiu acreditar naquela versão. Mesmo assim, a cena de vê-los abraçados foi o suficiente para fazer com que mil pensamentos maliciosos surgissem em sua cabeça. Virou-se para Carlinhos, ordenando:

— Gostaria muito que você não o abraçasse quando eu não estiver em casa e muito menos se ele não estiver totalmente vestido.

— Não fizemos nada...

— Por favor, Carlinhos, não discuta. Só peço que obedeça ao meu pedido.

— Está bem — ele olhou para Everton. — Vá colocar alguma roupa, pelo amor de Deus.

Everton se retirou dali contendo um sorriso de escárnio. Estava admirado com a sua própria esperteza. Tudo saíra melhor do que ele planejara.

Quando Márcio avisou que iria para o médico, enquanto Carlinhos aguardava ao lado dele no banheiro, Everton conseguira esgueirar-se até o quarto do médico e procurar por algo que o obrigasse a retornar para casa. Como não encontrou nada à vista, apalpou uma calça jeans que estava pendurada atrás da porta e encontrou a carteira dele no bolso traseiro. Rezando para que Márcio usasse aquela calça, e que não sentisse a falta da carteira, ele retirou-a de lá e a colocou dentro da primeira gaveta da cômoda. Contava com a aflição e o desespero momentâneo de Márcio para ajudá-lo a se distrair.

Fez tudo isso em poucos instantes e saiu aliviado do quarto, pois não fora visto por nenhum dos dois. De dentro do seu próprio dormitório, aguardou pacientemente que Márcio telefonasse ao hospital informando que não trabalharia naquele dia e continuou esperando até que o táxi chegasse. Abriu uma fresta da porta e sorriu ao vê-lo vestido com a calça jeans. Torcia para que ele não tivesse dado falta da carteira.

As coisas não poderiam ter saído melhor. Fora uma ideia impensada, de improviso. Se ele tivesse premeditado aquele plano com mais atenção, talvez não tivesse funcionado tão bem.

Ele esperou até que Márcio saísse e Carlinhos voltasse para dentro. Apareceu diante do amigo, apenas de cueca, com o propósito de chamar a atenção dele para o seu corpo atlético e musculoso. Também fora intencional comparar a si mesmo com Márcio, para que Carlinhos notasse que poderia dar um chute naquele médico quase cego e trocá-lo por alguém da idade dele, muito mais bonito, saudável e com um incrível vigor sexual. Pretendia investir nisso para que, aos poucos, Carlinhos percebesse que poderia conseguir coisa melhor, desde que quisesse.

Dera um jeito de distrair Carlinhos através da conversa, esperando que Márcio voltasse para buscar a carteira, tão logo desse pela falta dela. Contava também com a possibilidade de que Márcio telefonasse pedindo que o companheiro levasse a carteira até a clínica em que ele fora. Só que a sorte sorrira para ele e o médico entrara na casa a tempo de flagrar os dois abraçados. Ele tinha a audição bem apurada e escutou o momento em que o táxi parou diante da casa. Carlinhos ficara tão concentrado em seu pedido de desculpas, logo depois de tê-lo irritado, que provavelmente nem tenha escutado o barulho da porta quando Márcio a abriu.

Tudo saíra a contento até aquele momento. Ainda faria Carlinhos perceber que ele tinha muito mais qualidades do que Márcio, fazendo-o compreender qual das duas opções era a melhor para a vida dele. E pretendia fazer isso nem que tivesse que forçar um pouco o acontecimento de algumas coisas.

24

Dora estava em seu quartinho, nos fundos da fazenda, quando ouviu alguém bater à porta. Apesar de o dormitório ter um tamanho exíguo, ali era seu recanto, seu santuário, o local em que ela se sentia protegida e em paz. Trocaria sem hesitar a sua casa espaçosa pela chance de poder dormir todos os dias ali. Gostava do ambiente da fazenda, adorava Graciela, a quem tinha como uma filha, e amava o seu trabalho. Se não fosse por Antônio, sua vida certamente seria muito mais feliz.

E por que ela não o deixava? A resposta era simples: porque ele já ameaçara matá-la de pancadas se ela fosse corajosa o suficiente para pedir-lhe o divórcio. Também já cogitara a hipótese de fugir, mas sabia que ele, por ser policial, logo conseguiria rastreá-la e capturá-la outra vez. Também sabia que ele tinha uma coleção de amantes espalhadas pela cidade e em municípios do entorno, além das prostitutas com que ele se deitava de vez em quando, fazendo questão de contar a ela que estivera com uma mulher muito melhor.

Não foram raras as vezes em que ela já estava deitada quando ele aparecia, suado e embriagado, cheirando a bebida e a perfume feminino. E ela era obrigada a sentir o cheiro que outra mulher deixara impregnado no corpo dele. Não que sentisse ciúmes. Há tempos ela deixara de nutrir qualquer sentimento por ele. Somente achava que aquilo era uma tremenda falta de respeito com ela, só não maior do que as surras que ele lhe dava quase todos os dias.

Não podia se lembrar de quando deixara de amá-lo. Talvez aquilo tivesse acontecido na primeira vez em que apanhou dele. Antônio tornara-se violento, ríspido, agressivo e grosseiro com o decorrer dos anos. E ela, sentindo-se sozinha, sem amigos nem parentes próximos, guardava aquela situação consigo havia anos.

Houve ocasiões em que se sentiu tentada a compartilhar com Afonso tudo o que estava acontecendo. Porém, era constantemente alertada por Antônio sobre o que lhe aconteceria se ela desse com a língua nos dentes. Além de prometer quebrar-lhe todos os ossos do corpo, ele ainda ameaçava revelar para a cidade inteira o segredo que ela guardava há mais de vinte anos, e que a deixava de pernas bambas cada vez que pensava nele.

Certa vez chegara a cogitar suicídio. Talvez a morte fosse um bálsamo para aquela tortura sem fim. Por outro lado, tivera uma criação católica e temia se matar e sofrer do outro lado da vida. Poderia ir para o inferno, ou para o purgatório, de acordo com o que aprendera e acreditava. No fundo, talvez fosse melhor que as coisas continuassem do jeito que estavam.

— Dora, você vai abrir essa porta ou devo derrubá-la com um chute? — ela ouviu Graciela perguntar, enquanto continuava batendo.

— Já estou indo — abriu a porta e deu espaço para que a moça entrasse. — Estou tão distraída que nem a ouvi bater — mentiu.

— Acabei de tomar o café da manhã que você pediu que a cozinheira me servisse. Vim diretamente para cá, pois tenho a impressão de que você está me evitando, como se estivesse fugindo de mim. Hoje você nem sequer veio falar comigo.

— Eu sei e peço que me perdoe. Não acordei muito bem.

— Vai começar o festival de mentiras — como o quarto era pequeno, e não havia para onde ir, Graciela sentou-se na cama de solteiro e mostrou a cadeira diante dela para que Dora fizesse o mesmo. — O seu queixo melhorou? Ainda está bem roxo.

— Estou passando uma pomada própria para hematomas — respondeu Dora, sentando-se na cadeira. Em sua casa, ela possuía inúmeros tubos de pomadas que clareavam hematomas porque sempre as utilizava. — Já nem sinto que está doendo.

— Por que ele bateu em você? — disparou Graciela.

— Quem? — Dora empalideceu. — Não entendo o que você está falando.

— Entende sim, porque você não é surda e estou falando português. Portanto, vou repetir a pergunta: por que seu marido a agrediu?

— Não foi Antônio... — vacilou Dora, começando a tremer.

— Não? Então quem foi? Vou sair daqui direto para a delegacia, vou procurá-lo e informá-lo que sua esposa está apanhando de alguém — debochou Graciela. — Quem sabe ele não tenha percebido.

— Por favor, não faça isso — vendo-se sem saída, Dora cobriu o rosto com as mãos e começou a soluçar.

— Eu disse que de hoje não passava para esclarecermos essa história — Graciela esticou a mão e afagou os cabelos da governanta. — Somos amigas e eu a amo muito, como se fosse a minha mãe. É a pessoa mais querida que eu tenho, agora que meu pai se foi. Não vou admitir que ninguém lhe faça mal.

— Já é tarde demais para mudar qualquer coisa.

— Estou aprendendo com uma amiga que nunca é tarde para mudarmos o que nos incomoda — informou Graciela pensando em Silvana. — As coisas mudam, se realmente estivermos dispostos a buscar novidades. E sei que você já não aguenta mais essa situação. Silenciosamente, está pedindo socorro.

Dora descobriu o rosto molhado de lágrimas, sem saber o que dizer. Não tinha ideia do que Antônio faria com ela se soubesse que contara tudo a Graciela. Todavia, o que a jovem dissera era verdade. Há muito tempo ela vinha pedindo socorro.

— Vai me contar ou não, Dora? Preciso ir trabalhar.

— Você promete que não vai procurá-lo? Pelo que for mais sagrado, não vá questioná-lo sobre isso, ou será pior para mim.

— Ótimo! Então você acaba de admitir que é seu marido quem vem machucando você. Estou certa?

Timidamente, Dora meneou a cabeça em concordância. Graciela soltou um suspiro profundo, tentando conter os impulsos de raiva. Nunca gostara de Antônio, mas saber que ele era um agressor de mulheres já era demais.

— Há quanto tempo ele vem fazendo isso?

— Há mais de três anos...

— Tanto assim? E você nunca tomou nenhuma providência?

— O que queria que eu fizesse, Graci? Ele me ameaça o tempo todo.

— Ameaça porque sabe que você tem medo dele e acredita em tudo o que ele promete lhe fazer. Você precisa se impor, colocar-se como mulher. Não sabe que existe uma lei que protege mulheres vítimas de agressões?

— Lei Maria da Penha — Dora murmurou.

— Sim. Você pode e deve procurar a ajuda da polícia.

— Como, se ele é amigo da doutora Vanda?

— Se a imprestável da nossa delegada defendê-lo, eu mesma vou denunciá-la. Já estou por aqui com aquela mulher — Graciela ergueu a mão na altura da testa. — Se ela não puder ajudar, você pode ir para outra cidade pedir auxílio. Eu a levo onde for preciso.

— Ele me mataria depois. Jurou que faria isso.

— Ele é um covarde, que só fala as coisas da boca para fora. Sabe que, se a matasse, passaria muito tempo atrás das grades. E não é isso que ele quer. Para ele, você não vale esse alto preço.

— Estou desesperada — Dora secou as lágrimas. — Tenho muito medo dele.

— Estou feliz por você ter confiado em mim, querida. Garanto que você nunca mais será tocada por aquele verme.

— O que você vai fazer? Não pode procurá-lo.

— Quero que você durma aqui todas as noites. Aliás, para melhorar o seu conforto, vou transferi-la para o quarto de hóspedes lá em cima, que é bem maior e mais agradável. Há anos eu não vinha aqui e já não me lembrava de como esse espaço é pequenininho. Você é minha amiga e merece algo muito melhor.

— Não sei como agradecer... você é um doce de pessoa.

— Me agradeça de verdade quando estiver livre de uma vez por todas daquele sujeito. Agora, faça o que lhe pedi. Peça que os rapazes que trabalham aqui dentro ajudem você a levar suas coisas lá para cima. Eles devem entender de móveis e podem desmontar sua cama e seu guarda-roupa.

Dora beijou Graciela em agradecimento e a observou sair em seguida. Estava feito. Ela dissera toda a verdade e esperava que Graciela não procurasse por Antônio. Pela primeira vez, em anos, sentiu-se mais leve, como se um peso fosse tirado de suas costas. Talvez fosse o alívio proporcionado pela esperança de que, um dia, ela poderia ser uma mulher livre e feliz.

***

À distância, Mirela conseguiu distinguir a silhueta de Robson, descarregando punhados de feno de uma carroça e carregando para dentro do estábulo. Às sete da manhã, o sol já brilhava com força e ela percebeu que ele trabalhava apenas de calça jeans. Sentiu um calorzinho gostoso percorrer sua barriga.

Estevão lhe dissera que era preciso saber seduzir Robson e que homem nenhum conseguiria resistir aos encantos que ela poderia oferecer. Linda, loira e sensual, era a fantasia viva que muitos alimentavam secretamente. E tudo aquilo estava à disposição de Robson, desde que ele quisesse.

— Bom dia, Robson! — ela cumprimentou em voz alta, sorrindo enquanto chegava mais perto. A grama do pasto estava alta e ela caminhava com cuidado para não tropeçar e cair.

— Bom dia! — ele colocou a mão aberta sobre a testa para visualizá-la melhor. — O que está fazendo aqui?

— Hoje pedi para entrar mais tarde, no trabalho. Saio de férias na próxima semana e já estou me achando no direito de enrolar um pouco.

Ela finalmente o alcançou e cumprimentou-o com um beijo no rosto. Ele nunca estivera mais lindo e sensual que naquele momento, usando um chapéu de palha, o torso despido e suado, e aquela pele tão bronzeada.

— Veio falar com alguém? — ele pegou mais um fardo de feno e entrou no estábulo.

Mirela esperou que ele regressasse antes de responder:

— Com você. Sonhei com você a noite passada — mentiu. Tivera tempo de planejar algumas coisas que pretendia dizer a ele. — E queria ver se estava tudo bem.

— Estou ótimo. O que acontecia no sonho? Eu me feria?

— Para ser sincera, a gente estava namorando — ela riu baixinho e corou em seguida. — Foi um sonho muito lindo.

— Hum — foi a única resposta dele, que pegou outro lote de feno e tornou a entrar no estábulo. Ao voltar, perguntou: — E o que seu namorado disse sobre isso?

— Que namorado? — ela piscou os lindos olhos castanhos. — Você sabe que eu não namoro ninguém.

— Ah, então continua solteirona? — ele riu da própria pergunta.

Ligeiramente irritada por aquela pequena ofensa, Mirela cruzou os braços.

— Por enquanto. Há muitos homens querendo ficar comigo, só que sou uma mulher seletiva e gosto de escolher bem. Nenhum deles me interessou.

— Pensei que os seus pretendentes tivessem certo receio de sua mãe. Afinal, nem todo mundo quer ter uma sogra delegada.

— É verdade. De qualquer forma, tenho certeza de que não vou abandonar o meu namorado nem mesmo se a minha mãe me obrigar. Quanto a isso, ele pode ficar tranquilo — ela sorriu para Robson, colocando a mão no braço dele. — Acredita que no meu sonho, eu o vi exatamente assim, sem camisa? A diferença era que você me beijava.

— Ainda bem que você acordou, né?

Robson deu as costas para ela e carregou o último fardo de feno para dentro do estábulo. Mirela, às vezes, o divertia. Sua tentativa de sedução era tão clara quanto a luz do dia, tanto que quase beirava o ridículo. Se ele nunca quisera ficar com ela até então, por que Mirela tinha a vã esperança de que ele houvesse mudado de opinião?

Quando voltou para perto dela, percebeu que Mirela estava esfregando o rosto, como se estivesse afugentando o sono. Ergueu o sobrolho, intrigado:

— Está tudo bem?

— Não sei. Esse calor me deu uma súbita tontura — percebendo que ele estava próximo o suficiente para ampará-la, Mirela fingiu que ia desabar no chão.

Mesmo ciente de que aquilo era um truque antigo e visado, ele a segurou pelas costas, evitando que ela caísse. Mirela demorou-se alguns segundos com os olhos fechados, e quando os reabriu devagar fitou o rosto de Robson próximo ao seu. Estava se preparando para dar o bote, fixando os lábios dele, quando foi colocada novamente de pé.

— A sua pressão deve ter caído — ele justificou, impassível. — Creio que agora você já esteja melhor. Se quiser, posso acompanhá-la até a fazenda e pedir que Dora lhe sirva um copo d'água.

— Eu gostaria que você ficasse ao meu lado até que eu me recupere totalmente.

— Como você trabalha em um hospital, é melhor você buscar ajuda com algum médico conhecido seu. Com a saúde não se brinca.

Ela percebeu que ele virou a cabeça de repente, observando algo, e olhou na mesma direção. Deparou com Graciela, que vinha caminhando devagar até onde eles estavam.

— Robson, será que você não repara em mim como mulher? — Mirela tentou sua última cartada. — Não sou bonita o suficiente para você?

— Você é muito bonita, sim. Não há como negar isso.

— Então por que me trata desse jeito? Faço tudo o que posso para chamar a sua atenção.

— Inclusive fingir uma vertigem, como acabou de fazer?

Ela enrubesceu um pouco, mas não se deu ao trabalho de negar.

— Fiz isso porque queria sentir o toque das suas mãos em meu corpo. Sabe em que isso me transforma?

— Em uma mulher oferecida? — ele provocou.

Mirela fechou o semblante e seu rosto assumiu uma expressão de fúria.

— Já basta! Não aceito ser ofendida por você dessa forma. Sei muito bem porque não quer ficar comigo — ela apontou para o lado em que Graciela estava vindo. — Você deve estar de caso com aquela vagabunda. Acha que não sei?

— Não fale mal dela na minha frente. Graciela é uma mulher trabalhadora, que acorda às cinco da manhã e vai se deitar por volta de meia-noite. Não é mais a menina mimada e sustentada pelo pai. Ela vem aprendendo a se bancar sozinha.

— Nada disso me interessa. Não sei o que você viu nela. Por acaso se apaixonou por aquele cabelinho curto, estilo joãozinho? Ou será que pretende tirar uma lasquinha financeira?

Sem nem pestanejar, ele a agarrou pelo braço com uma força tão grande que a fez mostrar uma careta de dor.

— Nunca mais insinue esse tipo de coisa, porque você já não é a primeira a usar a língua podre para fazer intrigas sobre a minha vida. Ela é a mulher com quem eu quero ficar porque a amo, e o resto não é da sua conta. Vá cuidar do seu próprio nariz e me deixe em paz. Não venha me perturbar em meu local de trabalho porque na próxima vez não serei tão educado como agora.

— Me solte, seu imbecil! — ela libertou o braço com um tranco. Estava ofegante de tanta raiva. — Saiba que vou te dar o troco por tamanha humilhação.

— Vá chorar as pitangas para sua mamãezinha. Agora suma daqui!

Bufando de ódio, Mirela girou o corpo e marchou como um soldado, seguindo por uma trilha em que não cruzaria com Graciela. Jamais sofrera tanta humilhação. E pensar que Estevão achava que haveria uma chance de ela namorar aquele troglodita. Aquilo não ficaria assim. Robson e a sua amadinha fazendeira teriam o que mereciam. Ela daria um jeito para que isso acontecesse.

Quando Graciela interpelou Robson, notou que ele parecia amuado e zangado.

— Não sei o que ela queria, mas pelo visto o deixou bastante irritado. Aposto que veio trazer algum recado da desocupada da mãe dela.

— Não. Ela veio se insinuar para mim. Fingiu desmaiar para que eu a pegasse nos braços e ficou furiosa quando eu disse que amo você. Veja se eu posso com isso...

Ele nem reparou que Graciela abriu a boca e permaneceu daquele jeito, estática. Quando virou o rosto para ela, ainda nervoso, perguntou:

— O que foi? Vai ficar aí com a boca aberta, feito um jacaré tomando sol?

— Você realmente disse a ela que me ama?

— Disse sim, e daí?

— Você me ama, Robson?

— O que você acha? Se eu não amasse não teria...

Ela não o deixou completar a frase. Atirou-se nos braços dele, cobrindo-o de beijos por todo o rosto. Ele não se controlou, segurou a cabeça dela e beijou-a com força na boca.

— Eu amo você, Gracinha! — declarou logo depois. — Achei que soubesse disso.

— Acho que eu já sabia, mas ouvi-lo dizer isso fez meu coração cantar. Eu também o amo demais. Aliás, você está incrivelmente *sexy*, só de chapéu e calça jeans.

Robson deu uma gargalhada animada, esfriando os nervos abalados. Segurando as mãos de Graciela, ele a guiou na direção do estábulo, pois desejava lhe mostrar algo a respeito dos cavalos.

25

Afonso ouviu pássaros chilreando em algum lugar não muito distante dali. Estranhou não ter ouvido o galo que o despertava todas as manhãs e seu primeiro pensamento foi o de que a ave estivesse doente. Precisava se certificar de que seus animais estavam todos bem, pois isso era parte do seu trabalho.

Foi quando um segundo pensamento assaltou sua mente. Ele não poderia estar na fazenda. Lembrou-se do acidente, do hospital, e de ter conversado com Graciela. Não queria que a filha o visse tão machucado, tão frágil e vulnerável. Sabia que a imagem que ela formava dele era a de um homem forte, corajoso e resistente. Não gostaria que ela sofresse vendo-o à mercê dos médicos.

Ergueu-se um pouco na cama onde estava deitado e espiou em volta. Viu-se em um quartinho pequeno, com móveis rústicos feitos de madeira. Uma varanda do lado direito dava vista para um gramado bem verdinho. Ele sabia que aquele não era o hospital da cidade e pensou que, provavelmente, a filha o transferira para outra unidade hospitalar da região, com mais recursos do que aquele em que estivera internado.

Bateram na porta e uma mulher bonita, com os cabelos repletos de cachinhos adentrou o aposento. Trazia uma bandeja com um copo de suco e uma sopa no prato. Colocou-a no colo de Afonso, cumprimentando-o:

— Bom dia, Afonso! Fui informada de que você estava acordado e lhe trouxe essa sopa. Acredito que esteja faminto.

— Você adivinhou, moça. Realmente estou com fome.

Esticou os braços para frente e notou que não havia um único arranhão neles. Deslizou as mãos pelo próprio rosto e notou que as ataduras e as bandagens desapareceram dali. Que diabo teria acontecido?

— Onde estou? — ele perguntou, provando a sopa que, por sinal, estava deliciosa.

— Em uma cidade bem tranquila. Eu me chamo Cida, aliás.

— Prazer, Cida. Qual é o nome da cidade?

— Do que você se lembra, antes de despertar aqui? — ela replicou, em vez de responder à indagação dele.

— Eu me lembro de estar acidentado, muito ferido, e de ter recebido a visita da minha filha no hospital. Eu mal conseguia conversar com ela.

— E então acordou aqui.

— Exatamente. Eles me transferiram para cá? Pelo jeito, o atendimento aqui é de primeira linha. Graciela está cuidando direitinho de mim.

— Não foi a sua filha quem o trouxe.

— Ah, não? Então quem foi? Dora?

— Sei que vai soar estranho o que vou dizer, e adianto que você tem todo o direito de rir, zombar ou desacreditar de minhas palavras — Cida suspirou e completou: — Você morreu, Afonso, e está em uma cidade espiritual.

Ele parou de tomar a sopa, olhando para Cida fixamente. Não riu, nem zombou, nem demonstrou incredulidade. Simplesmente ficou ali, mirando fixamente os olhos dela. E algo dentro deles, lhe disse que ela estava sendo sincera.

— Aqui é o céu?

— Não, é uma cidade astral, como lhe disse. Este é o seu espírito, uma vez que seu corpo material ficou na Terra. Tem certeza de que não está me reconhecendo?

Ele firmou as vistas e encarou-a com mais atenção. De repente, soltou uma exclamação e agitou-se todo.

— Santo Deus! Você é a Cidinha, mãe do Robson. Como eu não a reconheci de imediato?

— Suas lembranças ainda estão um pouco confusas. É natural, quando se acorda aqui.

— Como isso é possível? Você está morta!

— A boa notícia é que você também está — ela revelou com um sorriso.

— Então a morte é assim, essa coisa boba?

— Não é boba e sim natural. Você sempre foi um homem tranquilo, por isso o seu desencarne também foi pacífico.

— Isso porque fui um homem bom, mas se eu tivesse feito muitas maldades, certamente teria acordado diante do capeta, com seus chifres enormes e um tridente na mão.

— Nada disso — riu Cida. — Essa imagem que temos do diabo é pura alegoria, uma fantasia criada pelas religiões para assustarem seus seguidores. Na realidade, não existe bem e mal. Tudo é funcional. Se algo deu certo, continua fluindo. Se não deu, a vida extingue. O que comumente interpretamos como o mal nada mais é do que a ignorância das pessoas, lembrando que cada um atrai para si aquilo em que acredita.

— Já vi muitas maldades na vida.

— O que você viu foram pessoas pouco esclarecidas atuando da forma como sabiam. O que para você era pura maldade, para outras, nunca foi. Por exemplo, para um vegetariano defensor dos animais, levar um boi ao abate é uma crueldade sem tamanho. Mas você, como fazendeiro, interpreta isso como um meio de sobrevivência, além de ser a sua fonte de renda. Se esse ato fosse maldoso, então quem come um churrasco seria um grande pecador, já que está se alimentando do resultado de uma barbárie.

— Nunca tinha pensado nisso.

— Aqui aprenderá muitas coisas acerca deste assunto. Tudo é funcional, repito. Quando um animal morre, seu dono chora sua ausência. Porém, ele não sabe que seu bichinho de estimação também reencarna, também está em processo de evolução. Querer que o animal viva para sempre é um ato de egoísmo das pessoas, que estão tentando impedir a ordem natural das coisas. Enxergamos a nossa própria dor sem interpretar a funcionalidade da vida. Tudo o que existe e acontece tem uma função, tem uma razão para ser daquele jeito. Há muito além daquilo que conhecemos. Deus não erra e tudo é perfeito assim, como está.

— Acho que vou gostar de viver aqui, porque já quero lhe fazer dezenas de perguntas — sorriu Afonso, tomando a sopa mais depressa.

— Antes, gostaria que me dissesse como está Graciela.

— Bem e muito feliz. Obviamente, ela sente muito sua falta, porém foi forte o bastante para não deixar a tristeza e o remorso abatê-la e impedi-la de crescer e prosperar.

— Remorso? Ela não teve nada a ver com o acidente.

— Não, mas sente-se culpada por ter se mudado para São Paulo e não ficado mais tempo ao seu lado. Saiba que ela assumiu o controle da fazenda e do parque. Está descobrindo potenciais em si mesma que estavam ocultos até então. A sua morte, embora tenha chocado a muitos, principalmente a sua própria filha, teve como função acionar os mecanismos de ação que Graciela trazia dentro de si, e que até então nunca haviam sido utilizados. Mais um exemplo de que tudo é funcional.

— Eu sei o que fizeram no meu carro. Quando percebi que os freios não estavam funcionando, soube que ele havia sido sabotado. Tentei atirar-me do veículo em movimento, mas fiquei preso no cinto de segurança e não consegui escapar. Sei das razões de quem fez isso, só não imaginava que tivesse a intenção de me matar.

— Não se preocupe com nada por enquanto. Quem ficou na Terra terá que se ver diante da maior juíza que existe, ou seja, a própria consciência. Não vamos julgar os motivos que levaram aquela pessoa a fazer o que fez com você. Agora, quero que termine a sopa e venha dar um passeio comigo. Sei que se sente forte o bastante para caminhar ao meu lado. Tenho certeza de que vai adorar a sua nova moradia.

— Já estou gostando — garantiu Afonso, animado. — Principalmente por saber que a minha filha é nota dez.

Rindo, Cida aguardou que ele terminasse a refeição, antes de levá-lo dali.

***

O táxi parou diante da clínica oftalmológica e Márcio olhou através da janela fechada, sem realmente enxergar a moderna construção com paredes de vidro lá fora. Em sua mente, voltava a imagem de Carlinhos abraçado a Everton, que vestia apenas uma exígua cueca preta. E ele podia jurar que aquela praga tivera uma ereção gerada pela proximidade de Carlinhos. O que aquilo poderia significar?

Márcio sabia a resposta. Significava que, se não tomasse cuidado, Carlinhos poderia trocá-lo por outra pessoa, mesmo que não fosse Everton. Carlinhos era bonito, jovem, atraente. Qual sujeito interessado em rapazes jovens não ficaria com ele? Ademais, ele estava desconfiado de que o próprio Everton tinha essa intenção. Aquela história sobre gostar de mulheres não estava bem contada. Ele nunca era visto conversando ao telefone com a suposta namorada. E passava o tempo todo olhando para Carlinhos com uma admiração suspeita.

— O senhor vai descer? — questionou o taxista, desconfiado.

— Sim. Só aguarde um instante, por favor — pediu Márcio. — Pode manter o taxímetro ligado.

O motorista deu de ombros, pois para ele, quanto mais seu passageiro se demorasse, mais lucrativa a corrida seria.

Ainda pensando no assunto, Márcio começou a criar hipóteses na cabeça. E se Carlinhos o tivesse traindo com Everton? E se ele colocara o próprio amante dentro de casa? E se Everton tivesse vindo com a intenção de separá-los? E se Carlinhos desistisse da adoção de Luan? E se ele voltasse para casa e encontrasse o imóvel vazio? Haveria a possibilidade de ser abandonado pelo parceiro?

Quanto mais mergulhava em seus pensamentos, mais ele dava forças para a desconfiança da fidelidade de Carlinhos, e mais atraía a presença de espíritos perturbados, que assopravam toda sorte de ideias maldosas em seu ouvido. Sugeriam imagens de Everton e Carlinhos transando, ambos rindo dele pelas costas. Faziam Márcio pensar nos dois indo embora juntos, abandonando-o. Estimulavam seus pensamentos para que ele se visse sozinho, traído e esquecido, e que nunca mais poderia confiar novamente em outra pessoa.

Lágrimas começaram a escorrer dos seus olhos, que não tardaram a se avermelhar outra vez. Preocupado e assustado, o motorista o chamou de novo:

— O senhor está bem? Não quer descer aqui? Gostaria que o deixasse em algum outro local?

Márcio não respondeu. Pegou o celular e telefonou para sua casa, apenas por desencargo de consciência. Não poderia imaginar que Carlinhos estivesse no banho e que Everton se encontrasse no sofá, assistindo televisão, próximo ao aparelho.

— Alô? — Everton atendeu.

— Você não trabalha nunca? — gritou Márcio, sentindo o peito encher-se de raiva, o que só favorecia o assédio dos seres das sombras.

— Não se mudou para a minha casa alegando que trabalharia em uma fazenda? Por que não está lá agora?

— Porque estou de folga.

— De novo? Folga todos os dias? Que história mais fajuta!

— Pode telefonar para o meu patrão e confirmar. Ele precisa de mim entre quinta e domingo, e hoje ainda é quarta-feira.
— Sei muito bem que dia é hoje. Onde está Carlinhos?
— No banho. Vou chamá-lo...

Márcio tentou impedir que ele fizesse aquilo, mas a linha ficou muda. Mais uma vez, ele começou a se atormentar com ideias fantasiosas, imaginando que Everton entraria no banheiro e veria Carlinhos despido. Talvez até aproveitasse o momento para atacar o outro, ou fazer alguma provocação.

A voz de Everton reapareceu instantes depois:
— Ele perguntou se está tudo bem e se pode ligar de volta daqui a pouco?
— Sim. Eu só... só queria falar com ele.
— O recado foi dado.

Mesmo sentindo-se ridículo, Márcio quis saber:
— Você entrou no banheiro quando o chamou?
— Claro que não. Apenas bati na porta. Quantas vezes tenho que repetir que não quero ficar com Carlinhos?
— Tudo bem. Esquece isso...
— Parece que não confia nele.

Márcio desligou o celular e permaneceu alguns segundos olhando para o taxímetro, cujo valor aumentava a cada instante. O taxista já estava pensando em pedir que ele pagasse a corrida e descesse, quando o celular de Márcio tocou.
— O que aconteceu? — era Carlinhos. — Conseguiu chegar à clínica?
— Sim. Estou diante dela.
— E por que me ligou então?
— Não posso telefonar para você agora? É isso?
— Eu só fiz uma pergunta. Não precisa ficar nervoso.
— Eu decidi uma coisa. Quero que Everton saia da nossa casa hoje mesmo.
— Por quê? O que ele fez?
— Como assim, o que ele fez? — Márcio deu um grito tão alto que fez o taxista saltar de susto. — Ele o abraçou quase pelado.
— Para com essas neuras. Não aconteceu nada. Ele me abraçou porque havíamos discutido por alguma besteira e me pediu desculpa. Bobagem sua ficar com isso na cabeça.

— Ah, é? E o que você diria se me visse abraçando outro homem assim?

— Nada, porque confio em você.

Apesar da resposta certeira de Carlinhos, Márcio parecia disposto a comprar briga.

— Assim que desligar, peça a ele que junte todas as suas coisas e saia daí.

Houve um longo suspiro do outro lado da linha antes de Carlinhos devolver:

— Ele não vai sair daqui.

— O quê? — outro berro de Márcio e o motorista começou a ficar temeroso. — Você vai defender esse sujeitinho mau-caráter?

— Vou, porque ele não cometeu nenhuma atitude que o condenasse. Você está enciumado e fica procurando motivos para tirá-lo daqui. Everton é meu amigo há muitos anos e não vou permitir que ele seja tratado como lixo só por causa de um homem ciumento.

— Esse homem ciumento é seu marido.

— Moramos juntos, temos uma vida feliz e ponto final. Não estrague tudo por conta desse monte de tolices.

— Se ele não sair daí, saio eu — ameaçou Márcio. — E estou falando sério.

— Vai mesmo continuar se comportando como uma criança birrenta? — a voz de Carlinhos estava dura, fria e cortante, como a lâmina de uma espada. — Você não tem mais idade para isso, não acha?

— Está me chamando de velho?

— Olha, vá cuidar da sua visão e pare de bancar o chato. Everton vai continuar aqui, porque é inocente em toda essa confusão.

— Você está me trocando por esse cretino? Prefere que ele permaneça aí, mesmo se eu me recusar a dividir o teto com ele?

— Everton fica — determinou Carlinhos. — O resto é com você.

E bateu o telefone na cara de Márcio, que ficou segurando o celular mudo, como se esperasse que a ligação recomeçasse do nada. Sentiu os olhos lacrimejarem e caiu num pranto sentido.

— O senhor vai querer que eu fique à sua disposição por quanto tempo? — sondou o taxista observando Márcio chorar. — Deseja que eu o leve ao encontro de alguém? Ou prefere que eu entre na clínica e peça para alguém vir buscá-lo?

— Nem uma coisa e nem outra — balbuciou Márcio após alguns segundos de silêncio. — Quero que você me leve a outro lugar. Dê partida que eu explico como chegar lá.

O taxista deu de ombros e obedeceu à ordem. Pouco depois ele parava diante de uma confeitaria, a mais elegante da cidade. Márcio entregou o dinheiro da corrida ao motorista, que ficou acompanhando o movimento do seu passageiro, já na calçada. Não sabia o que abalara aquele homem a ponto de fazê-lo chorar, mas tinha uma única sensação: a de que ele estava prestes a cometer uma grande besteira na vida.

***

Mesmo sabendo que levaria uma bronca descomunal, Dora despediu-se das cozinheiras, que teriam folga durante o restante da noite, e também dos dois rapazes que realizavam serviços diversos dentro da casa. Pretendia ir para sua casa, contrariando a ordem expressa de sua patroa. Isso porque Antônio acabara de lhe mandar uma mensagem no celular falando que queria fazer sexo com ela naquela noite, simplesmente porque estava sem dinheiro para pagar uma garota de programa.

Dora sabia que dificilmente poderia haver humilhação maior do que aquela, entretanto, se não fizesse o que ele estava mandando, seria castigada em momento oportuno. Graciela não poderia protegê-la em uma redoma blindada. Ela não sabia o que Antônio era capaz de fazer.

A fazenda permaneceria sozinha, trancada, até que Graciela chegasse do parque. Deixaria um bilhete preso junto à porta do quarto da patroa. Já esperava pela bronca que levaria na manhã seguinte, quando voltasse para trabalhar. Ainda assim, era preferível ouvir um sermão a enfrentar a fúria do marido.

Conferiu se não estava deixando nada aceso ou ligado, apagou todas as luzes, trancou a porta e pegou o caminho de terra batida que a levaria para casa.

***

Quando o telefone voltou a tocar, horas depois, foi a vez de Carlinhos atender. Sabia que Márcio se arrependera do que dissera e agora telefonava para lhe pedir desculpas.

Não reparou no olhar debochado de Everton, que fingia prestar atenção ao filme de ação que era exibido na TV.

— Fala, amor — atendeu.

— Perdão, quem está falando é Jaime. Sou o dono da Confeitaria Nacional, que fica no centro da cidade.

— Ah, sim, me desculpe — Carlinhos sorriu sem graça. — Achei que fosse outra pessoa.

— Tudo bem. Você conhece o doutor Márcio?

— Claro. Moramos juntos — admitiu. — Por quê?

— Ele comeu muitos doces e confeitos, passou mal e está inconsciente. Já chamamos a ambulância. É melhor você vir para cá com urgência.

26

Graciela estava exaurida, quando estacionou o carro diante da entrada da fazenda. Trabalhar de manhã, à tarde e à noite não era para qualquer um. Somando-se a isso o calor abrasador que só servia para favorecer o cansaço, era preciso ser quase um robô para aguentar a jornada. Só Deus sabia como Afonso vivenciara aquela rotina diariamente sem jamais se queixar.

Ao entrar, ela acendeu a luz e chamou por Dora. Como resposta, apenas o silêncio. Trancou a porta por dentro, seguiu para a cozinha e lembrou-se de que as cozinheiras e os dois meninos que ajudavam nos afazeres domésticos estavam de folga. Devagar, subiu as escadas para o andar superior e parou no quarto de hóspedes. Bateu na porta e como não obteve retorno, abriu-a e apertou o interruptor de energia. Viu que Dora havia se instalado no novo aposento, embora não houvesse sinal dela.

Quando chegou diante do seu próprio quarto, avistou o bilhete preso à porta por uma tira de fita adesiva. Reconheceu a caligrafia da governanta, desculpando-se, mas que precisou ir para casa com urgência, e que no dia seguinte lhe explicaria tudo.

"Espero que você não me apareça com nenhum hematoma novo, Dora, ou seu marido vai se ver comigo", pensou Graciela, entrando no dormitório.

Jogou a bolsa de qualquer jeito sobre a cama, descalçou as sandálias e tirou a blusa regata. Foi até o banheiro, instalado dentro do quarto. Acendeu a luz e flexionou os braços acima da cabeça, distendendo os músculos. Ao baixar o rosto percebeu que havia alguma coisa errada, antes mesmo de olhar em volta. Dois frascos de seus perfumes estavam caídos.

Foi então que ela olhou para o espelho.

Sufocando um grito de pânico, Graciela viu as letras grandes, vermelhas e agressivas pintadas no espelho. Era a mesma caligrafia dos dois bilhetes anônimos que foram deixados em seu carro. A mesma cor, o mesmo padrão, a mesma ameaça velada, que desta vez estava bem mais explícita:

ESTOU MAIS PERTO QUE VOCÊ IMAGINA.

Com o coração martelando em seu peito, sentindo as pernas bambearem e a garganta ressecar, ela girou o corpo e disparou porta afora. Atravessou o quarto como uma bala e, ao chegar ao corredor, tomou o rumo das escadas.

Naquele momento, todas as luzes da casa se apagaram.

Apavorada, Graciela começou a gritar, tentando enxergar através da escuridão que se formara. Sua nuca e seus braços estavam arrepiados, tanto de medo quanto pela estranha e sinistra sensação de que havia mais alguém ali.

Berrando como uma mulher histérica, ela desceu as escadas em desabalada carreira, tropeçou no próprio pé quando estava nos últimos degraus, caiu e rolou até o chão. Por sorte só arranhou os cotovelos.

Procurando algo para agarrar que pudesse servir como arma, ela apanhou uma cadeira e ergueu-a acima da cabeça, embora não houvesse um alvo para ela lançar o objeto. Fazendo um grande esforço para ignorar a dor causada pelo tombo, Graciela olhava para os lados, recuando na direção da porta de saída.

Quando achou que alcançara uma proximidade suficiente, ela jogou a cadeira no chão e correu até a porta. Rodou a maçaneta e quase chorou ao lembrar-se de que trancara a porta ao entrar, e que a chave ficara na bolsa. Atormentada pelo pânico, pôs-se a esmurrar a porta com força.

— Socorro! Alguém me ajude, por favor! Socorro!

Porém, intimamente ela sabia que estava desamparada. Os funcionários externos já haviam ido embora, Robson estava na casa dele, e Dora, na dela.

Chorando como uma criança perdida, ela voltou até a cadeira, tornou a erguê-la acima da cabeça e começou a subir os degraus lentamente. Se conseguisse chegar até seu quarto, onde deixara a bolsa, encontraria não somente as chaves da porta, como também o seu celular. Ligaria para Robson e para a polícia.

Quem quer que estivesse na casa não era um ladrão. Disso ela tinha certeza. A porta não fora violada, nem percebera a falta de nenhum objeto, com exceção de seus perfumes que estavam caídos. A pessoa que estivera em seu banheiro era a mesma que vinha assustando-a com mensagens anônimas, ameaçando-a e garantindo que a odiava. Tratava-se de alguém com habilidade para invadir uma residência sem deixar qualquer pista que o denunciasse.

Tanta habilidade e destreza quanto tinha quem sabotara o carro do pai de Graciela.

O choque daquela nova descoberta foi tão grande que por pouco ela não caiu de novo das escadas, com a cadeira e tudo. Quando subiu o último degrau e viu-se de volta no corredor dos aposentos, ela correu até o próprio quarto, carregando a cadeira acima do corpo.

De repente, a porta do escritório de Afonso foi aberta e um par de mãos enluvadas agarrou Graciela por trás, tampando o nariz e a boca dela. A cadeira despencou no chão com estardalhaço, enquanto ela sentia o medo lhe paralisar todo o corpo. Sabia quem estava ali. Não conhecia a identidade da pessoa, mas tinha certeza de que estava frente a frente com o assassino de seu pai.

Ela percebeu que estava sendo empurrada na direção das escadas, por onde acabara de vir. Tentou forçar o rosto para o lado, e tudo o que viu foi um gorro preto que encobria a cabeça do invasor. Por mais que se esforçasse, ela não conseguia libertar-se daquelas mãos encobertas e muito fortes.

De volta ao alto das escadas, ela percebeu a intenção de seu agressor. Pretendia empurrá-la lá de cima. Daquela altura, certamente ela teria o pescoço quebrado. Sabia que sua vida estava por um fio e que era preciso reagir. Conseguiu apalpar o bolso da calça e dele retirou uma caneta esferográfica. Apesar de ter pouco movimento nos braços, ela forçou a mão para trás e cravou a ponta da caneta contra a calça do seu oponente.

Ouviu um fraco gemido. Aproveitando a inesperada distração, ela pisou no pé do invasor e movimentou o cotovelo para trás, acertando o estômago daquela sinistra pessoa. Quando as mãos a libertaram, ela desceu as escadas aos gritos, ouvindo os passos pesados e a respiração ofegante do agressor vindo logo atrás dela. Voou até a cozinha e olhou em volta à procura dos armários. Rezando, abriu uma das gavetas e quase chorou de alegria quando encontrou algumas facas.

Pegando a maior de todas, ela voltou-se e apontou para o vulto, que estava parado na soleira da porta, tão assustador quanto uma visão fantasmagórica.

— Se encostar em mim, vou matar você — prometeu, tentando não imprimir à voz o pavor que estava sentindo.

Graciela sabia que estava sendo observada, embora de onde estivesse não conseguisse enxergar os olhos do adversário. Ainda foi encarada em silêncio por mais alguns segundos, antes do vulto dar meia-volta e desaparecer.

Sem saber se a pessoa ainda estava na casa ou não, ela respirou fundo, empunhou a faca com firmeza e correu pela mesma direção onde vira o invasor sair. Sem olhar para lado nenhum, ela tornou a subir as escadas, pulando os degraus de dois em dois. Passou longe das portas, desviou da cadeira caída e entrou como um furacão em seu próprio quarto.

Foi quando todas as luzes foram acesas novamente.

Sem largar a faca, ela alcançou a bolsa, apanhou o celular e discou para Robson.

— Atende! Atende! Atende! — murmurava sozinha.

— Diga, Gracinha — ela ouviu a voz animada dele. — Não me diga que já está com saudades de mim.

— Robson, pelo amor de Deus, vem pra cá depressa — ela gritava e chorava. — Alguém entrou aqui e quer me matar...

— Já estou chegando — ele prometeu, empalidecendo do outro lado da linha. — Chame Vanda e todos os policiais da cidade. Estarei aí em menos de dez minutos.

***

Do alto de seu cavalo, que galopava em velocidade máxima, Robson viu, com alívio, duas viaturas paradas diante da fazenda. Embora não suportasse a delegada, pelo menos desta vez ela fora eficiente. Ainda não sabia o que tinha acontecido, mas de uma coisa tinha certeza: jamais tornaria a deixar Graciela sozinha.

Pulou do cavalo, amarrou-o depressa em um tronco de árvore, e correu para o interior da casa. Ao entrar, viu Graciela tomando algo que parecia ser água, ladeada por Antônio e outro policial, ambos fardados. Vanda estava de pé, encarando a moça com cara de poucos amigos. Virou a cabeça quando viu Robson entrar e sua carranca ficou ainda mais sisuda.

— Espero não ter me demorado muito, meu amor — Robson foi direto para Graciela, que se levantou e o abraçou com força.

— Foi horrível — ela começou a chorar, extravasando todo o medo que sentira há pouco. — Achei que ele fosse me matar.

— Ele? Você viu quem estava aqui?

— Ela alega não ter visto o rosto do invasor — foi Vanda quem respondeu. — Afirmou que a pessoa usava um capuz para esconder o rosto.

— Ele queria me empurrar pelas escadas, Robson. Achei que fosse morrer.

Ele a apertou com força contra si, enquanto ela chorava convulsivamente. Gomes apareceu por outra porta e foi logo informando:

— A porta dos fundos está aberta. Provavelmente, quem estava aqui fugiu por lá. Localizei trechos em que a grama está pisoteada.

— Ao perceber que havia mais alguém na casa e que se esquecera das chaves, por que você mesma não fugiu por esse caminho? — inquiriu Vanda a Graciela, com base no que ouvira assim que chegara à casa.

— Eu nem me lembrei disso. Fiquei com tanto medo, que meu raciocínio ficou meio embotado. Tive certeza de que ele me mataria.

— Os peritos também já foram acionados — continuou Gomes. Virou-se para Graciela. — Se possível, eu gostaria que você deixasse a casa vazia por essa noite. Assim, fica mais fácil para a equipe da perícia trabalhar na busca de alguma evidência da identidade do nosso suspeito.

— Ela vai para a minha casa — decretou Robson, sem pedir a opinião de Graciela. — Avisem quando estivermos dispensados.

— Quero fazer mais algumas perguntas a ela — enfatizou Vanda.

— Onde está Alexandre? — quis saber Graciela.

— Folgou hoje. Por quê?

Mesmo achando que aquilo poderia prejudicar o jovem policial militar, Graciela explicou:

— Ele esteve aqui recentemente oferecendo-se para trabalhar à noite, como segurança do parque de diversões. Acho que dificilmente ele pega o turno noturno como policial, certo?

— O período noturno sempre sobra para mim — rosnou Antônio. Pelo menos estava satisfeito ao ver que Dora não estava na casa. Ela cumpria as ordens dele como uma cadelinha.

— Então Alexandre quer fazer um bico, hein? — Vanda alisou a bochecha gorda, pensativa. — O menino deve mesmo estar precisando de dinheiro. Bom, como não tenho nada a ver com isso, fica a seu critério contratá-lo. E se quer saber, dou uma dica: em vez de deixá-lo vigiando o parque, faça com que ele seja o segurança desta casa, porque aqui é muito isolado, e o parque, não.

Pela primeira na vez vida, Graciela teve certeza de que Vanda dizia algo com coerência e ainda a favor dela. Aquele era outro mistério que ela deixaria para desvendar em outro momento.

— Obrigada pela dica. Vou conversar com Alexandre, tão logo o encontre.

— Agora sente-se, enquanto eu lhe faço algumas indagações. Quanto mais informações nós tivermos, mais depressa pegaremos essa pessoa.

Graciela obedeceu. Vanda perguntou sobre a altura e peso estimados do invasor, que era pouco mais alto do que a própria Graciela. Quis saber sobre ruídos, sons que identificassem o sexo da pessoa, alguma característica específica que ela houvesse notado. A caneta que ela usara para espetar a perna do oponente fora recolhida pela polícia. Os peritos chegaram logo depois e disseram que começariam pelo escritório de Afonso e pela suíte de Graciela.

Achando que não poderia omitir aquela informação por mais tempo, Graciela olhou de Vanda para Gomes antes de comunicar:

— Esta não foi a primeira vez que me ameaçaram.

Robson olhou rapidamente para ela.

— Como assim? Por que você nunca me falou nada?

— Porque eu achava que era bobagem, coisa de gente desocupada. A primeira vez aconteceu na saída do velório do meu pai. Alguém colocou um bilhete no limpador de para-brisa, dizendo que me odiava. Dias depois, encontrei outro recado, no mesmo lugar, garantindo que o que era meu está guardado. Coloquei ambos no porta-luvas do meu carro. As letras são quase idênticas às que estão no meu espelho.

— Você não acha que deveria ter procurado a ajuda da polícia assim que encontrou o primeiro bilhete? — tornou Vanda. — Talvez já tivéssemos alguma posição mais definida agora, se soubéssemos disso com antecedência.

— Eu sei e reconheço o meu erro em ter me calado — Graciela apertou a mão de Robson. — Você pode me acompanhar até o carro?

Quando voltaram para dentro, ela entregou os bilhetes para Vanda, que garantiu que o padrão de escrita era muito semelhante e que os peritos poderiam confirmar se todas aquelas palavras foram feitas pela mesma pessoa.

Assim que liberou Graciela, Vanda explicou que, talvez, fosse preciso levá-la à delegacia no dia seguinte para prestar um depoimento formal. Isso dependeria do que os peritos encontrassem na casa, se isso viesse a acontecer. Mesmo relutante, Graciela viu-se na obrigação de agradecer à delegada mais uma vez. Deixando a fazenda nas mãos da polícia, ela acompanhou Robson até onde ele deixara cavalo e fez todo o trajeto até a casa dele em silêncio.

27

Carlinhos e Everton chegaram ao hospital juntamente com Jaime, o dono da confeitaria, que telefonara avisando que Márcio passara mal. Segundo ele, Márcio pedira várias fatias de bolos recheados, além de sonhos, brigadeiros e carolinas. Tomou refrigerante e colocou várias colheres de açúcar no suco de laranja que bebeu, instantes antes de desmaiar.

— Conforme ele fazia os pedidos, eu ia servindo — justificou-se Jaime, suando frio. Em quase dez anos desde a inauguração de sua confeitaria, jamais um cliente havia perdido os sentidos lá dentro.

— Meu Deus, por que ele teria feito isso? — perplexo, Carlinhos olhava de Jaime para Everton. — Ele é diabético e sabe que alimentos que contém açúcar são como veneno para seu organismo.

— Parece que ele tentou o suicídio então — concluiu Everton, nem um pouco abalado com o que acontecera a Márcio. Para ele, o médico só fizera aquilo porque desejava chamar a atenção de Carlinhos.

Quando eles chegaram à confeitaria, a equipe de resgate já havia transportado o corpo desfalecido de Márcio ao hospital, o mesmo em que ele trabalhava. Jaime esperava por eles, trêmulo como uma bandeira ao vento, repetindo o tempo todo que não tinha culpa pelo que acontecera. Falou que Márcio parecia em transe, comendo sem parar, com o olhar perdido num ponto indefinível. De vez em quando, Jaime afirmou tê-lo visto chorar. Ele não reclamou de mal-estar. Simplesmente estava bebendo o suco muito doce, quando teve uma espécie de convulsão e foi ao chão.

— Achei que fosse ataque epilético — Jaime confessou. — Nunca passei um susto tão grande em minha vida. Assim que ele caiu, chamei a ambulância, e os paramédicos pediram que eu procurasse entre os documentos dele se havia algum contato de alguém que pudesse ajudar. Foi quando encontrei seu telefone, dentro da carteira dele. Juro que não roubei nem um real do dinheiro que havia lá.

— Eu nunca pensaria isso de você — ressaltou Carlinhos. — Só tenho que lhe agradecer por toda a ajuda.

Jaime se prontificou a acompanhar Carlinhos e Everton ao hospital. Quando pararam diante da recepção e deram o nome de Márcio, foram informados de que ele havia sido encaminhado para a UTI e que deveriam aguardar pela posição do médico encarregado do paciente.

— Jaime, você pode ir para casa, se quiser — pediu Carlinhos. O pobre homem estava com tanto remorso, que parecia esperar que a polícia chegasse a qualquer momento e o algemasse. — Deixe o número do seu celular comigo, pois assim que eu tiver alguma notícia, entro em contato com você.

— Sim, sim, farei isso. Juro que não foi minha culpa. Eu só o servi, como faria com qualquer outra pessoa. Nem sabia que ele era diabético.

— Tudo bem, amigo. Acho que não há outro culpado, além do próprio Márcio — interveio Everton. — Ele é médico e sabia dos riscos que estava correndo quando ingeriu grandes quantidades de açúcar.

Um pouco mais calmo, Jaime informou o número do telefone e saiu do hospital a passos largos, ansioso por ar puro. Enquanto aguardavam pelo médico que ficou responsável por Márcio, Carlinhos e Everton sentaram-se na sala de espera.

— Todo esse teatro só porque ele queria que eu saísse da casa e você me defendeu — Everton não conteve um sorriso de deboche. — Dramático seu companheiro, hein?

— Acho melhor não julgarmos as atitudes dele. E se, de repente, ele ouviu alguma má notícia do oftalmologista, ficou com a mente em turbilhão e decidiu fazer o que era proibido como uma forma de protesto?

— Protesto contra o quê? Ele está ruim da visão e tem que aceitar isso.

Carlinhos não respondeu. No fundo, achava que Everton tinha um pouco de razão.

O médico apareceu minutos depois. Era um senhor calvo, na faixa dos sessenta anos. Cumprimentou os dois rapazes e foi direto ao ponto:

— Márcio é meu colega e nunca imaginei que ele fosse capaz de fazer uma coisa dessas. Por muita sorte está vivo. Seu organismo teve uma reação violenta ao alto nível de glicose que ele ingeriu. Outra pessoa de saúde mais frágil teria falecido.

— Nem nós sabemos por que ele fez isso, doutor — explicou Carlinhos angustiado, embora tivesse suas desconfianças. — Como ele está agora?

— Achamos que ele fosse entrar em coma, mas como eu acabei de falar, Márcio é um homem de sorte. Despertou ainda há pouco e está consciente. Entretanto...

— Diga, doutor. O que aconteceu?

O médico olhou fixamente para os olhos atentos de Carlinhos:

— Ele não está enxergando absolutamente nada. Estamos aguardando a chegada de uma colega nossa especializada na área oftalmológica, mas já pudemos constatar que ele desenvolveu a retinopatia diabética, uma doença séria que compromete o fundo do olho. Certamente, ele já estava no estágio avançado da doença, e creio que não tenha seguido o tratamento à risca.

— Meu Deus!

— Talvez não tivesse sido tarde demais se Márcio não tivesse cometido esse desatino contra si mesmo. Vamos aguardar pela chegada da doutora Vitória, que lhes dará mais explicações, assim que ela o examinar.

— Podemos vê-lo? — ofereceu-se Carlinhos.

— Apenas um de vocês, pois ele ainda se encontra na UTI.

— Eu espero aqui — Everton recuou até tornar a se sentar na sala de espera.

O médico guiou Carlinhos pelos corredores claros, muito limpos e com forte cheiro de éter. Ele vestiu luvas, um avental, uma touca e máscara cirúrgica antes de adentrar o setor em que Márcio se encontrava. Logo o avistou deitado na cama, chorando alto como uma criança. Os olhos dele estavam encobertos por ataduras.

— Eu estou aqui — falou Carlinhos segurando a mão dele. — Não chore, meu amor. Vai ficar tudo bem.

— Eu fiquei cego! Eu não estou enxergando nada...

— Shhh! — Carlinhos pousou o dedo indicador sobre os lábios dele. — Vai ficar tudo bem. Uma médica muito boa virá aqui para cuidar de você. Logo a sua visão vai clarear de novo e tudo ficará bem.

— Não é verdade. Antes de eles vendarem os meus olhos, eu os abri e não consegui ver nada. Tudo estava escuro... — caiu num pranto sentido e profundo.

— Por que você fez isso? — abatido e chocado com aquilo, Carlinhos começou a chorar também. — Sabe que não pode consumir açúcar à vontade. O que deu na sua cabeça?

— Você quer ficar com Everton. Eu sei disso. Quer terminar comigo para ficar com ele.

Carlinhos olhou para o médico, que acompanhava o diálogo, meio constrangido. Entretanto, prosseguiu com o assunto:

— Isso não é verdade. Quantas vezes tenho que repetir que ele é apenas um amigo? Eu só não concordei com a sua ideia de mandá-lo embora de casa, sem que ele tivesse feito algo que nos chateasse.

— Você me chamou de velho. Não me ama mais.

— Quem disse isso? Acha que se eu não sentisse mais nada por você estaria aqui, ao seu lado, segurando a sua mão, morrendo de preocupação?

Márcio continuou chorando e sacudindo o corpo todo em soluços violentos. Uma enfermeira aproximou-se do médico e informou que a oftalmologista havia chegado e que desejava examinar o paciente. Para isso, Carlinhos precisava deixar o recinto.

— Preciso ir embora agora, porque você será examinado — ele sussurrou para Márcio. — Vou aguardar na sala de espera. Não saio enquanto não tiver novas informações sobre seu caso.

Márcio apertou a mão dele com uma firmeza espantosa.

— Promete que nunca vai me abandonar?

— Claro que prometo. Achei que você já soubesse disso.

Carlinhos deixou a UTI e foi ao encontro de Everton, que parecia impaciente, andando de um lado a outro. Ao vê-lo, perguntou maldosamente:

— Ele realmente ficou cego como uma toupeira?

— Pelo o amor de Deus, Everton! Não pode deixar seu humor negro para depois? Ele não está enxergando nada e você vem com essas piadinhas sem graça?

— Nossa! Não precisa ficar tão bravo. Só quis descontrair.

— Ele será examinado por uma especialista. Vamos ver o que ela vai falar.

Quando Vitória foi procurá-los, quase uma hora depois, o diagnóstico não era nada animador. Ela foi bem didática e objetiva ao explicar que o alto nível de açúcar no organismo de Márcio lesionou os vasos sanguíneos de ambas as retinas, provocando uma hemorragia ocular. Isso fez com que grandes áreas da retina se deslocassem, resultando na perda total da visão. Aquele não era um caso comum entre portadores de diabetes do tipo 1, mas também não era normal um paciente em tratamento devorar uma tonelada de doces do jeito que ele fizera.

— E agora, doutora? — inevitavelmente as lágrimas vieram e Carlinhos começou a chorar. — Ele não pode ficar cego. Márcio tem apenas trinta e cinco anos, e toda uma vida pela frente.

— Uma carreira brilhante, aliás — concluiu Vitória, igualmente abatida. — Já trabalhamos juntos em muitas situações e sei do profissionalismo de Márcio, e que a falta da visão vai afastá-lo compulsoriamente do trabalho.

Então Everton decidiu fazer as perguntas fatais:

— Essa perda da visão é irreversível? Ele ficará cego para o resto da vida?

— Na maior parte dos casos de deslocamento da retina, a indicação do tratamento pode ser cirúrgica ou através da fotocoagulação com laser, sempre dependendo do tipo, gravidade e extensão do deslocamento. Infelizmente, no caso de Márcio, o deslocamento da retina foi muito grave. Tentaremos reverter a cegueira através de cirurgia, mas previno desde já que não garantimos sucesso na intervenção cirúrgica.

— Faça o que for preciso para ajudá-lo, doutora — Carlinhos só faltou implorar. — Salve a visão dele.

— Farei tudo o que estiver ao meu alcance — ela prometeu. — Agora, sugiro que vocês dois voltem para casa e descansem. Entraremos em contato assim que tivermos uma nova posição sobre ele.

Carlinhos agradeceu. De fato, não havia nada que ele ou Everton pudesse fazer ali, já que não seriam úteis no tratamento de Márcio. Despediram-se da médica e tomaram o caminho de casa.

Quando chegaram, Carlinhos entregou-se às lágrimas, rendendo-se à tensão acumulada desde que soubera que Márcio passara mal.

— Ele fez isso por culpa minha, Everton. Ficou nervoso porque nós brigamos e ingeriu os doces por estar revoltado.

— Claro que você não tem culpa de nada. Não o forçou a procurar a confeitaria nem colocou nada na boca dele. Márcio é grandinho e sabia o tempo todo que sua atitude lhe traria graves consequências. Se ele quis arriscar mesmo assim, é problema dele.

— O problema dele é meu problema também.

— Lógico que não. Vocês têm um relacionamento afetivo, moram juntos, se gostam muito e têm planos de adotar um filho. Tudo isso é lindo, concordo. Contudo, embora dividam o mesmo teto, vocês não dividem a mesma vida. Cada um vive por si e tem que aprender a lidar com as suas próprias responsabilidades.

— O que você quer dizer com isso?

— Carlinhos, você já parou para pensar que, daqui para frente, Márcio será um fardo na sua vida?

Carlinhos empalideceu. Antes que ele reagisse, Everton acrescentou:

— Acho melhor você se deitar um pouco. Está cansado, pálido... Venha, vou deixá-lo na cama. Quer comer alguma coisa?

— Estou sem fome.

— Então vá para o quarto e lá continuamos o assunto.

Carlinhos deixou-se levar como se não tivesse vontade própria. Everton o forçou a sentar-se na cama e tirou os tênis dele.

— Pode ficar tranquilo, à vontade. Tire a camiseta e a calça.

— É melhor não. Toda essa confusão com o Márcio começou quando ele nos viu abraçados. Imagina se soubesse que eu estou tirando a minha roupa na sua frente.

— Pois então, eu tiro a minha roupa primeiro — com agilidade, Everton despiu-se em poucos segundos, ficando só de cueca. Como Carlinhos não esboçava reação, ele praticamente obrigou o amigo e despir a camiseta e tirar a calça. — Pronto, agora estamos os dois de cueca. Deite-se aí.

— Não gosto quando você diz que Márcio será um peso para mim.

— Você sabe que é verdade. Se a doutora Vitória conseguir reverter a cegueira dele através da cirurgia será ótimo. Todos ficarão felizes. Porém, você mesmo o ouviu. Não há certeza de que ele volte a enxergar por causa da gravidade do deslocamento da retina, associado aos problemas que ele já tinha nos olhos. Como será sua vida ao lado de um homem cego?

— Eu não quero pensar nisso — agoniado, Carlinhos deitou-se e cobriu as pernas com o lençol.

— Acho melhor pensar. Sabe que isso pode acontecer. Você tem apenas vinte anos e será a babá de um homem quinze anos mais velho, quando deveria estar pelo mundo desfrutando de toda a sua juventude.

— Às vezes, tenho a impressão de que você quer me afastar de Márcio.

— Imagina. Olha, também vou me deitar por alguns minutinhos, só até que você durma — audacioso, Everton contornou a cama e deitou-se ao lado do amigo, encostando seu corpo ao dele. — Só quero o seu bem. Não se lembra de como você era livre, durante a nossa adolescência? Quantas coisas nós aprontamos juntos, sem que você devesse satisfação a ninguém?

— Bons tempos aqueles... — devaneou Carlinhos, sentindo a pálpebras pesarem.

— Podem voltar, se você quiser. Com ou sem você, enxergando ou não, Márcio terá que aprender a tocar a própria vida.

— Eu prometi não abandoná-lo.

— Você o ama? — provocou Everton. — Ou será que amava o homem sedutor que conheceu há algum tempo? Tudo o que lhe resta agora é um companheiro bem mais velho do que você, que mal faz sexo, com grandes chances de perder a visão definitivamente. Se ele realmente ficar cego, talvez a justiça não lhes conceda a custódia da criança que desejam adotar. Sei lá... são apenas hipóteses, né?

Carlinhos não respondeu simplesmente porque não havia pensado naquilo. Era como se a sua vida, até então bem organizada, tivesse sofrido uma reviravolta incontrolável, deixando tudo de pernas para o ar. Ele estava ciente dos seus sentimentos por Márcio, mas o que estava ouvindo de Everton também tinha certa coerência. Se Márcio ficasse cego, deixaria de trabalhar e ele seria a única fonte de sustento da casa. Também deixaria de ter uma vida normal por conta do companheiro sem visão. Os móveis da casa teriam que ser adaptados para ele, que teria que aprender braille e a andar nas ruas com uma bengala. E ele, Carlinhos, seria forçado a entrar nesse mundo junto com Márcio.

Decidiu que não queria pensar em nada daquilo por ora. Não pretendia ficar se atormentando por algo que ainda nem tinha acontecido. Estava quase pegando no sono, quando sentiu o corpo de Everton achegando-se ao dele.

— Everton, o que você está fazendo? — ele indagou baixinho.

— Faça amor comigo — convidou Everton, sussurrando no ouvido de Carlinhos.

— O quê? Ficou louco? — Carlinhos sentou-se na cama.

— Seu corpo sempre me encheu de desejo. Tenho certeza de que será muito melhor do que com Márcio. Basta você querer.

— De jeito nenhum. Nós somos amigos e...

— Eu sempre gostei de você — disparou Everton. — De um jeito diferente, mas você nunca se interessou em ficar comigo. Temos a chance de experimentar agora, só para ver o que acontece. Garanto que isso não vai destruir nossa amizade.

— Nunca. Eu jamais trairia Márcio, que está internado na UTI. Também não ficaria com alguém que sempre vi como um irmão.

— Não custa nada tentar. Sei que você também quer — Everton começou a acariciar a coxa de Carlinhos, tentando excitá-lo.

— Pare com isso. Quero que você vá para seu quarto agora. Respeite a minha decisão e a ausência de Márcio, por favor.

Visivelmente sem graça, contendo com sacrifício a irritação, Everton levantou-se da cama e recolheu seus trajes que estavam no chão. Sabia que Carlinhos só não se entregava a ele por causa daquele maldito médico cego.

— Sinto muito por isso, Carlinhos.

— Vá dormir, Everton. E saiba que vou trancar a porta quando você sair.

Ele meneou a cabeça e deixou o dormitório, roxo de ódio. Teve vontade de quebrar as fotos de Márcio que encontrou sobre o *rack* da sala. Só o que sabia era que não pretendia desistir. Faria o que estivesse ao seu alcance para tirar Márcio de cena e envolver Carlinhos em sua malha sedutora. Há anos era apaixonado pelo amigo e nunca tivera coragem de declarar seu desejo como acabara de fazer. E tudo para ser rechaçado por Carlinhos?

De uma coisa tinha certeza: se ele não pudesse ficar com Carlinhos, Márcio também não ficaria. Enquanto estivesse morando com os dois, pretendia transformar a vida deles em um verdadeiro inferno.

28

Dora fingia dormir quando ouviu a porta do quarto se abrir e Antônio adentrar o aposento. Ele resmungava sozinho e parecia estar de mau humor. Acreditava que, se permanecesse imóvel, ele não a perturbaria.

Enganou-se completamente.

— Acorda, mulher — Antônio curvou-se sobre a cama e a sacudiu pelo braço. — Vamos, abra logo esses olhos.

— O que aconteceu? — ela simulou um bocejo e estreitou as vistas. — Está chegando agora?

— O que você acha? — ele ainda estava fardado. — Fui obrigado a dar plantão, pois alguém invadiu a casa da sua querida patroa e tentou matá-la. A doutora Vanda só me dispensou agora.

— Isso é sério? — assustada, Dora sentou-se na cama. — Graciela está bem?

— Sim, infelizmente. O tal agressor me decepcionou bastante, devo admitir. Onde já se viu não conseguir dar conta de uma mulher magrela como aquela? Ela ainda o machucou, se quer saber.

— Eu tranquei a casa toda, ao vir para cá. Tenho certeza disso.

— Não duvido. O sujeito, no caso de ser um homem, entrou pela porta dos fundos, a da cozinha. Sua patroa alega que ele tentou empurrá-la do alto das escadas.

— Ela ficou sozinha? Pode estar precisando de mim.

— Cale a boca. Parece que você só fala besteira — com raiva, ele tirou o colete à prova de balas e desafivelou o coldre com o revólver.

— A doutora Vanda pediu que a casa ficasse sob custódia da perícia. Ela foi dormir com o namorado.

— Namorado? Ela não tem nenhum.

— O enteado de Estevão é o que dela? Amante? Ficaram agarradinhos o tempo todo, depois que ele chegou. Se eles não tiverem um caso, não entendo nada sobre sexo.

— Preciso telefonar para ela, só para saber se está tudo bem. Veja as horas, Antônio, não é tão tarde assim.

Dora fez menção de se levantar. Levou uma bofetada tão forte que a jogou deitada sobre a cama. Antônio saltou sobre ela e a agarrou pelos cabelos, chacoalhando-a para os lados.

— Até quando você vai desobedecer ao que eu digo, sua inútil? Se eu mandei calar a boca é porque não quero ouvir mais essa sua voz esganiçada.

— Solte-me, Antônio, está me machucando... — ela pediu, chorando.

— É para machucar mesmo, idiota! Às vezes, acho que não me casei com uma mulher e sim com um ser irracional.

Quando ele a soltou, Dora encolheu-se num cantinho da cama, abraçando as próprias pernas:

— Você não pode continuar me agredindo desse jeito. Precisa parar com isso.

— Se não vai acontecer o quê? Vai me denunciar às autoridades? — dizendo isso ele explodiu numa gargalhada insana.

Ela respirou fundo, reunindo coragem para responder. Sabia que precisava reagir, ou continuaria apanhando até morrer. Embora tivesse muito medo da reação do marido, Dora intimamente tinha certeza de que aquilo precisava parar.

— Hoje eu contei a Graciela tudo o que você faz comigo — ela admitiu num tom de voz tão baixo que mal se ouviu.

Antônio, entretanto, havia escutado muito bem. Ele virou o rosto bem devagarzinho na direção dela, com os olhos ganhando um brilho sinistro e perigoso.

— Você fez o quê? — rosnou.

— Eu contei porque ela me obrigou — justificou Dora, depressa. — Ela queria saber onde consegui o hematoma em meu queixo e não acreditou quando eu disse que havia batido...

Ao ver a mão aberta avançando contra si, Dora tentou usar as próprias mãos para se defender. O tapa acertou o alto de sua cabeça. Com a fúria explodindo dentro de si, Antônio desferiu outra pancada, seguida de murros e chacoalhadas. Dora recebia os golpes passivamente, temendo revidar e ser punida ainda mais severamente. Antônio só cessou a surra quando viu que os lábios da esposa estavam sangrando e um hematoma muito maior que o do queixo formava-se ao redor de um dos olhos dela. Dora jazia apoiada na cabeceira da cama, praticamente desmaiada.

— Por hoje, isso basta — ele avisou. — E adianto que se aquela infeliz da sua patroa vier me procurar para tirar satisfações, eu quebro a cara dela também. Não serei tão lerdo como o cara que invadiu a fazenda esta noite.

Para alívio de Dora, que choramingava dolorida, alquebrada e derrotada, Antônio dormiu logo depois, esquecendo-se da rodada de sexo a que ele se referira pela mensagem de texto que enviara mais cedo para ela.

Ela não conseguiu dormir, até porque os ferimentos incomodavam muito. Depois que Antônio já estava roncando alto, ela foi ao banheiro e passou um medicamento nos lábios inchados e cortados, e uma pomada na região dos olhos, que já estava arroxeada. Quando voltou ao quarto, tudo o que pediu a Deus foi que a levasse. Não tinha mais ânimo para viver e seria uma bênção se morresse.

***

Graciela achou que a casa de Robson era mais arrumada e organizada do que ela poderia supor, considerando que nela moravam apenas dois homens. Por sorte, não cruzou com Estevão. Não queria confrontá-lo porque sua noite já fora tensa demais.

Robson a levou diretamente para o quarto dele.

— O que quer fazer? Jantar, tomar banho, ou assistir televisão?

— Estou sem apetite e creio que eu possa ir para o chuveiro amanhã cedo. Só quero descansar. Ainda estou muito abalada com o que aconteceu na fazenda.

— Eu entendo. Pode se deitar aí — ele mostrou a cama. — E saiba que ainda estou bravo com você por não ter me dito nada a respeito dos bilhetes anônimos.

— Peço desculpas mais uma vez. Eu não sabia que havia uma ameaça verdadeira por detrás disso, porque até então eu não fazia ideia de que meu pai fora assassinado.

— E você acha que o assassino do seu pai era a mesma pessoa com quem você teve esse breve combate?

Ela fez que sim com a cabeça.

— Não sei por que mataram o meu pai, assim como também não consigo imaginar porque querem me tirar do caminho. Penso que seja alguma vingança, ou algum interesse na fazenda.

— Vingança? Sabemos que o seu Afonso não tinha inimigos conhecidos. Já você, está longe de ser a mulher mais adorada da cidade, até porque já discutiu e brigou com muitas pessoas desde que voltou para cá. Porém, não vejo como uma simples discussão levaria alguém a tentar matá-la depois. O motivo, certamente, é outro.

— Somente alguns nomes vêm à minha mente, Robson. Posso estar errada em todos eles, mas acredito que essas seriam as únicas pessoas que desejariam o meu mal.

— Quem? Pode me falar de quem suspeita?

Graciela jogou-se na cama e Robson fez o mesmo, sentando-se ao lado dela.

— Darci, o advogado do meu pai, ficou com muita raiva por ter sido expulso da fazenda. Antes de ir embora, ele disse que eu ainda ia me arrepender por tê-lo tratado daquele jeito.

— Você também não havia me contado essa parte antes.

— Eu sei, porque achei que fosse uma ameaça tola de um homem babaca. Antes dele, seu padrasto — ela baixou o tom de voz, para o caso de Estevão estar ouvindo atrás da porta — também me ameaçou, quando eu o demiti do parque, perto dos outros funcionários. Na noite em que isso aconteceu, o segundo bilhete foi deixado no meu carro. E ele estava bem próximo dali.

— Acha mesmo que ele seria capaz disso?

— São apenas suspeitas minhas. Do mesmo jeito que também desconfio de Vanda e da filha dela. Mirela comprovou hoje que quer ficar com você e Vanda me detesta. Sei também que a pessoa que esteve na fazenda é uns quarenta quilos mais magra que a delegada, mas...

Robson riu da última frase. Graciela continuou:

— E pensei ainda que um dos homens que trabalhava na fazenda, da turma que se demitiu, também pudesse fazer isso. Eles conheciam a movimentação da casa e os dias em que os funcionários internos folgam.

— Infelizmente, não temos nada para nos basearmos, além dessas desconfianças. Sei também que meu padrasto nunca foi nenhum santo e não me surpreenderia se ele fosse a pessoa que a polícia está buscando.

— Acho que eu não conseguiria passar outra noite sozinha, na fazenda.

— E nem eu vou permitir que isso aconteça. A partir de hoje, ficaremos grudados como gêmeos siameses.

Graciela riu e o abraçou com força. Sentindo o contato do corpo dela tão próximo ao seu, Robson começou a mordiscar os lábios da moça, provocando-a cada vez mais. Ela se deixou levar pela sedução do momento e pouco depois, um despia as roupas do outro.

Amaram-se por horas, rendendo-se à paixão e ao amor que os unia. Quando a emoção serenou, os dois adormeceram nos braços um do outro, temporariamente esquecidos dos problemas que os preocupavam.

***

Afonso estava apreciando a paisagem noturna quando Cida entrou em seu quarto, após as costumeiras batidinhas na porta. Ele olhava para o céu escuro, onde havia tantas estrelas como em um manto negro coberto de lantejoulas prateadas. A brisa era fresca e de vez em quando ele ouvia o piar de uma coruja à distância.

— Vim saber como você está. Durante o passeio que fizemos por nossa cidade, você me crivou de perguntas. Disse que o mundo astral é tão surpreendente e misterioso quanto o fundo do mar.

— E ainda penso isso — ele voltou-se para ela e sorriu. — Desde que acordei você está me tratando com toda a gentileza do mundo. Já vi que nos tornamos os amigos que nunca fomos quando estávamos vivos.

— A vida não joga para perder, querido, e tudo acontece na melhor hora — Cida fechou a porta atrás de si e apoiou as costas nela. — Olhando-o melhor, sinto que você me parece preocupado. Está bem mais sério do que antes.

— Estou preocupado com a minha filha. Temo que quem me matou possa tentar o mesmo com ela. Você sabe que isso não é impossível.

— Na realidade, isso aconteceu hoje — revelou Cida.

— O quê? Meu Deus! Graciela está bem? Ela foi ferida? Você precisa me levar de volta à fazenda agora mesmo.

— Isso não será possível nem tive a intenção de preocupar você ao dar essa notícia. Graciela está ótima, apesar de um pouco assustada. Nada aconteceu a ela. Você, mesmo que quisesses, não poderia ajudá-la, pois não pertence mais à matéria.

— Então vá você em meu lugar. Preciso alertá-la do perigo que está correndo. Sei que não haverá desistência enquanto Graciela não for ferida. E mais do que ninguém, você conhece o verdadeiro motivo da minha morte.

— Eu sei, assim como também sei a quem se atribui a autoria do crime. Só não quero que pense nisso agora, nem que fique desesperado para ajudar. A vida cuida de tudo da melhor forma possível. Lembre-se de que há uma inteligência cósmica universal comandando as coisas e essa força jamais erra.

— Não quero que ela seja a próxima vítima.

— Não existem vítimas, conforme você aprenderá convivendo aqui. Já expliquei que as coisas acontecem pela lei da funcionalidade. Tanto o agressor quanto a vítima, como você chama, precisaram passar por aquela situação, porque não sabemos o que elas já viveram em encarnações passadas. Quem, aparentemente, é inocente, pode ter cometido um crime em outra existência. As leis espirituais trabalham pelo progresso de todos, pelo equilíbrio e pela harmonia da vida. Não há falhas.

— E se Graciela não souber andar com as próprias pernas?

— Também já comentei que, após a sua vinda pra cá, ela vem desenvolvendo uma força que desconhecia até o momento. Ela tem todo o preparo para encarar os desafios que virão. Ninguém reencarna e assiste a um vídeo com instruções porque a vida não possui manual. Cada ser, na Terra ou no astral, precisa aprender a viver por si mesmo. É assim que se cresce, transforma-se, evolui e vence. Graciela está descobrindo a importância de ter a coragem de ser ela mesma, uma vez que ela acredita que precisa ser igual a você.

— Minha filha me dá tanto orgulho...

— E acredito que ainda lhe dará muito mais, Afonso. Aprenda a confiar na vida e aquiete o coração. Para quem tem fé, mesmo quando se chega ao fundo do poço, tudo pode mudar e sempre para melhor.

Diante daquelas palavras, Afonso calou-se. Cida tinha razão. Aceitara a sua nova condição de vida com bastante tranquilidade e também poderia aceitar que Graciela tinha total capacidade de superar os momentos difíceis. Ele fora um homem forte e destemido, e tinha plena convicção de que transmitira essas qualidades à filha.

***

Voltar à fazenda pela manhã, inevitavelmente, causou uma sensação de pânico em Graciela. Mesmo que Robson estivesse com ela, sentia a impressão de que seria atacada a qualquer momento, mesmo à luz do dia.

— Olha como você está tensa — ele massageou os ombros dela, enquanto subiam os degraus de pedra para entrarem na casa. — Tente esquecer o que aconteceu. Estou aqui com você agora.

— É difícil esquecer, mas vou tentar. Prometo que vou me esforçar.

Entraram na casa. Dora já estava por lá, porque a mesa do café da manhã encontrava-se arrumada com o mesmo capricho de todos os dias.

— Dora, você está por aí? — ela ainda estava brava pelo fato de a governanta não tê-la obedecido na noite anterior e retornado para sua casa. Por outro lado, se isso não tivesse acontecido, ela também poderia ter sido atacada pelo invasor misterioso.

— Bom dia, dona Graciela! — Dora saiu da cozinha usando óculos escuros. — Bom dia, Robson!

— Eu não acredito nisso — descobrindo o que havia acontecido, Graciela colocou as mãos na cintura. — Outra vez?

Dora permaneceu calada. Intrigado, Robson quis saber:

— O que está acontecendo?

— Vamos conversar lá fora, Dora! E não aceito desculpas esfarrapadas.

Relutante, Dora seguiu o casal. Quando os três se viram do lado de fora da propriedade imensa, Graciela esticou as mãos e arrebatou os óculos de Dora, antes que ela pudesse impedir. Robson soltou uma exclamação ao ver um dos olhos roxo e inchado, além dos lábios feridos.

— Isso é o que está acontecendo com ela — respondeu Graciela. — Esta pobre mulher vem apanhando do marido sabe-se lá há quanto tempo e guarda isso consigo por temer a reação dele.

— Não acredito que Antônio faça isso com ela — Robson estava abismado.

— Faz até coisa pior. Precisamos fazer alguma coisa com urgência.

— Só peço que vocês não o procurem — os olhos de Dora arregalaram-se. — Ele descontaria a raiva em mim.

— Mais do que já vem fazendo? — replicou Graciela. — Duvido muito.

— Por que ele a agride? — interessou-se Robson.

— Nunca há um motivo específico, mas ontem ele me bateu quando soube que eu havia contado tudo a Graciela.

— Covarde! — rugiu Graciela, furiosa. — A partir de hoje você não volta mais à sua casa e se precisar buscar alguma coisa, Robson e eu iremos com você.

— Não quero colocá-los em encrenca — Dora já estava choramingando.

— Eu adoro uma boa encrenca — garantiu Robson, estalando os dedos das mãos —, principalmente quando o sujeito agride uma mulher indefesa.

— Volte para casa, querida — pediu Graciela. — Ele nunca mais vai tocar em você, prometo.

Obediente, Dora voltou para dentro, incerta sobre a atitude que aqueles dois tomariam. Tinha quase certeza de que pretendiam procurar Antônio para colocarem aquela história em pratos limpos. E o que era pior: de um jeito ou de outro seu marido conseguiria agarrá-la e nessa hora ela nem podia imaginar o que ele lhe faria.

29

— Tem certeza de que é aqui? — Graciela tamborilou os dedos no volante de seu carro, olhando fixamente para a casa de esquina pintada de azul-claro.

— Aqui todo mundo conhece quase todo mundo — explicou Robson. — É claro que eu saberia dizer onde Antônio e Dora moram. Essa é a residência deles.

— Ele pode estar na delegacia agora.

— Sim, pode, mas duvido muito. Ontem ele trabalhou até tarde na fazenda, cobrindo horário de plantão, por isso hoje deve estar de folga, ou talvez vá entrar mais tarde. Cidades pequenas são assim mesmo.

— Espero que você esteja certo. Vamos lá.

Desceram do carro e logo depois tocaram a campainha. Aguardaram por alguns instantes e como nada aconteceu, tornaram a tocar. Silêncio.

— Acho que perdemos a viagem — Graciela suspirou desanimada. — Já estava pronta para uma boa briga. Não podemos discutir assuntos pessoais no local de trabalho dele, porque certamente Antônio nos acusaria de desacato à autoridade.

— Espere. Acho que ouvi um barulho.

Eles apuraram a audição e captaram ruídos de uma porta sendo aberta. Ouviram passos lentos e pesados arrastando-se na direção do portão de ferro, que os impedia de visualizar o interior da casa.

— Quem está aí? — ouviram a inconfundível voz de Antônio.

— É a Chapeuzinho Vermelho, senhor Lobo — debochou Graciela, afinando a voz.

Ouviram um palavrão pesado, enquanto o portão era destrancado. Antônio apareceu com cara de poucos amigos. Estava sem camisa e vestia apenas uma velha bermuda de moletom. Como mantinha uma das mãos às costas, Robson e Graciela deduziram que ele tivesse trazido sua arma.

— Bom dia, moço! — Graciela mostrou seu melhor sorriso. — Quanta alegria em ver você.

— O que querem aqui? Se vocês vieram procurar por Dora, saibam que ela já foi para a fazenda há muito tempo.

Graciela cruzou os braços, inclinando a cabeça para o lado e respondendo:

— Por acaso, não estamos procurando por ela e sim pelo covarde, safado e cretino do marido dela que espanca a pobre esposa sem um pingo de remorso.

Antônio ficou branco com uma vela. Passou a língua pelos lábios ressecados e coçou a barriga avantajada.

— Do que você está falando?

— Vai abrir o portão ou a conversa será aqui mesmo, na calçada? — Graciela virou-se para Robson e piscou um olho para ele. — Você sabe como eu falo alto quando quero, não é, querido?

— Sei sim, amor — sorriu Robson.

— E sabe que não me custa nada repetir o que disse há pouco em altos brados, para que todos ouçam a história sobre o malvado marido que agride a bondosa esposa.

Cada vez mais furioso, Antônio abriu o portão a contragosto e fez um gesto para que eles entrassem. Dora era mesmo uma maldita! Dera com a língua nos dentes e agora ele seria obrigado a aguentar aquela chateação. Ela que aguardasse até a noite.

— O que eu faço com Dora é problema meu. Ela é minha esposa.

— Mas não é propriedade sua, nem um brinquedinho com que você possa se divertir quando tiver vontade — Graciela o encarou. — Tem ideia de como ela foi trabalhar hoje? Usando óculos escuros para disfarçar os hematomas.

— Que bom! — Antônio riu inescrupulosamente. — Assim ela parece mais charmosa.

— Só viemos aqui para lhe dar um recado, valentão. A partir de hoje, Dora não volta mais para essa casa.

Diante da ameaça de Graciela, ele parou de sorrir imediatamente.

— Você enlouqueceu? Até parece que vou permitir que você dê ordens à minha esposa. É a patroa dela, e não sua dona.

— Usar as minhas palavras contra mim não vai funcionar, Antônio. Não vou deixar que Dora continue a ser o seu saco de pancadas.

— Cuidado com o que fala — esbravejou Antônio. — Saiba que sou um policial.

— Um policial militar dos mais fajutos que existem — devolveu Graciela. — Está há anos nessa cidade e jamais conseguiu subir de patente. Aí resolve descontar a frustração de sua incompetência na pele de sua mulher. Você não tem vergonha na cara?

— Como se atreve, sua... — ele ergueu a mão para o alto bem a tempo de ser impedido por Robson. — É melhor você me largar, moleque.

— Só escute o que vou lhe falar, Antônio — a voz de Robson esfriara de repente. — Encoste um dedo em Dora novamente e vai ganhar o meu desprezo e a minha revolta. Porém, encoste um dedo em Graciela e vai ganhar um leito no hospital.

— Então vieram ameaçar um policial em sua própria casa? — Antônio recuou para escapar da pressão que Robson fizera em seu braço. — Sabem que tipo de infração estão cometendo?

— Não viemos ameaçar você, nem estamos diante de um policial e sim de um homem qualquer — exprimiu Graciela. — O recado é esse. Dora não será mais a sua bonequinha. A brincadeira acabou. E fique sabendo que ela vai denunciá-lo nas cidades vizinhas, pois sabemos que aqui você conta com a proteção de Vanda. Ela tem provas e tem testemunhas. Seus dias estão contados.

Graciela rodou nos calcanhares levando Robson com ela. Antônio permaneceu parado no mesmo lugar, como uma estátua viva, observando imóvel o momento em que eles entraram no carro de Graciela e foram embora.

Jamais fora afrontado daquela forma, muito menos por uma mulher. Em sua concepção machista, todo homem era superior a qualquer mulher. Essa era uma das razões pelas quais ele batia em Dora. E agora vinha aquela intrometida fazer exigências dentro de sua própria casa. Não era desaforo demais?

Ela que pensasse que ele deixaria Dora pernoitar todas as noites na fazenda. Iria atrás dela naquela mesma noite, nem que tivesse que quebrar o nariz de Graciela e deixar Robson inconsciente. Se fosse preciso usaria seu revólver para intimidá-los. Não havia mal nenhum se eles o denunciassem para Vanda, pois a delegada não aturava aquele casalzinho metido à besta. Se Dora achasse que estava livre, ele pretendia lhe mostrar o quanto ela estava enganada.

***

Por volta de meio-dia, com o sol a pino, a fazenda parecia uma paisagem desenhada por um artista caprichoso. O casarão com muitas janelas, ladeado por árvores pequenas e frutíferas, que não chegava a ser um pomar, eram alguns dos detalhes que embelezavam o cenário. Os cavalos e o gado nas colinas pastando nas gramas muito verdes, algumas aves exóticas, que de vez em quando cruzavam a fazenda num voo rasante, o céu límpido como cristal e o ar puro que a natureza oferecia como presente.

Aos poucos, Graciela começava a compreender porque Afonso jamais quisera deixar aquelas terras para se mudar com ela para São Paulo. Uma força quase surreal convidava qualquer pessoa a amar aquele lugar, a desejar estar ali dia e noite, a conviver com a proximidade da natureza, em suas mais diferentes facetas. Ela não poderia responder, por ora, as razões que sempre a motivaram a buscar outros ares, a conhecer novos locais. Vivera ali por dezoito anos, totalmente insatisfeita, e agora olha só o que a vida lhe mostrava: uma capacidade desconhecida de apaixonar-se por aquela rotina. Era como se, de uma hora para outra, a vida badalada da capital não fosse tão interessante quanto ela sempre acreditara ser.

— A égua prenhe nos aguarda — disse Robson, tirando-a de seus devaneios.

— Como é que é? — Graciela piscou, aturdida, voltando à realidade.

— Eu comentei agora há pouco que a égua Cacilda está para dar cria. Você disse que gostaria de estar presente para acompanhar como é o processo de parto de um animal de grande porte. Toda fazendeira que se preze tem de saber disso.

— Tudo bem, vamos lá — caminharam devagar na direção do estábulo. — Eu me pergunto por que não cursei medicina veterinária.

Robson riu e pediu que ela adentrasse o galpão onde os cavalos pernoitavam. Havia vinte baias, embora nem todas estivessem ocupadas. O cheiro de estrume era forte, o que fez Graciela torcer o nariz. Espiou as belas cabeças dos animais, que olhavam por cima da portinhola de madeira para ver quem estava chegando. Ela já sabia que quase todos eles eram mansos, além de lindos, mas ainda assim não se sentia encorajada a tocá-los, do mesmo modo que não gostava de cavalgar.

A égua estava na penúltima baia. Relinchava e gemia baixinho, sofrendo com as dores do parto iminente. Graciela pensou que jamais vira um animal com uma barriga tão imensa. Dois homens estavam ao lado dela, massageando-a para acalmá-la, enquanto um terceiro postara-se na parte traseira do animal, à espera do potro que estava por vir.

Robson tentava não rir diante das caretas e sobressaltos que Graciela fazia cada vez que Cacilda roncava ou se movimentava mais bruscamente. Seus enormes olhos pretos pareciam pedir socorro, ou um alívio imediato para suas dores.

De repente, o homem que estava atrás da égua, gritou:

— Já apareceram as pernas. Vou ficar por aqui, caso entale.

— Por que ela não pode ter o filhote sozinha? — Graciela indagou a Robson.

— Normalmente, elas conseguem fazer isso naturalmente, assim como as vacas. Porém, às vezes, é necessário auxiliá-las, principalmente quando a fêmea é mais velha ou tem o porte pequeno, como é o caso desta. É a quarta vez que Cacilda dá à luz e cada parto a enfraquece mais.

A égua relinchou e Graciela gritou também. Ambas se encaravam fixamente, como se o animal tivesse uma mensagem a transmitir através do olhar.

— As pernas entalaram — alertou o homem que acompanhava o parto. Os outros dois continuavam tentando aquietar Cacilda. — Terei que puxar.

Graciela viu quando ele colocou as mãos nuas no interior da égua e ela quase desmaiou. Agora ela também gemia, enquanto a égua relinchava, os dois homens bufavam e Robson ria. À beira de um colapso nervoso, a moça deu um berro quando ouviu seu nome ser chamado da porta.

— Que susto, Alexandre! — ela olhou para o jovem policial fardado, com o rosto lívido. — Não vê que estou sofrendo junto com a pobre égua?

— Desculpe, não percebi o que estava acontecendo — ele hesitou entre rir ou permanecer sério. Ficou com a segunda opção. — Robson, você cortaria meu pescoço se eu conversasse em particular com ela, lá fora, por alguns poucos minutos?

— Se demorarem mais do que dois minutos, Alexandre, será você que continuará o parto da égua Cacilda — determinou Robson.

O policial e Graciela sorriram e, juntos, foram para o lado de fora, onde a temperatura estava quente como o interior de um forno ligado. Graciela olhou na direção da fazenda e viu a viatura que ele estacionara atrás do carro dela.

— Você veio sozinho ou trouxe o tubarão-martelo com você? — ela quis saber.

— Como eu prefiro não saber se você está se referindo à doutora Vanda ou ao policial Antônio, adianto que estou sozinho. Estava fazendo a ronda pela região e resolvi passar por aqui só para ver se estava tudo bem.

— Se entrar na casa, peça que Dora lhe sirva um café.

— Está quente demais para isso. O meu desejo era só saber se estava tudo tranquilo por aqui. A doutora Vanda me contou sobre a tentativa de assassinato que aconteceu ontem à noite — ele a olhou com franca preocupação. — Espero que você esteja realmente bem, Graciela.

— Passado o susto, sinto-me ótima, principalmente por estar viva.

— Fico feliz em saber disso, mas muito preocupado porque ainda não pegamos o meliante. Também estou me sentindo culpado.

— Culpado? Não entendi.

— Primeiro porque ontem eu estava de folga e não pude atuar em campo com os meus colegas. Queria estar presente para poder ajudá-la. Depois, eu havia pedido uma vaga para ser seu segurança no parque de diversões. Infelizmente, tenho substituído um policial que estava de férias e que retornou hoje ao trabalho. Portanto, agora é certeza de que terei todas as noites livres, isso se você ainda me quiser como seu funcionário.

— Você acha que seria muito atrevimento da minha parte se eu mudasse de ideia? — Graciela esfregou a testa suada, pois o sol estava bem quente. — Eu estaria colocando a sua vida em risco se o contratasse para ser o segurança da fazenda, em vez do parque?

— Como uma fazenda desse tamanho não tem vigias?

— Acho que meu pai nunca se preocupou com esse tipo de coisa. Nunca houve assaltos, furtos, nem tentativas de invasão. Eu me lembro de que quando morava aqui, era comum dormirmos com várias janelas abertas — ela sorriu desanimada. — Achei que os tempos fossem os mesmos.

— E deveria ser, porquanto temos uma taxa baixíssima de criminalidade no município. A prova disso é que ficamos chocados quando foi constatado que o acidente do seu pai foi provocado por alguém.

— Nem me fale disso, Alexandre. Não gosto sequer de pensar nesse assunto.

— Perdoe-me. Não era minha intenção aborrecê-la — ele afagou respeitosamente os ombros dela. — E respondendo à sua pergunta anterior, eu ficaria satisfeito se você me empregasse aqui. Confesso que sempre sonhei em trabalhar aqui, se não fosse um policial, é claro. E saiba que é minha profissão lidar com o perigo, de forma que você não colocaria a minha cabeça a prêmio. Tenho porte de armas e não cochilo em serviço.

Ela riu bem humorada e ofereceu-lhe um valor de salário, que Alexandre aceitou sem hesitação. Segundo ele, seu ordenado como policial militar mal estava dando para suprir todas as suas despesas pessoais e era preciso arranjar um trabalho extra que o tranquilizasse quanto a isso.

— Hoje estarei por aqui após às dezenove horas — ele prometeu.
— Pode ser?

— Perfeito. Eu ficarei bem mais aliviada sabendo que você estará por perto.

— Buda nasceu — gritou Robson, colocando a cabeça para fora do estábulo.

— Quem? — Graciela virou-se depressa na direção dele.

— Buda, o filhote de Cacilda. Venham ver. É a coisa mais linda do mundo.

Graciela e Alexandre seguiram Robson até a baia em que Cacilda estava. A égua encontrava-se deitada em um monte de palha e ao seu lado, Graciela viu uma estranha criatura meio retorcida, que mal conseguia equilibrar-se nas próprias pernas.

— Que diabo é aquilo? — ela esbugalhou os olhos, questionando Robson.

— É o potrinho. Um filhote de cavalo nasce assim, sabia?

— Morei aqui durante toda a minha infância e adolescência, mas graças a Deus nunca presenciei semelhante cena. E espero que essa seja a última.

Diante do comentário dela, todos os homens começaram a rir. Graciela reparou que até mesmo Cacilda soltou um suspiro fraco, como se só lhe restasse ficar de bom humor, agora que seu mais novo filho lhe faria companhia.

30

Antônio seria capaz de esmurrar até ver sangrar o primeiro nariz que encontrasse à sua frente. Tudo isso porque seu dia fora uma porcaria, daqueles em que as coisas começam a dar errado desde quando se coloca o pé para fora da cama.

Na parte da manhã, recebera a inoportuna visita de Graciela e Robson. O casal de desocupados o arrancara da cama para fazer-lhe ameaças, dizendo que não permitiriam que Dora voltasse para sua casa. Quanta ousadia! Achavam mesmo que ele permitiria que a esposa fosse afastada de seu convívio. Em quem descontaria sua revolta e seu estresse acumulados durante o expediente?

Mais tarde, quando fora para a delegacia, ouvira um sermão de Vanda só porque fizera uma má interpretação a respeito de algo que ela dissera. Às vezes, ele sentia vontade de esbofetear sua chefia imediata para ensinar aquela atrevida a respeitá-lo como policial e como homem. Era por isso que ela continuava solteirona. Quem ia querer uma mulher daquela?

No passado, Vanda tivera a sorte de se envolver com um rapaz bonito, com quem tivera Mirela. Antônio sabia que o jovem, logo depois do nascimento da criança, conhecera uma mulher em outra cidade e fugira, abandonando Vanda e a filha recém-nascida. Só podia ser essa a causa de tanto ressentimento, amargor e desencanto por parte da delegada.

Mas nada disso era problema seu. O que estava errado era ser chamado a atenção só porque não pudera acompanhar o raciocínio lógico de Vanda. E ela ainda lhe passara o sabão diante de todos os demais policiais que estavam presentes. Que desgraçada!

Assim que seu turno se encerrou, ele despiu a farda no vestiário da delegacia e saiu de lá dirigindo seu próprio carro. Achava que o fato de não vestir o uniforme cinza da polícia não anulava o profissional que era e que, às vezes, sua chefia parecia não reconhecer. Por essa e por outras razões, ele queria relaxar sentindo o corpo de uma mulher bonita e cheirosa, e foi direto para a região da cidade em que ficavam os prostíbulos e as boates.

Ao encontrar uma loira que exalava pelos poros um ar libidinoso, perguntou quanto ela cobraria pelo programa. E chocou-se quando ela respondeu que não ficaria com ele por nenhum dinheiro do mundo.

— Fui feita para homens jovens, sarados e másculos — ela dissera, toda espevitada. — Guarde seu dinheiro para outra, tiozão.

Aquilo o deixou tão furioso que ele precisou se conter para não apertá-la pelo pescoço e torcê-lo como a um pano encharcado. Não fosse a presença dos cafetões, que perambulavam pela área, teria dado uma boa lição àquela prostitutazinha de quinta categoria.

Frustrado, estressado e extremamente furioso, desistiu de procurar por outra garota de programa e foi direto para casa. Estava bastante faminto e ao menos tinha a certeza de que o saboroso e sempre caprichado jantar preparado pelas mãos de Dora estaria à sua disposição. Porém, ao entrar em sua residência, como se fosse a cereja do bolo para completar aquele dia encantador, descobriu que ela não havia chegado ainda. Viu-se obrigado a pensar nas palavras de Graciela, garantindo que ele não teria mais contato com a própria esposa. Na certa, Graciela mantivera Dora em sua fazenda e até poderia tê-la convencido a passar lá todas as noites seguintes.

Pelo menos isso era o que ele imaginou que Graciela pensava. Antônio levantou poeira quando estacionou bruscamente diante da entrada principal da casa-grande. Estava ali para buscar sua esposa e queria ver quem se atreveria a impedi-lo. Do jeito que estava furioso, não hesitaria em quebrar ossos, se fosse preciso.

Esmurrou a porta com o punho fechado, que logo foi aberta por um dos rapazes que ajudavam nos serviços domésticos. Antônio quase atropelou o menino ao passar por ele como um trem desgovernado, indo até o sofá em que Graciela e Robson estavam sentados, de mãos dadas, como dois namorados. Aquela visão só contribuiu para irritá-lo ainda mais.

— Onde está Dora? — ele bufou feito uma fera.

— Boa noite para você também, Antônio! — Graciela levantou-se, sendo imitada por Robson. — Não sei o que está fazendo aqui. Hoje de manhã fui clara ao comunicá-lo de que a minha governanta não mais fará parte dos seus joguinhos pervertidos e sádicos, que incluem surras, ataques verbais e muito assédio moral.

— Não vou falar de novo — ele seguiu até onde Graciela estava, parando a poucos centímetros de distância dela. — Ordene ao seu criado que me abriu a porta que traga Dora à minha presença agora mesmo.

— Ui, como ele está mandão — sorrindo, ela virou-se para Robson. — Eu tenho que acatar ao comando de um homem feio, barrigudo, mal-cheiroso e que nem sequer usa farda policial?

— Não há lei alguma que a obrigue a obedecê-lo — provocou Robson.

— Nesse caso, senhor Antônio, o caminho da porta é o mesmo pelo qual chegou aqui — ela apontou para trás do visitante.

— Aprenda a me respeitar, sua ordinária — explodindo num acesso de ódio, Antônio desferiu violenta bofetada contra Graciela.

Pega de surpresa, ela não demorou a reagir. Antes mesmo que Robson preparasse seu ataque, ela avançou contra Antônio, revidando com murros no rosto e uma joelhada no baixo-ventre, que o fez curvar-se sobre o próprio corpo. Robson surgiu logo depois, ergueu Antônio pela gola da camisa e aplicou-lhe um soco no queixo, que quase o colocou desmaiado.

A balbúrdia atraiu a atenção de Dora, que veio de seu novo dormitório, agora no andar superior. Teve tempo de visualizar Robson batendo em seu marido e não soube dizer se aquilo a encheu de medo ou satisfação. Há quanto tempo ela sonhava com a chance de poder fazer o mesmo com aquele monstro com que se casara?

Antônio não se deu por vencido e aplicou um golpe contra o rosto de Robson. Como estava atordoado, errou o alvo por vários centímetros, bem a tempo de receber na face um tapa fortíssimo, dado pela própria Graciela.

— Verme imundo! — ela gritou, as mãos em garras, pronta para arranhá-lo. — Não sou a sua mulher, de que você vem espezinhando nos últimos tempos. Brutamontes covarde! Por que não bate em alguém que o enfrenta?

— Vou acabar com a sua raça, sua insolente — ele prometeu. — O que é seu está guardado.

Ouvir aquilo a fez empalidecer um pouco, pensando no segundo bilhete anônimo que fora deixado em seu carro. Antônio acabava de repetir as mesmas palavras que foram escritas, embora ela as tivesse dito a Vanda na noite passada, quando contara à delegada que recebera ameaças anônimas. Antônio estivera presente e ouvira tudo.

— Experimente fazer mal a ela — intrometeu-se Robson —, que eu lhe mostro como se bate de verdade em uma pessoa.

Ferido, humilhado, dolorido e derrotado, Antônio ergueu a cabeça de repente e avistou Dora espionando do alto da escadaria. Da pequena distância que os separavam, ela viu quando ele a encarou com tanto ódio e tanta ira que chegou a se sentir mal.

— Não pense que será tão fácil você se livrar de mim — ele rosnou para ela, girando o corpo na direção da saída. Antes de ir embora, olhou uma última vez para Graciela e Robson. — Vocês ainda terão notícias minhas.

— Exorciza, que é demônio — brincou Graciela, soltando um suspiro de alívio depois que ele se foi. Um dos lados de sua bochecha estava vermelho e a marca deixada pelos cinco dedos de Antônio ficara ali.

— Vamos passar uma pomada nisso — avisou Robson.

— Nós deixamos o rosto dele bem pior. Eu estou bem, sério — olhando para Dora, Graciela piscou um olho. — Querida, acho que eu vinguei você.

— Não sei se a essa altura eu ainda desejava me vingar dele — anunciou Dora, descendo degrau por degrau lentamente. — Não imaginei que Antônio pudesse ser tão déspota, tão vil, tão maldoso. Ele me assustou muito.

— Ele sempre a venceu, intimidando-a pelo medo que exercia sobre você — Graciela aguardou que Dora terminasse de descer para abraçá-la com força. — Venho aprendendo que temos que nos dar o devido valor. Creio que você só conseguirá ver-se totalmente livre das correntes que a amarram a ele quando se valorizar como mulher, como ser humano e como espírito em aprendizado. Quando você perceber o quanto é importante para si mesma, perceberá que Antônio não terá mais nenhuma influência em sua vida.

— Não sou importante — abalada e comovida, Dora rendeu-se ao pranto que sufocara até então. — Nasci para servir aos outros, para receber ordens, para obedecer ao marido. Sou uma mulher pacata, que sempre preferiu viver em paz e em equilíbrio.

— E, no entanto, nunca viveu — redarguiu Graciela, ainda abraçada à governanta. — Sua vida não terá paz enquanto você não se der paz. Não terá amor enquanto você não se amar e querer o seu próprio bem. Não terá equilíbrio enquanto adotar essa atitude servil, de que veio ao mundo para ser comandada.

Graciela falava com uma conotação de voz ligeiramente modificada. Não fazia ideia de que estava sendo inspirada pelo espírito de Cida. A presença dela fez o coração de Robson bater mais forte, ao passo em que belas lembranças de sua mãe vieram à sua mente.

— O fato de você trabalhar para mim não a torna uma espécie de escrava. Sabe que eu a amo muito — concluiu Graciela.

— Eu sei disso — ela fungou, soluçando baixinho. — Não estou reclamando do emprego, nem de trabalhar para você. Eu me refiro a não ter vontade própria. Não conseguir ter iniciativa para as coisas que quero. Se não fosse você, e agora Robson, acho que eu nunca teria saído de casa.

— As coisas acontecem na hora certa. Você não pode se conformar com essa ideia de que seu destino sempre será assim, pacato, sem graça, sem ação.

— Como não, Graciela? Não tive filhos, tenho poucos amigos, e tudo o que consegui até hoje foi me tornar esposa de um bárbaro. A minha vida sempre vai ser essa coisa sem graça, sem cor nem alegria.

— Eu também não tenho tantos amigos nesta cidade e nem por isso me sinto triste — Graciela beijou a testa dela, afagando os cabelos de Dora. — E pare de profetizar um futuro de insatisfação para si mesma. A vida é linda e repleta de surpresas inesperadas. Olhe para mim. Quando você imaginou que eu assumiria o serviço do meu pai?

— Nunca. Até hoje me surpreendo com isso.

— Eu também. Eu esperei dezoito anos para sair correndo daqui, e agora a vida me trouxe de volta, fechando o cerco para que eu percebesse que poderia ser muito mais útil aqui do que em São Paulo, onde eu só sabia gastar dinheiro, passear e namorar.

— Essa última palavra não precisava ser mencionada — interveio Robson.

Rindo, Graciela continuou, ainda sendo inspirada pelo espírito de Cida:

— Não se conforme com um futuro escuro e nebuloso. Seus próximos dias, a partir de amanhã, podem ser muito lindos, cheio de encantos, prazeres e novas descobertas. Você é uma mulher com muitos potenciais, inúmeras capacidades para fazer e criar um universo de possibilidades. Assim como está acontecendo comigo, deixe a vida surpreender você também.

— Não tenho força nem vontade de tentar algo — murmurou Dora. — Não sei fazer nada. Já estou velha, cansada e entregue. Não sei se Antônio se divorciaria de mim, mas ainda que isso acontecesse, eu jamais encontraria uma pessoa que me amasse de verdade.

— Como sabe disso? — Graciela sorriu para ela. — Mostre-me onde leu o que o futuro lhe reserva. Sei que você ainda não chegou aos cinquenta anos, portanto, pare de achar que está velha e derrotada. Exausta até pode ser, porque esse trauma que Antônio lhe imprimiu deixou marcas severas em sua alma, o que pode desgastar qualquer um. Mesmo assim, é preciso reagir. Quando você se reerguer, vai notar que está mais forte, mais experiente, mais preparada para enfrentar novos desafios.

— Se você me permitir falar, Dora — pediu Robson —, eu também perdi boa parte da minha motivação depois que a minha mãe faleceu. Mas eu tive um sonho recentemente com ela e me recordo de tê-la ouvido dizer que a mudança pessoal só depende de nós mesmos. Quando realmente queremos nos modificar interiormente, a vida trabalha para nos auxiliar em tudo o que for preciso. E sabe o que descobri? O amor desta mocinha que está abraçando você.

Graciela soprou um beijo para ele. Mais calma, secando as últimas lágrimas, Dora afirmou:

— Tudo o que vocês dizem é muito bonito, mas é tão difícil mudar.

— Como você fala que é difícil, se nem ao menos tentou? — Graciela a beijou de novo na testa. — Deixe o conformismo de lado e invista em sua fé. Só quem tem fé pode se transformar de verdade.

— Eu tenho medo... Antônio ainda me assusta muito.

— Você pode vencer esse medo aos pouquinhos, se começar a trabalhar isso em sua cabeça — tornou Graciela, inspirada por Cida. — O medo é imposto e ilusório, porque não é real, não nasceu com a gente. O medo paralisa e nos impede de progredir. Mas a confiança na vida e no seu próprio poder de vencer tem efeito contrário, pois isso é o que fará você descobrir a verdadeira Dora que está aí dentro, muito poderosa, muito senhora de si, muito capaz de saltar qualquer obstáculo sem preocupação.

Dora estava surpresa, ouvindo Graciela pronunciar tantas palavras motivadoras. Como ela estava diferente! Para onde fora aquela menina mimada e insegura? Em qual momento ela passara por aquela metamorfose, transformando-se em uma mulher de mente aberta, postura firme e autoconfiante? Afonso teria aplaudido a própria filha por horas a fio se a visse assim.

— Vocês me deixaram um pouco mais animada — alegou Dora, sorrindo pela primeira vez desde que Antônio chegara. — Prometo que vou dar o meu melhor para cuidar de mim. Depois de tudo o que eu já passei, acho que mereço me dar uma boa recompensa.

— Assim que se fala, sua linda! — gritou Graciela, rindo e beijando Dora várias vezes no rosto.

— Sinto que alguma coisa diferente aconteceu aqui — comentou Robson, olhando para as duas mulheres. — Parece que o clima ficou mais leve. E, além disso, Graciela falou de um jeito tão bonito, que nem parecia ser ela.

— O que está insinuando? — ela colocou a mão na cintura, fingindo estar brava. — Acha que eu não sou capaz de dizer algumas palavras bonitas?

— Claro que é. Só que não parecia ser você falando, entende? Talvez eu até possa estar delirando, mas senti como se a minha mãe estivesse aqui com a gente.

Seguiram-se alguns instantes de silêncio, com cada um meditando sobre a possibilidade de terem recebido auxílio espiritual. Para quebrar o silêncio, Robson segurou Graciela pela mão, repetindo:

— E agora vamos passar uma pomada no seu rosto. Os dedos do infeliz ainda estão por aí. Isso deve estar ardendo à beça.

— Que nada! Só o fato de ver a nossa Dora disposta a tentar mudar já me serviu como remédio — Graciela olhou para Robson e piscou um olho. — E para ser sincera, no lugar de uma pomada, prefiro que você encoste a sua boca aqui.

Os três riram juntos. Cida aproveitou que o clima de tensão dissipara-se para trabalhar no campo energético da casa, restaurando as energias do ambiente. E assim, vendo que tudo estava em paz, ela desapareceu.

31

    Os dias foram passando rapidamente, todos muito quentes e abafados, com pouca nebulosidade no céu. Os animais e as plantações da fazenda ressentiam-se com o calor e era preciso ficar atento para que a colheita não estragasse e nem o gado adoecesse.
    Alexandre passou a trabalhar todas as noites como segurança da fazenda. Contou para Graciela que Antônio e Vanda começaram a ignorá-lo desde que ele conseguiu o emprego extra, e que vinha aprendendo a não dar importância ao que os dois pensavam dele. Graciela sentia-se muito mais segura sabendo que o rapaz estava guarnecendo a propriedade com uma arma de fogo escondida na roupa.
    Para surpresa de todos, principalmente de Dora, Antônio não voltou a procurá-la. Ninguém saberia dizer se ele encarara Robson e Graciela como uma ameaça, se desistira do sentimento obsessivo de posse que alimentava pela esposa ou se simplesmente estava planejando um contra-ataque.
    Depois da última visita que ele fizera à fazenda, Dora, percebendo que ele não retornou, começou a se acalmar, sempre refletindo sobre as palavras que ouvira de Graciela naquela noite. Também havia estranhado a maneira sensata e inteligente com que sua patroa se expressou, quando a incentivou a buscar a sua força interior para descobrir uma versão poderosa e decidida de si mesma. Isso seria possível? Uma pessoa poderia acionar forças desconhecidas para reencontrar o gosto pela vida, apenas ativando o que ela tinha de melhor?
    Sua única certeza era de que não estava lembrada da última vez em que desfrutara de tantos dias de paz continuamente. Nos tempos de

Afonso, ela agradecia quando pernoitava na casa e não precisava retornar à sua residência. Era rara a noite em que não apanhava do marido. E quando tinha certeza de que esse pesadelo jamais teria fim, Graciela e Robson a libertavam da sua rotina de horror. Há tempos não se sentia tão bem, principalmente por ter a leve sensação de que começava a perder o medo de Antônio.

***

O relacionamento amoroso entre Robson e Graciela ganhava forças a cada dia. Um já não tinha dúvidas de que se apaixonara pelo outro. Não faziam planos para o futuro, como casamento e filhos. Só queriam viver o agora, desfrutar juntos dos momentos felizes sem se preocupar com o amanhã.

O namoro logo tornou-se notícia pública, espalhou-se pela cidade e os mexericos começaram, ainda que os dois não estivessem se importando com as fofocas nem com a opinião dos desocupados.

Entretanto, não faziam ideia de que nem todos concordavam com o namoro. Enquanto alguns sentiam apenas inveja, outros nutriam raiva, despeito e rancor. Era o caso de Darci e Mirela. O advogado jamais aceitara ter sido repudiado por Graciela. Intimamente, tinha certeza de que a moça poderia vir a se apaixonar por ele, se tivesse a chance de conhecê-lo melhor. Além disso, herdara sozinha uma verdadeira fortuna. Não havia muitas mulheres bonitas, ricas e solteiras dando sopa por aí. E era injusto que um zé-ninguém como Robson ficasse com todas as fatias do bolo para si.

Já a filha da delegada, que também não se conformava por ter sido desprezada por Robson mais uma vez, gastava horas do seu dia pensando em uma maneira de separá-lo de Graciela. Ela até poderia aceitar a possibilidade de que não ficaria com ele, mas também estava certa de que Graciela não faturaria o grande prêmio.

Como entrara de férias, de vez em quando Mirela via os dois juntos no parque de diversões, olhando-se com aquela admiração imbecil de adolescentes apaixonados, como se eles ainda tivessem idade para essas gracinhas. Tremia de ódio ao vê-los felizes e sentia vontade de estrangular aquela mulherzinha horrível apenas para tirá-la de seu caminho.

Além de Mirela e Darci, ainda havia Estevão, que continuava arquitetando seu plano de vingança contra Graciela. Não sossegaria enquanto a fazendeira não pagasse pela humilhação que o fizera passar diante de tantas pessoas, além de deixá-lo desempregado. Ele não tinha boas condições financeiras como ela e a sua idade não era uma grande aliada. Apesar de se considerar muito experiente no ramo dos negócios, poucos fazendeiros ou comerciantes contratavam homens com mais de sessenta anos.

Mirela o informou de que Robson a tratara como se ela fosse uma mulher qualquer, quando fora procurá-lo na última ocasião. Ela era a filha da delegada da cidade e tinha que receber um tratamento à altura. Todavia, ele declarara seu amor por Graciela, apertara com força o braço dela e praticamente enxotou-a de lá. Tudo porque insinuara a ideia de que ele poderia estar envolvido com a lambisgoia apenas pela grana que ela recebera do pai falecido.

Ao ouvir o relato da jovem, Estevão pediu-lhe que tivesse paciência. Garantiu que Robson só estava iludido por Graciela, que em breve a venda que fora colocada nos olhos dele iria ao chão e ele veria quem aquela mulher realmente era. Estevão tinha certeza absoluta de que eles não teriam um namoro muito longo, porque Graciela era fútil e mimada, e seu enteado não tinha paciência para aturar frescura de mulher.

Isso deixou Mirela mais tranquila, principalmente quando Estevão garantiu que tinha uma nova ideia. Ele explicou que, se ela soubesse agir corretamente, provavelmente Robson e Graciela se separariam. Quando Estevão terminou de relatar seu plano a ela, Mirela sentiu o peito encher-se de esperança e um brilho de desforra surgiu em seus lindos olhos.

***

Vanda e o investigador Gomes continuavam as buscas sobre a misteriosa morte de Afonso, assim como ainda tentavam descobrir a identidade da pessoa que invadira a fazenda e tentara matar Graciela. Ela garantira à polícia que nunca mais recebera bilhetes anônimos e que talvez a presença de Alexandre afastasse quem quer que tivesse entrado em sua casa naquela noite. Nunca saía desacompanhada e Robson sempre a buscava na saída do parque de diversões.

A notícia surpreendente chegou alguns dias depois, quando Gomes foi procurá-la no parque para revelar que havia sido liberado o laudo da empresa telefônica, com informações sobre a ligação que Afonso recebera momentos antes de bater o carro. Devido a problemas de falhas na linha, infelizmente o telefonema não pudera ser gravado pelo banco de dados da companhia telefônica, mas alguns fatores importantes foram descobertos, como o tempo médio de duração da ligação e o seu ponto de origem. O relatório informava que o telefonema durou cerca de seis minutos e que a pessoa que ligou para Afonso, o fez de um telefone público situado em frente à entrada do parque de diversões.

Graciela ficou chocada quando soube disso:

— Se quem telefonou estava diante do parque, e acreditando que o meu pai tivesse saído para encontrar-se com essa pessoa, devemos supor que o encontro aconteceria ali?

— Se os freios não estivessem cortados, sim — concordou Gomes.

— Ao que parece, o assassino não queria encontrar-se realmente com Afonso, mas apenas fazê-lo sair com o carro, porque sabia que aconteceria um acidente. Essa pessoa escolheu um orelhão próximo ao parque porque também tinha certeza de que a polícia descobriria isso. Já falei que não estamos lidando com um amador. O crime foi muito bem planejado, com cada detalhe pensado com extremo cuidado.

— Não consigo imaginar o motivo que levaria alguém a fazer mal ao meu pai — ao dizer isso os olhos de Graciela ficaram cheios de lágrimas.

— Por enquanto, nós também não sabemos. Vamos continuar as investigações. Assim que tivermos novidades, você será a primeira a ser informada.

Graciela preferia tratar esse assunto com Gomes em vez de Vanda. O primeiro encontro entre eles fora repleto de animosidade, com a delegada tentando acusá-la de participação na morte do próprio pai. Depois disso, Gomes mostrara-se mais cordato e simpático. Não tinha uma língua venenosa e ferina como a de Vanda e agia como o verdadeiro profissional que era.

***

Márcio permaneceu internado por mais de uma semana. Vitória, a oftalmologista que ficara responsável por ele, aguardou alguns dias para averiguar se haveria alguma mudança no quadro do paciente, cujos olhos continuavam na mais total escuridão. Os exames mostravam que os nervos ópticos haviam se rompido e que ambas as retinas deslocaram-se quase simultaneamente, algo não muito raro de acontecer em pessoas com retinopatia diabética. Ela realizou vários exames e considerou a possibilidade de uma intervenção cirúrgica, mas era experiente o bastante para saber que tudo seria inútil. O mais difícil, entretanto, seria dar a notícia ao paciente.

Ela pediu que Carlinhos estivesse presente. Márcio fora transferido da UTI para o quarto sentindo-se em pleno vigor físico. Não fosse a cegueira, ele se sentiria o mais saudável dos homens. Quando Carlinhos o viu, ele estava sentado na cama, sem as ataduras nos olhos, encarando fixamente a parede.

— Eu estou aqui — ele disse a Márcio. — Sempre ao seu lado.

Márcio limitou-se a sorrir, sem responder.

— Bom dia, doutor Márcio! — cumprimentou Vitória. Eram apenas sete da manhã e aquele seria o último dia de internação dele, dependendo de como ele reagisse à notícia que estava por vir. — Como acordou hoje?

— Não acordei — ele respondeu num sussurro. — Há dias tenho a impressão de que nunca mais vou acordar — virou a cabeça na direção de onde vinha a voz dela. — Quando você pretende operar os meus olhos?

Vitória apertou os lábios e confrontou Carlinhos. Antes mesmo que ela respondesse, o garoto já sabia o que seria dito e sentiu um aperto no coração.

— Infelizmente, os danos que os seus olhos sofreram foram severos demais — ela explicou falando pausadamente. — Você sabe o quanto é importante o tratamento do diabetes, principalmente o seu, que é o tipo 1. Sabe como o corpo reage diante de altas doses de açúcar. E sabia que estava com uma complicação ocular muito séria.

— Aonde você pretende chegar com tudo isso? — indagou Márcio.

— Considerei a possibilidade de uma cirurgia, mas será inútil agora. Sinto muito, meu caro colega, mas a sua cegueira é irreversível.

Vitória sentiu-se um monstro ao dar aquela notícia a outro médico, como um tipo de padre dando a extrema-unção ao moribundo em fase terminal. Parecia ser a responsável por tirar-lhe a visão, ou pelo menos era assim que se via. Nunca lidara com nada parecido em toda a sua carreira, porque geralmente cegueiras causadas por diabetes eram graduais, a visão era perdida lentamente. No caso de Márcio foi tudo muito rápido, embora a doença já tivesse sido diagnosticada. Ele próprio confessara a ela, no dia anterior, que protelara sua visita ao oftalmologista, mesmo quando notou que os globos oculares estavam extremamente alterados. E sabia que a visão seria afetada quando ingeriu grandes quantidades de doces.

Márcio não soube o que foi pior. Ouvir a confirmação de que estava cego para sempre, ou escutar o choro sentido de Carlinhos. Em um instante, toda a sua vida fora destruída. Sua carreira, seus planos, seu sonho de adotar uma criança. Como viveria dali em diante sem enxergar absolutamente nada, sem poder trabalhar e exercer a profissão que tanto amava?

Ele começou a chorar e logo o pranto avançou para gritos desesperados e raivosos. Vitória também se emocionou e deixou algumas lágrimas escaparem. Há quantos anos ela não chorava por um paciente! Porém, Márcio era um caso diferente, não somente por ter sido um colega dela, e sim por se sentir incapaz de ajudá-lo a recobrar a visão. Sabia que não era culpada de nada, mas tinha a impressão de que fora a responsável por condená-lo à cegueira.

Márcio descontrolou-se de tal forma que foi preciso que duas enfermeiras o sedassem. Quando despertou, horas depois, armou outro escândalo e novamente injetaram nele outra medicação para fazê-lo dormir. No fundo, todos entendiam o desespero dele. Tinha apenas trinta e cinco anos e nunca mais voltaria a enxergar o rosto das pessoas nem ver as cores do mundo. Era como se dali em diante seu mundo fosse feito da mais total escuridão.

Quando recebeu alta e foi comunicado de que deveria retornar para casa, Márcio não respondeu. Havia despertado da sedação pela terceira vez e agora não gritou, nem esperneou, nem chorou. Simplesmente ficou deitado com os olhos abertos, encarando o teto mesmo sem vê-lo ali. Carlinhos chorava como uma criança e segurava a mão dele.

— Eu estou aqui, amor — dizia soluçando. — Não abandonei você.

Márcio não respondia, limitando-se a fixar o teto. Vitória conseguiu para ele um acompanhamento psicológico que seria feito na residência dele, duas vezes por semana. E ela também disponibilizou o telefone de um professor que dava aula em uma escola para cegos, que ficava localizada na cidade vizinha. O homem comprometera-se a vir conhecer Márcio e ampará-lo no que fosse preciso, principalmente em seu estágio inicial de adaptação à sua nova condição de vida.

Duas enfermeiras do hospital foram designadas para acompanhar o paciente até sua casa. Márcio foi transferido em uma cadeira de rodas, no mais absoluto silêncio. Não chorava, não sorria, não falava com ninguém nem correspondia aos toques e carícias de Carlinhos. Era como se estivesse em estado de choque depois de ter assimilado o teor da notícia que Vitória lhe dera.

Everton não demonstrou tristeza, compaixão ou dor ao vê-lo chegar sentado em uma cadeira de rodas. Apenas acompanhou com os olhos as enfermeiras trocarem algumas palavras com Carlinhos e cochicharem algo no ouvido de Márcio, que não se moveu. Elas despediram-se e logo depois os três se viram parados na sala de estar.

— Quero me deitar — foi tudo o que Márcio disse após um longo período de silêncio.

— Claro — prontificou-se Carlinhos.

Ele começou a empurrar a cadeira na direção do quarto quando Márcio brecou as rodas com as mãos e levantou-se lentamente.

— Não sou um cadeirante — ele resmungou parecendo irritado. — Apenas me indique a direção em que o quarto está.

— Por aqui — Carlinhos virou o corpo dele de modo que ficasse de frente para a entrada do dormitório. — É só seguir em frente. A porta está aberta. Quer que eu acenda a luz?

— Para quê? — Márcio tornou com a voz gélida. — Não vou ver nada mesmo.

Esticando os braços para frente, tateando o ar, ele caminhou devagar até o quarto. Sentiu a porta, tateou a maçaneta e fechou-a pelo lado de dentro. Ouvir o som do ferrolho trancando a porta fez Carlinhos ter certeza de que Márcio não desejava ser incomodado.

Deixando os braços caírem ao longo do corpo, Carlinhos exalou um profundo suspiro de cansaço e seguiu para o sofá, onde deixou-se cair pesadamente. Everton não perdeu tempo e sentou-se ao lado dele.

— Ele me parece bastante nervoso — iniciou Everton, tentando encontrar o melhor caminho para chegar aonde queria. — A cirurgia não saiu conforme ele esperava?

— Não houve cirurgia — Carlinhos esfregou o rosto, tentando se controlar para que uma nova onda de choro não o invadisse. — A médica explicou que os olhos dele já estavam comprometidos demais e que nada poderia ser feito.

— Então ele ficou cego para sempre? — indagou Everton.

Como estava fixando o tapete, Carlinhos não notou o brilho de satisfação que surgiu nos olhos do amigo.

— Fale baixo, por favor. Não quero que ele nos escute falando sobre isso — fez uma pausa para respirar fundo: — E a resposta é sim, Everton. Ele perdeu a visão.

— Sinto tanto por isso — Everton encostou-se mais junto ao corpo de Carlinhos, passou um braço por cima dos ombros dele e o abraçou com força. — Estou aqui, caso você precise desabafar.

— Ah, amigo, não sei o que fazer — as lágrimas chegaram e Carlinhos não se constrangeu por chorar diante de Everton. — Estou arrasado por vê-lo desse jeito. Márcio sempre foi um homem tão bom, tão honesto, tão sonhador. E agora acontece essa tragédia com ele. Imagine o quanto deve ser difícil para uma pessoa parar de enxergar da noite para o dia?

— Faço ideia, assim como fico pensando no quanto a sua vida também ficará complicada daqui em diante.

— A minha por quê? Continuo com a minha saúde perfeita.

— Você mora com ele, são praticamente casados — Everton mastigou as últimas palavras tentando dissimular o ressentimento. — Aos vinte anos passará a ser o cuidador de um homem cego, que só vai dar trabalho e despesas.

Carlinhos voltou-se para ele com o semblante horrorizado.

— O que é isso? Nunca verei Márcio dessa forma.

— Com certeza verá. Espere mais um pouco para você perceber. É preciso muito amor, muito carinho e muita resignação para se sujeitar ao papel que o espera. Não é todo rapaz da sua idade que abraça uma tarefa como essa sem reclamar.

— Eu o amo tanto...

— Ou seja, estará disposto a sacrificar a sua felicidade, o seu bem-estar, a sua juventude, por um homem que não vai render mais nada? — Everton falava ao mesmo tempo em que acariciava o braço de Carlinhos. — Você não precisa disso, sabia? Pessoa nenhuma vale todo esse sacrifício. Você vem em primeiro lugar.

— Prometi que nunca o abandonaria, Everton.

— Promessas são palavras que o vento leva a qualquer instante. Se um dos dois morresse, o outro não teria que continuar a caminhada sozinho, até que encontrasse outra pessoa? Se você morrer, Márcio não vai ter que se virar para sobreviver?

— Temos planos juntos. Pretendemos adotar um filho que, inclusive...

— Isso se o juiz consentir que um homem cego adote uma criança — interrompeu Everton. — Um casal homossexual já tem um agravante no que tange à adoção de um menor justamente por causa de sua orientação sexual, como se isso modificasse alguma coisa na educação que essa criança venha a receber. Nem todos os juízes são justos e alguns negam a custódia a casais do mesmo sexo por puro preconceito. Se não acredita em mim, faça uma pesquisa na internet. Encontrará dezenas de depoimentos de pais homossexuais que não puderam criar o filho tão desejado porque o juiz não autorizou.

— Sei de tudo isso.

— Vocês dois, por se encaixarem nesse perfil, podem ser alvos da discriminação de algum meritíssimo cruel e preconceituoso, e ainda podem ser barrados por conta da cegueira de Márcio. Ele provavelmente será aposentado por invalidez, receberá um salário não condizente com a carreira dele e você será o sustento da família. Praticamente recém-saído da adolescência, quando poderia estar curtindo a vida numa boa, você estará aí, correndo atrás de uma criança, caso a consigam, e pajeando um homem que mal terá condições de cuidar de si mesmo. É isso que você quer para a sua vida, Carlinhos?

Diante daquelas palavras, que pareciam ter um fundo de verdade, Carlinhos não soube o que responder. Até então jamais considerara a hipótese de abandonar Márcio, muito menos na condição em que ele se encontrava agora. Por outro lado, será que Everton não tinha certa razão? Seu relacionamento com Márcio valeria aquele preço? Ele não estaria trocando a própria liberdade em nome de sonhos que foram firmados e que talvez jamais pudessem ser conquistados? Não se absteria de uma vida gostosa, ousada e divertida, digna de sua faixa etária, apenas pelas promessas de amor que um dia fizera a Márcio? Não se manteria ao lado dele apenas por compaixão ou pena?

Carlinhos deu a conversa por encerrada, pretextando sentir calor e que desejava banhar-se. E foi debaixo do chuveiro que ele fez a si mesmo uma pergunta crucial: Afinal, o que realmente queria para sua vida?

32

    O homem e a mulher estavam tão agarrados um ao outro que, juntos, pareciam um só ser. Muito daquela exagerada proximidade não se devia ao fato de estarem com medo dos monstros mecânicos, e sim por mera atração sexual. Ambos já haviam ido ao trem-fantasma inúmeras vezes, conheciam de cor os movimentos dos brinquedos automáticos e de vez em quando até imitavam a gargalhada da bruxa ou o ruído ameaçador de um imenso demônio chifrudo.
    Na última curva que a atração fazia, a emoção era diferente, porque era uma pessoa que assustava o público em vez de um boneco. Mesmo sabendo disso, os dois se aproximaram ainda mais no momento em que o homem deformado, que aparentava ser um zumbi, esticou os braços para tentar alcançá-los. A moça soltou falsos gritinhos de medo enquanto seu namorado aproveitava para apalpar as coxas dela.
    Depois que eles saltaram na plataforma e se afastaram com discretos sorrisinhos maliciosos, o zumbi caminhou pelos trilhos até chegar também à área de desembarque. Ali, juntou-se aos outros dois funcionários que ajudavam a operar o trem-fantasma.
    — Ainda bem que eles foram os últimos — murmurou uma mulher, cuja metade do rosto estava pintada como uma caveira. — Mal vejo a hora de chegar em casa. Meus pés estão reclamando em altos brados.
    — E eu estou muito a fim de uma cervejinha gelada — declarou outro rapaz, despindo a capa negra que o ajudava a transformar-se em um vampiro. Olhou com curiosidade para o zumbi. — E você, Carlinhos? Hoje não parece muito bem.

— Esgotado, assim como vocês — ele mostrou um sorriso amarelo. — Vou sair na frente porque preciso conversar com a nossa patroa. Uma ótima noite para vocês.

Despediu-se dos colegas e, do lado de fora do brinquedo, andou a passos largos na direção da administração. Os últimos visitantes já estavam se retirando e os funcionários começavam a desligar as luzes dos brinquedos.

Ele sabia que muitos de seus colegas não tinham certeza se ele era *gay* ou não. Todos sabiam que ele morava com Márcio, mas muitos homens dividiam casas e apartamentos como bons amigos. Os curiosos sempre tentavam espreitar a vida íntima dele, até porque nunca o viram namorando uma menina. Contudo, Carlinhos sabia ser evasivo sem ser grosseiro e jamais fornecia informações pessoais por acreditar que ninguém tinha nada a ver com a sua vida fora do parque.

Avistou Graciela saindo da recepção ao lado de Robson. Ele soubera que haviam tentado invadir a fazenda e que por pouco não acontecera o pior à sua patroa. Era por isso que o namorado dela vinha buscá-la todas as noites.

Carlinhos já imaginava que ela angariaria muitos inimigos ao decidir substituir o pai, uma vez que a cidade era pequena e pouco desenvolvida, assim como a mentalidade de boa parte dos habitantes, que ainda não a via com bons olhos. Graciela era a única mulher da região a administrar uma fazenda, e ainda necessitava de tempo para cuidar das demandas exigidas pelo parque de diversões. Para Carlinhos, ela era admirável.

Postou-se bem diante dela e sorriu ao vê-la tomar um susto.

— Desculpe se a assustei, dona Graciela — ele ampliou o sorriso. — Boa noite, Robson!

— Eu estava tão distraída que não imaginava me deparar com um zumbi — ela riu, nervosa. — A sua maquiagem é realmente boa, hein?

— É preciso impressionar os visitantes, principalmente as crianças — Carlinhos também soltou uma risada descontraída, mas logo ficou sério de novo. — Podemos conversar em particular, ou você está com muita pressa?

— Tudo bem, vamos conversar — ela concordou.

— Eu espero vocês no portão — avisou Robson, dando um tapinha no ombro de Carlinhos. — Cuide da minha garota, rapaz, ou vai se ver comigo.

Eles riram e Graciela o conduziu até um banco vazio, que ficava diante do carrossel, já desligado naquele momento.

— Desculpe não ter retirado a maquiagem antes. Eu saí com pressa assim que fechamos o trem-fantasma.

— Não se preocupe. Acho que eu ando meio tensa desde que tentaram me matar — à simples lembrança do ocorrido, Graciela estremeceu, balançando a cabeça em seguida para afugentar aqueles pensamentos.

Carlinhos respirou fundo antes de dar início ao assunto:

— Você sabe que moro com Márcio, o médico que ficou responsável pelo seu pai, não sabe?

— Sim, já ouvi comentários a respeito.

— Nunca revelei isso abertamente a ninguém, e conto com a sua discrição, mas nós dois temos um relacionamento amoroso há três anos.

Ele estudou o rosto de Graciela à espera de alguma reação que indicasse desagrado, repúdio ou preconceito. Quando a viu sorrir e segurar a mão dele, tranquilizou-se imediatamente.

— Querido, a sua orientação sexual só diz respeito a você. Sua vida particular em nada afeta o seu trabalho, a não ser que algum funcionário tenha descoberto isso e esteja assediando você moralmente.

— Não. Quanto a isso estou de boa, porque eles desconfiam, mas não me questionam. O assunto tem a ver com Márcio. Aconteceu uma coisa muito horrível com ele, uma verdadeira tragédia — os olhos de Carlinhos encheram-se de lágrimas, que logo desceram pelo rosto coberto de bolhas e buracos artificiais.

— Pode me falar. E espero poder ajudá-lo.

— Márcio tem diabetes tipo 1 e nos últimos tempos deu uma derrapada no tratamento. Meio que largou mão, entende? Principalmente depois que um velho amigo meu veio residir conosco. Talvez por ciúmes, por medo de me perder ou apenas por insegurança, ele descuidou-se de vez. E descobriu uma grave doença nos olhos, oriunda do diabetes.

— Quando eu o vi pela última vez, no enterro do meu pai, lembro-me de que os olhos dele estavam bem avermelhados. Até achei que ele estivesse emocionado com a ocasião, já que foi uma das últimas pessoas a ver meu pai com vida.

— Talvez ele até tenha chorado pela morte do seu Afonso, mas acredito que essa vermelhidão já era indício de uma doença chamada retinopatia diabética, que ele só descobriu recentemente. E o pior veio depois. Nós tivemos uma discussão feia por causa do meu amigo que está morando em casa e Márcio ficou com raiva. Até hoje eu não entendi o motivo, contudo, ele foi a uma confeitaria e fartou-se de doces. Claro que o organismo dele recebeu a alta dosagem de açúcar como se fosse um veneno.

— Meu Deus! Por que ele fez isso? Queria chamar sua atenção?

— Acho que sim. Só sei que depois disso ele acordou no hospital e descobriu que não estava enxergando mais. Aconteceu uma série de coisas nos olhos dele, que tiraram a sua visão definitivamente. Agora ele está em casa, completamente cego. A própria oftalmologista que o atendeu explicou que o caso é irreversível. Nem cirurgia resolve.

A voz de Carlinhos tremeu e logo seu corpo foi sacudido por violentos soluços. Graciela não viu outra opção a não ser abraçá-lo.

— Sinto muito por tudo isso, querido — ela balbuciou minutos depois, quando o viu acalmar-se. — Imagino a barra que o doutor Márcio deva estar passando agora. Talvez ele leve meses, ou anos para adaptar-se à nova rotina.

— Eu estou sofrendo tanto por vê-lo daquele jeito. Ele mal fala comigo, porque acho que está ressentido por eu não ter mandado Everton embora. Ele é o meu amigo que mencionei.

— Será que agora não seria o momento para você ficar a sós com Márcio? — sugeriu Graciela. — Ele precisa de você mais do que nunca.

— Eu sei disso. Acontece que conheço esse amigo há anos e não posso colocá-lo para fora de casa sem mais nem menos. Ele veio morar em nossa cidade porque conseguiu um serviço na mesma fazenda onde trabalhei há três anos. Só que lá eles não dão moradia aos funcionários. Márcio gostaria que ele saísse, mas eu fico em um fogo cruzado, pois não posso colocar Everton na sarjeta.

— Ele é maior de idade, não é? — Carlinhos assentiu e Graciela emendou: — Pode se virar sozinho. Dê a ele um prazo para sair, mas nada muito longo. Algo como uma semana, ou no máximo dez dias para que ele procure uma casa e mude-se. Aliás, na minha fazenda, há um grande galpão que servia como alojamento para meus ex-funcionários, que me odiaram à primeira vista e pediram as contas.

— Você comentou a respeito.

— Pois é. Os homens que contratei para substituí-los voltam para suas casas todos os dias, ao final do expediente. Esse galpão é imenso para um rapaz sozinho, por isso acho que esse Everton iria gostar. Tem luz elétrica, banheiro com chuveiro, camas, armários, mesas e até uma geladeira e um fogão. Posso cobrar um valor simbólico, bem baratinho, para que ele não se aperte.

— Você realmente faria tudo isso por nós? — pela primeira vez em dias os olhos de Carlinhos brilharam de emoção.

— Se eu estou oferecendo, é porque faria. Você e o doutor Márcio merecem ter seus momentos de privacidade, principalmente agora que ele perdeu a visão. E com essa proposta, tenho certeza de que seu amigo não sairá de lá ofendido com você.

— Assim espero — percebendo que Graciela ia levantar-se do banco, Carlinhos acrescentou rapidamente: — Há mais uma coisa. Everton me disse que eu venho em primeiro lugar.

— Bom, isso é verdade. Tenho aprendido a mesma coisa em um curso que estou fazendo com uma mulher muito...

— E ele acha que eu não deveria cuidar de Márcio — completou Carlinhos, interrompendo Graciela. — Que eu vou perder toda a minha juventude ao lado de um homem que certamente me dará muito trabalho.

— E você concorda com isso?

— Não sei. Na hora eu achei a ideia muito egoísta e garanti a ele que nunca abandonaria Márcio, justo no momento em que ele mais necessita de auxílio. Mas depois eu analisei com calma... Dona Graciela, não quero me tornar uma espécie de dama de companhia, nem quero carregar um fardo por toda a vida — os olhos dele lacrimejaram de novo. — Deus, nem acredito que estou falando assim dele.

— Acalme-se, querido — ela voltou a segurar a mão dele. — Venho aprendendo que ninguém é responsável pela felicidade de ninguém. Sua presença ao lado de Márcio não é garantia de que os dois serão felizes. Entretanto, acho que você precisa confiar em seus instintos, descobrir o que a sua alma quer.

— Eu sei que o amo.

— Amar uma pessoa não é sinônimo de sacrificar-se por ela. Se você acha que vai se sentir bem ajudando Márcio a superar essa nova etapa, vá em frente, dê o seu melhor por isso. Porém, se acredita que sua vida poderia ser melhor com outra pessoa, que seu tempo com Márcio terminou, ou mesmo se sentir que está infeliz na obrigação de cuidar dele, então você precisará deixá-lo.

— Isso seria egoísmo da minha parte.

— Egoísmo é deixar de gostar de si mesmo, é abandonar-se em favor dos outros. As relações com as pessoas vêm sempre em segundo lugar, pois a relação mais importante é a que você tem consigo. Acho que você deve conversar com Márcio e expor o que realmente está sentindo. Se quiser permanecer ao lado dele, desejo que vocês sejam muito felizes juntos. Mas se for se separar, não sinta remorso nem compaixão. A vida tem suas razões para ter permitido que Márcio deixasse de enxergar.

— Obrigado por essa conversa. Acho que meu dilema está praticamente resolvido. Já sei o que devo fazer.

— Vá em frente sem medo de se arriscar e faça o que tiver que ser feito. Se precisar de mim, basta me procurar — ela sorriu amigavelmente para ele e ficou de pé. — E admito que é estranho ver suas lágrimas, pois nunca tinha visto um zumbi chorar.

Carlinhos sorriu e viu-a se afastar na direção da saída. Permaneceu sentado por mais alguns minutos refletindo sobre o que ouvira dela, antes de seguir na direção do vestiário, onde removia a maquiagem e trocava de roupa todas as noites.

No fundo, tinha a certeza de que seu coração já lhe dissera qual seria a melhor decisão a ser tomada. Só restava-lhe lidar com a reação de Márcio.

33

Ele sentia-se preso em um verdadeiro inferno. Não bastasse não enxergar mais a claridade do dia, a paisagem das ruas e o rosto das pessoas, ainda fora forçado a abandonar a medicina para passar todas as horas do seu dia dentro de casa, à espera de algo que nunca viria, que era a recuperação de sua visão. Para completar, Everton continuava morando em sua casa, sem dar indícios de que pretendia mudar-se, e seu relacionamento íntimo com Carlinhos parecia esfriar mais a cada dia.

Márcio levantou-se da cama, onde permanecia deitado quase o tempo todo, apalpou a parede até encontrar a janela, abriu-a e projetou a cabeça para fora. Sentiu a brisa noturna tocar-lhe o rosto gentilmente e uma ligeira sensação de paz o invadiu, sendo logo substituída pela tristeza e melancolia que o envolvera desde que ficara cego. O homem alegre, disposto e cheio de vontade de viver deixara de existir. O Márcio sonhador, que tantos planos fizera para o futuro, era agora, segundo a própria opinião dele, apenas um amontoado de ossos e carne sem empolgação alguma.

Com o rosto voltado para o cenário que se descortinava a partir de sua janela, mesmo que jamais voltasse a vê-lo, Márcio sentiu lágrimas quentes molharem seu rosto. Ouvira cada palavra da conversa que Carlinhos tivera com Everton horas antes. Escutara quando Everton sugerira que Carlinhos tocasse a vida dele, que procurasse ficar com alguém que desse menos trabalho, que não representasse um peso. O rapaz ainda dissera que nenhum juiz aprovaria a tutela de uma criança a dois homens, sendo que um não podia mais enxergar, e que Carlinhos não merecia passar o restante da vida com a obrigação de cuidar dele e do filho adotivo.

Márcio sabia que, por mais que fosse inicialmente contra todas aquelas sugestões, Carlinhos iria refletir, equilibrar os prós e contras e aperceber-se de que realmente fazia jus a uma vida em liberdade. Era certo que Carlinhos terminaria o relacionamento para viver a própria vida. E ele, tinha direito de impedi-lo de partir? Claro que não. Desde que despertara no hospital e descobrira que sua visão fora afetada, Márcio arrependera-se amargamente pelo seu descontrole, que o levou à ingestão desenfreada de glicose.

Tentara agir como um alcoólatra, que afoga suas mágoas na bebida. Só que o preço que ele pagou foi muito mais alto. Praticamente, havia tentado o suicídio. Naquele momento, ele pensava que, se tivesse morrido, as coisas teriam transcorrido muito mais facilmente para todos. Ele não se veria enclausurado num eterno mundo de escuridão nem veria Carlinhos ir embora, dando fim a intensos três anos de relacionamento. O rapaz ainda não dissera que o deixaria, mas Márcio sentia no âmago do seu ser que isso estava prestes a acontecer.

Sentiu vontade de usar o banheiro e girou o corpo lentamente, braços esticados para frente, tateando o guarda-roupa rumo à porta de saída. Como não querer que Carlinhos o visse como um fardo, se ele mesmo estava se imaginando assim? Qual utilidade ele teria dali em diante? Nem sequer conseguiria um trabalho, por mais sacrificante que fosse, porque uma pessoa torna-se muito limitada em suas habilidades após deixar de enxergar. Pelo menos era isso o que Márcio acreditava.

Abriu a porta do quarto e chegou à sala, andando com passos curtos, movimentando os braços para não chocar-se contra algum móvel. Inevitavelmente teria que adquirir uma bengala dobrável própria para cegos, pelo menos até que se sentisse à vontade para andar em casa. Conhecia bem a disposição dos móveis e sabia onde eles se encontravam. Mesmo assim, ele já batera o pé contra a perna da cama e acertara o joelho em uma cadeira. Sabia que ainda se machucaria muito até se acostumar.

Everton estava saindo da cozinha quando viu Márcio andando devagarinho, na direção do banheiro. Carlinhos ainda não voltara do parque e ambos encontravam-se sozinhos. Era a ocasião perfeita para colocar algumas ideias em prática.

Silencioso como uma cobra, Everton contornou a sala por trás do sofá, andando descalço para que Márcio não percebesse o movimento.

Apanhou um pufe almofadado e o colocou próximo à porta do banheiro. Afastou-se um pouco e apoiou-se em uma parede, à espera do que estava por vir.

O que ele esperava aconteceu. Como não sabia que encontraria aquele pufe pelo caminho, Márcio tropeçou nele, desequilibrou-se e foi para o chão. Na queda, bateu a testa contra a porta do banheiro, que estava entreaberta, e logo um filete de sangue formou-se e escorreu por entre suas sobrancelhas. Enquanto tentava levantar-se, Márcio escutou som de passos aproximando-se rapidamente.

— Meu Deus, o que aconteceu? — fingindo uma preocupação inexistente, Everton tentou ajudá-lo a erguer-se. — Como você caiu?

— Tire essas mãos imundas de mim — Márcio desvencilhou-se dele com um safanão. — Aposto que foi você quem colocou esse pufe aí, num lugar em que nunca esteve. Queria que eu caísse, não é mesmo?

— Eu? Como você pode dizer isso? — apesar de a voz demonstrar um espanto natural, Everton sorria descaradamente, porque sabia que não seria visto. — Venha, me deixe fazer um curativo nesse ferimento.

— Não preciso de sua ajuda — rosnou Márcio.

Houve um estalido na fechadura e Carlinhos entrou a tempo de ver os dois próximos um ao outro. Notou que a testa de Márcio estava sangrando. Correu até eles.

— O que aconteceu? — perguntou, aproximando-se para analisar a extensão do ferimento.

— Seu amiguinho me derrubou — acusou Márcio friamente. — Colocou o pufe em meu caminho para que eu tropeçasse e caísse.

— Não foi nada disso, Carlinhos — defendeu-se Everton. — Juro que não faço ideia de como isso foi parar em frente à porta do banheiro. Talvez hoje à tarde, quando eu varri a casa, tenha afastado alguns móveis do lugar e não o coloquei no local em que estava. Sinto muito por isso, Márcio.

Márcio não respondeu. Carlinhos prontamente limpou o ferimento com uma gaze e colocou uma bandagem sobre o corte. Tinha certeza de que Márcio estava de implicância só porque não gostava de Everton. Por isso, assim que terminou o curativo, pediu que os dois o acompanhassem até a sala.

— O que eu tenho a falar é muito importante — começou. Olhou de Everton para Márcio antes de continuar: — Refere-se ao nosso futuro.

Márcio aguardou em silêncio, sabendo de antemão o que Carlinhos diria. Tentou não entrar em pânico.

— No que você pensou, meu amigo? — sondou Everton, curioso. Esperava que Carlinhos houvesse refletido sobre suas palavras, largasse para trás aquele traste cego e ficasse com ele. Tinha certeza de que os dois poderiam ser muito felizes juntos.

— A rotina desta casa ficará diferente e a razão é mais do que óbvia. A vida de Márcio mudou completamente e, por consequência, a minha também vai mudar.

— Pare com tanto rodeio e diga logo o que pretende — pediu Márcio, igualmente ansioso.

— Everton, consegui um lugar para você morar — expôs Carlinhos, fitando o amigo. — Sabe o quanto prezo a nossa amizade, porém Márcio precisa ter seu próprio espaço e, infelizmente, a sua presença aqui não será muito oportuna.

As palavras de Carlinhos provocaram reações diversas em seus ouvintes. Pela primeira vez desde que recebera o veredito de sua cegueira, Márcio sentiu uma centelha de alegria e satisfação agitar-lhe a alma. Será que Carlinhos finalmente o atenderia? Teria ele se enganado em seu julgamento? Ao contrário do que pensara, o companheiro não iria deixá-lo? Permaneceria ao lado dele para ajudá-lo a superar todas as dificuldades futuras?

Everton, por outro lado, sentiu o peito inflar-se de tanto ódio. Como Carlinhos se atrevia a colocá-lo para fora? Tudo bem que a casa pertencia ao médico cego, mas isso não lhe dava o direito de mandá-lo sair. Ele estava bem acomodado lá dentro e nunca tivera pretensão de se mudar, a não ser que conseguisse fisgar Carlinhos, separando-o definitivamente de Márcio.

— Eu posso ajudar no que for preciso — Everton tentou, após recuperar-se do choque da notícia. — É sempre bom ter uma mão amiga por perto.

— A sua mão nunca foi amiga — desdenhou Márcio, irritando o rapaz ainda mais. — Você não tem serventia nenhuma aqui dentro. Se já tivesse saído antes, talvez eu não tivesse me excedido nos doces e ainda estivesse com a minha visão em ordem.

— Você deixou de enxergar porque foi burro — provocou Everton, mal conseguindo controlar tanta raiva. — Sabendo que é diabético, foi a uma confeitaria encher a cara de doces porque queria chamar a atenção

255

do seu maridinho. E olha só no que deu. Aliás, não olha, porque você já não enxerga nem seu passado.

— Vamos parar com isso — Carlinhos gritou, colocando-se de pé.

— Estamos tentando encontrar uma solução que beneficie a nós todos e vocês estão se comportando como duas crianças mimadas.

— A casa é minha e eu o quero fora daqui — exigiu Márcio possesso. — Já aturei demais esse encostado debaixo do meu teto.

— Encostado, não — reagiu Everton. — Veja lá como fala de mim. Eu trabalho e tenho meu salário. Não sou como você, que vai depender do seu mísero salário de aposentado por invalidez.

— Se os dois continuarem se digladiando com palavras hostis, quem sairá de casa sou eu — ameaçou Carlinhos, nervoso com tanta discussão. — Everton, por favor, você tem quatro dias para arrumar todas as suas coisas, que não são muitas, e mudar-se para o galpão da minha patroa, a não ser que neste breve intervalo de tempo você consiga encontrar uma casa melhor para alugar.

— Galpão? — indignou-se Everton. — Você não está falando da fazendeira que arrebatou toda a grana do pai, está?

— Sim. Nós conversamos hoje e ela disse que possui um grande galpão desocupado nos fundos da fazenda, que daria certinho para você. Tem água, luz e móveis. Ela disse que o espaço é imenso para você sozinho e que vai cobrar um valor pequeno como aluguel.

— Sei. Então você me coloca para morar num galpão, que por ironia do destino, fica na mesma fazenda em que uma pessoa tentou matar a dona dela, correto? Sei disso porque foi o assunto mais comentado da cidade — Everton soltou uma risadinha sarcástica. — Lembrando que até hoje essa pessoa não foi localizada pela polícia. Ou seja, ficarei sozinho em um lugar ermo por onde ronda um assassino.

— Coitado do assassino se der de cara com você — alfinetou Márcio.

Everton sentiu vontade de avançar sobre o médico e encher-lhe o rosto de pancadas. Até com Carlinhos ele desejava fazer o mesmo. Nunca sentira tanto ódio por duas pessoas como agora. Prosseguiu:

— Tudo bem, Carlinhos. Eu só peço um pouco mais de prazo, algo como uma semana, pois receberei daqui a seis dias e já vou reservar uma parte do dinheiro como garantia do meu primeiro mês de aluguel.

— Você concorda? — Carlinhos perguntou a Márcio, cutucando o braço dele.

— Não muito, mas acho que posso tolerá-lo aqui por mais uma semana.

— Ótimo. A primeira parte do assunto foi resolvida. A segunda, eu gostaria que fosse em particular, apenas entre mim e Márcio.

— Certo, certo — Everton levantou-se e foi direto para o seu quarto. — Sei reconhecer quando estou sobrando no pedaço.

Ouviram o estalido que indicava que a porta dele fora fechada. Carlinhos sentou-se ao lado de Márcio e evitou tocá-lo ao dizer:

— Também tomei uma decisão sobre nós.

O medo que estivera presente ainda há pouco voltou à tona. O instinto de Márcio já o prevenia de que ele não ia gostar do que Carlinhos tinha a dizer.

— Sei que você vai me achar um monstro diante do que vou falar, e confesso que até eu mesmo já estou com remorso antes mesmo de informar a minha decisão, Márcio. Foi muito difícil chegar a uma conclusão.

— Você vai me deixar, não é? — adiantou-se Márcio com voz embargada.

— Infelizmente, acho que nosso relacionamento nunca mais será como antes. As coisas mudaram, você ficou diferente, eu estou diferente. Há algum tempo venho notado que a nossa união congelou. Quase não fazemos amor e nas poucas ocasiões em que isso aconteceu, foi rápido e frio, porque você ou eu estava cansado demais.

Márcio não queria ouvir mais nada. Pôs-se a chorar silenciosamente. Carlinhos, porém, prosseguiu:

— Você precisa descobrir a sua própria força para vencer esse obstáculo que a vida colocou em seu caminho. E eu preciso viver a minha própria vida. Pode me chamar covarde, se quiser, porque talvez eu realmente mereça esse rótulo, pois acho que não saberia encarar a sua deficiência normalmente. Afinal, quando o conheci, você enxergava bem demais e parte meu coração vê-lo assim, tão debilitado.

— Você vai me abandonar porque não enxergo mais — soluçava Márcio. — Porque eu realmente me transformei em um estorvo na sua vida.

— Não pense assim. Mesmo que a gente não mantenha mais intimidade, continuaremos sendo grandes amigos, porque eu sinto muita afeição por você. Acredito até que, num futuro não muito distante, você encontrará outra pessoa que o ame e o mereça mais do que eu.

Carlinhos também estava chorando e nenhum deles percebeu que Everton mantivera sua porta encostada para melhor ouvir o diálogo que se desenrolava na sala.

— Nunca vou arrumar ninguém — determinou Márcio. — Você não ficará sozinho por muito tempo, já que é jovem, bonito, forte e saudável. Mas eu sou doente, estou cego, sem carreira, a caminho dos quarenta anos. Quem vai me querer?

— Não se coloque para baixo, por favor. Outra pessoa vai surgir em sua vida descobrindo todas as qualidades que você possui.

— E o nosso filho que pretendíamos adotar, Carlinhos? Não havíamos escolhido o Luan? Nossos sonhos foram todos destruídos?

— Compreenda as minhas razões, por favor. Acho que eu nunca estive preparado para assumir a paternidade. Mais uma vez, coloco-me no papel de um covarde, se este for o caso, porque estou fugindo de algumas responsabilidades para com você. Contudo, preciso pensar em mim também. Eu seria infeliz vivendo aqui.

— Deixou de me amar, não é? — Márcio esfregou os olhos lacrimejantes.

— Não sei responder a esta pergunta. Só preciso de espaço agora, de um tempo para colocar os meus pensamentos em ordem.

Márcio assentiu, controlando-se para não se atirar aos pés de Carlinhos e implorar para que não o deixasse. Jamais se sentiu tão solitário, tão carente, tão assustado, tão inútil. Sem o parceiro ao lado, de que adiantaria continuar vivendo?

— Quando pretende sair? — ele balbuciou com voz fraca. Mesmo que não enxergasse o rosto de Carlinhos, guardava viva em sua memória a imagem dele.

— É isso que eu gostaria de lhe falar. Como não pretendo retornar à minha cidade natal, queria saber se você pode me dar um prazo para que eu procure outro local para viver. Everton vai embora antes, para você se sentir mais confortável. E eu, se for possível, saio em até um mês, no máximo.

Márcio concordou. Sabia que seria o mês mais complexo de sua vida. Teria o homem que tanto amava próximo de si, mas não poderia mais tocá-lo.

Como que lhe adivinhando os pensamentos, Carlinhos informou:

— Vou passar a dormir na sala todas as noites e, depois que Everton se mudar, dormirei no quarto em que ele está.

Márcio assentiu e Carlinhos finalizou a conversa. Estava se afastando na direção da cozinha, quando teve a impressão de ouvir Márcio murmurar:
— Eu o amo tanto...

34

    Graciela só havia concordado em receber Darci novamente porque ele garantira que trataria de assuntos relacionados às documentações da fazenda de Afonso, e que a moça precisaria assinar alguns papéis para finalizar o testamento deixado pelo pai.
    Ambos estavam mais uma vez reunidos na biblioteca da fazenda. Darci chegara por volta de meio-dia e Graciela interrompera seu serviço de supervisionar o trabalho de alguns funcionários nas plantações, embora pouco entendesse do assunto, apenas para vir atendê-lo. Desta vez, pretendia ser tão educada quanto fosse possível, a menos que o advogado começasse a provocá-la.
    — Está feito! — ele exclamou, após conferir o último documento que ela assinou. — A partir de hoje, todos os bens de Afonso passam a ser seus oficialmente.
    — Obrigada — como a presença dele não a agradava, Graciela levantou-se. — Eu o acompanho até a porta.
    — Soube que invadiram essa casa e que você correu um grande perigo — comentou Darci, apanhando a maleta de couro preto que o acompanhava a todos os lugares. — Graças a Deus nada de pior lhe aconteceu.
    — Pois é.
    Ela abriu a porta da biblioteca, esperou que ele saísse e fechou-a pelo lado de fora. Caminhou na frente de Darci rumo à porta de saída.
    — Você não tem medo de ficar sozinha à noite? — ele indagou, olhando de soslaio para os seios dela. — Não teme uma represália do invasor?

— Contratei um segurança particular para ficar de vigília. Ele é policial e tem certa experiência.

— Isso é muito bom. Entretanto... — Darci parou de falar, pigarreou e olhou novamente para o busto da jovem. — Se você me permite ser sincero, acho que a senhorita precisa de outro tipo de proteção... digamos masculina.

— Em outras palavras, eu precisaria da sua proteção?

— Sim, já que seremos diretos — rindo, ele tentou caprichar em sua expressão sedutora. — Sei que na última vez em que estive aqui, a nossa conversa tomou um rumo desagradável. Reconheço que exagerei em minhas palavras e atitudes. Além de lhe pedir desculpas, eu gostaria de lhe pedir outra coisa.

— E o que seria? — ela levantou as sobrancelhas, desconfiada.

— Graciela, você já deve ter notado que gosto de você. Não como amiga, mas como mulher. Você é muito bonita e me atrai bastante. Eu me sentiria privilegiado se tivesse a chance de namorá-la.

Sem saber se deveria rir ou não, Graciela meneou as mãos, interrompendo-o:

— Darci, não quero ser grosseira com você outra vez. Não pretendo namorá-lo porque estou seriamente envolvida com Robson. Eu o amo e ele a mim. E não pretendemos incluir uma terceira pessoa nessa relação.

— Eu sei. Mesmo assim, creio que você deveria me dar uma chance — baixando o tom de voz, ele acercou-se dela, sussurrando: — Posso surpreendê-la na cama.

— Basta! — impaciente, ela abriu a porta de saída. — Saia, Darci. Agora que resolvemos toda a parte burocrática sobre o testamento do meu pai, creio que nossos contatos, se necessário, se darão exclusivamente por telefone ou via e-mail. Não gostaria de tornar a vê-lo.

— Você não tem o direito de me desprezar dessa forma — furioso, ele empurrou a porta com força, batendo-a com estrondo. — Sabe que tentaram matá-la por causa do seu dinheiro. Enquanto não tiver alguém como eu ao seu lado, continuará desprotegida, à mercê do perigo. É isso que deseja para sua vida?

— Eu desejo que você desapareça da minha frente. Está me deixando nervosa.

— Aposto que isso vai deixá-la com os nervos à flor da pele — deixando a raiva e o descontrole ganharem espaço, Darci agarrou Graciela pela cintura, usando a outra mão para apertar-lhe os seios. Curvou o corpo para frente na tentativa de beijá-la.

— Pare com isso — ela conseguiu arranhá-lo, mas Darci parecia cego de desejo. Continuava apertando-a com mais força. — Alguém me ajude aqui — gritou.

Dora e as cozinheiras saíram apressadas da cozinha, com expressões de medo estampadas no rosto. Darci prendeu a cabeça de Graciela com as duas mãos e grudou seus lábios ressecados nos dela. Por mais que tentasse desvencilhar-se dele, o advogado parecia ter a força de três homens.

Ao deparar-se com aquela cena, Dora imediatamente lembrou-se dos anos de tortura que sofrera ao lado de Antônio. Quando ele desejava transar a força com ela, agia de forma parecida com o comportamento de Darci. Ela gritou pelos dois rapazes que estavam varrendo a varanda dos fundos e avançou contra Darci pelas costas, desferindo vários tapas na cabeça do sujeito. Quando ele liberou Graciela da pressão, a própria moça o golpeou com as costas da mão, batendo do jeito que deu.

— Onde está Robson? — quis saber uma das cozinheiras, desesperada diante daquela situação inusitada.

— Ele ficou lá fora auxiliando os demais funcionários nas plantações — respondeu Graciela com voz ofegante. — Vá chamá-lo, depressa.

A mulher saiu esbaforida. Darci fixou Dora e Graciela com olhar fulminante. Nunca sentira tanta raiva de alguém na vida. Sua cabeça estava perto de explodir, considerando as pancadas que levara das duas mulheres.

— Desgraçadas! — ele gritou, andando rapidamente até a porta, que a cozinheira deixara aberta ao sair. — Saibam que isso não vai ficar assim.

— Parece que todo mundo nessa cidade tem a mesma fala. Ameaçam se vingar de mim como se eu fosse uma peste — declarou Graciela.

— Se você for um homem realmente esperto, vai sair daqui antes que Robson chegue e lhe mostre com quantos processos se faz um advogado.

Como Darci não desejava um confronto com os punhos de Robson, virou as costas e saiu aos tropeços na direção em que estacionara o carro. Depois que ele saiu, Graciela virou-se para Dora e sorriu:

— Você o machucou com uns bons tapas. Por que nunca os usou em Antônio?

— Não sei. Ao ver Darci agarrando você, eu não enxerguei mais nada na minha frente. Só o que sabia era que precisava defender a minha patroa com unhas e dentes — Dora também sorriu, dando de ombros.

— Acho que eu nunca devolvi as agressões em meu marido porque eu acreditava que merecia apanhar. Eu aceitava todas as surras como uma espécie de punição.

— Pelo o quê?

— Às vezes cometemos coisas das quais nos arrependemos pelo resto da vida. No passado, fiz algo muito errado. Antônio soube disso e sempre jogava na minha cara o que eu havia feito, dizendo que eu merecia apanhar por isso.

— E o que você fez de tão grave? — Graciela ficou curiosa.

Antes de Dora responder, Robson entrou na casa como um furacão, rosto vermelho de raiva, as mãos cerradas prontas para agredir alguém.

— Onde ele está? — indagou com voz perigosamente assustadora.

— Acabou de sair. Ficou com medo de enfrentar você — explicou Graciela.

— Sei onde fica o escritório dele no centro da cidade. Vou agora mesmo para lá. Já é a segunda vez que esse cara apronta. Está na hora de eu lhe ensinar uma lição.

— É o que ele está esperando. Precisa de um motivo para se fazer de vítima, virar o jogo a favor dele e cair matando sobre nós. Vamos deixar as coisas do jeito que estão. Tenho certeza de que aqui ele não coloca mais os pés.

Robson soltou a respiração lentamente, abraçando Graciela com força. Por enquanto, faria do jeito que ela estava lhe pedindo. Mas apenas por enquanto.

Assim que Darci entrou em seu carro, ligou o motor e arrancou em alta velocidade. Apesar de ter jurado dar o troco pelo desprezo que sofrera, não pretendia retornar à fazenda nunca mais. Graciela que ficasse com toda a sua farta herança. Ela não valia o preço de tanta humilhação. Estevão que o perdoasse, mas a partir daquele momento ele abria mão dos planos de tentar investir na fazendeira. Já que as chances de ficar com ela eram praticamente zero, ele seguiria por outro caminho.

Embora não fossem ricas, havia outras moças bonitas na cidade que ele poderia tentar seduzir. Com Graciela não dera certo, mas outras garotas não resistiriam ao seu charme, se ele soubesse agir como um bom sedutor. Tinha certeza de que até o final daquele ano estaria em um relacionamento sério com outra mulher, de preferência bem mais bonita do que Graciela. E quando ela se arrependesse e fosse lhe pedir outra chance para ficarem juntos, talvez já fosse tarde demais.

Dirigindo distraidamente pela estrada de terra, ele mal percebeu o movimento no banco traseiro do carro. Precisava urgentemente tomar uma aspirina para tentar amainar a violenta dor de cabeça que se instalara. Apesar de ter conseguido beijar Graciela a força, além da breve chance de tocar no corpo macio da jovem, os tapas e murros que ele recebera dela e da governanta saíram caros demais.

Algo tornou a se mexer no assento de trás e Darci olhou pelo retrovisor interno. Como praticamente o seu carro era o único a seguir por aquele atalho, que levava ao centro da cidade, ele reduziu a velocidade e virou a cabeça para trás por mera curiosidade. Sufocou um grito de pânico ao encarar o cano escuro do revólver que estava apontado para ele.

— Pare o carro, Darci — a ordem foi clara.

— O que você pensa que está fazendo? — tentando não se apavorar, ele obedeceu. Assim que parou o veículo no acostamento, virou-se para trás novamente. — Por que está me mostrando essa arma?

— Há pessoas que não merecem viver nesse mundo. Não têm utilidade nenhuma para o planeta, muito menos para os outros. Quando saem de cena, ninguém sente a menor falta.

— Não estou entendendo — Darci afrouxou o nó da gravata e forçou um sorriso, que não conseguiu camuflar o medo. — Isso é alguma brincadeira?

— E você é uma dessas pessoas que não precisam continuar vivas. O que você acabou de fazer com Graciela foi imperdoável.

— Não vi você na fazenda. Onde estava? — Darci perguntou, tentando ganhar tempo, mesmo sem fazer a menor ideia de como escaparia daquela situação.

— Sempre estou por perto daquela fazenda. Eu tenho todo o direito de estar lá, muito mais do que a própria Graciela.

— Entendo os seus motivos. Eu só acho...

— Cale a boca! — o tom foi tão alto que Darci quase chorou de medo. O revólver, muito preto e lustroso, continuava firmemente voltado para ele. — Você não sabe nada sobre meus motivos. Ninguém sabe. Para o mundo, eu sou uma dessas pessoas que não fazem falta. Porém, vou mostrar a todos o quanto estão enganados.

— Como você entrou no meu carro?

— Você o deixou destrancado, com o alarme desativado. Em cidades pequenas as pessoas não mantêm muita cautela com seus pertences.

Do lado de fora da casa eu pude ouvir sua discussão com Graciela e deduzi o que estava acontecendo. Achou mesmo que podia violentá-la?

— Não pretendia fazer nada disso. Apenas pensei que deveria mostrar a ela o que estaria perdendo se me dispensasse. Ela...

— Burro! Você é um grande estúpido! Sabe quando ela ficaria com você? — uma risadinha maliciosa fez-se ouvir. — Nunca! Ela só tem olhos para Robson, assim como eu só tenho olhos para aquela fazenda.

— Meu Deus! — Darci arregalou os olhos e cobriu a boca com as mãos quando uma ideia instalou-se em sua cabeça. — Foi você quem telefonou para Afonso na noite do acidente. Também foi você quem invadiu a casa e tentou matá-la.

— Afonso era outro que não tinha a mínima utilidade. Com ele fora do meu caminho, só precisaria voltar minha atenção para Graciela. Escrevi alguns bilhetes anônimos para assustá-la, mas a idiota não foi embora da cidade, como eu esperava. Então me vi na obrigação de adentrar a fazenda e fazer o serviço com as minhas próprias mãos. Infelizmente, ela não é tão tola e soube reagir bem. Tive que fugir, mas me mantenho sempre por perto. Quando ela menos esperar, entrarei em ação novamente. Se ela morrer, tudo aquilo será meu.

— Impossível. Fiz o testamento de Afonso. Ele jamais possuiu outros herdeiros.

— Você é um imprestável que não sabe do que está falando. Se tivesse pesquisado a fundo, saberia que essa não é toda a verdade. Aquela fazenda é minha e vou herdá-la depois de ter o prazer de eliminar Graciela.

Darci aproveitou o momento de distração para tentar desviar o cano do revólver para o lado. Logo percebeu que havia cometido uma tolice, já que estava preso pelo cinto de segurança e praticamente ficou sem movimento. O cano escuro voltou a entrar em sua linha de visão.

— Idiota! Acha que pode me enfrentar? Há anos preparo os meus planos de assumir o que é meu.

— Por favor, não me mate — Darci rendeu-se ao pranto. — Juro que não contarei a ninguém que vi o seu rosto. Se quiser, eu prometo me mudar de cidade. Eu...

— Já cansei de ouvir a sua voz.

O carro de Darci continuava solitário naquela estrada, que era a única via de acesso à fazenda e pela qual raramente transitava algum veículo. Por esse motivo, somente alguns animais silvestres que estavam por ali foram as testemunhas do estampido seco que soou de dentro do automóvel. Também foram os únicos a presenciarem alguém sair do carro com toda a tranquilidade do mundo e embrenhar-se no matagal.

A menos de duzentos metros dali ficava o local onde Afonso batera o carro. Acidente, aliás, causado pela mesma pessoa que acabava de fugir, deixando para trás o corpo sem vida de Darci.

35

Normalmente, quando Graciela se via frente a frente com a delegada da cidade, provocações aconteciam, ofensas eram trocadas, insinuações lançadas e alfinetadas garantidas. Ambas se detestavam e muito daquele rancor passara do campo profissional para o pessoal. No passado, Graciela arranjara muita confusão com Mirela, e Vanda nunca a perdoara pelas brigas com a filha.

Agora a situação não era muito diferente. As duas mulheres já haviam erguido suas defesas e estavam prontas para o ataque. Tudo isso porque o corpo de Darci fora encontrado momentos após ele ter discutido com Graciela diante de várias testemunhas. Certamente, não havia a menor pista de quem cometera o crime.

Graciela estava sentada diante da delegada, que proibira a entrada de Robson. Na mesma sala estavam Antônio, Alexandre e o investigador Gomes.

— Já interrogamos sua governanta, as duas cozinheiras, os dois garotos que prestam serviço à fazenda e até mesmo seu amante — começou Vanda. — E todos disseram que você agrediu Darci, porque ele tentou molestá-la.

— Em primeiro lugar, Robson é meu namorado e não o meu amante. Em segundo lugar, Darci não me molestou simplesmente. Ele me agarrou, me obrigou a beijá-lo e passou a mão por todo o meu corpo. Dora me ajudou, batendo nele por trás — ela virou o rosto na direção de Antônio. — Ela vem aprendendo a se defender a cada dia, caso seja necessário.

Antônio ignorou a cutucada, mas sentiu uma chama de ódio esquentar seu peito. Ainda não havia desistido de recuperar a esposa. Não sabia como faria, contudo, Dora não continuaria naquela vida boa para sempre. Afinal, eles ainda eram casados.

— Logo depois disso ele foi assassinado — prosseguiu Vanda. — Um único tiro certeiro no peito. O que você tem a me dizer sobre isso?

Graciela relaxou os braços limitando-se a sorrir:

— Eu o persegui no lombo de um jegue, alcancei o carro dele, pedi que me deixasse entrar, disse que ele era um homem mau, saquei uma arma e dei um tiro nele. Depois, montei no jegue e voltei galopando para cá, o mais depressa que o pobre animalzinho conseguiu andar.

Todos permaneceram sérios diante da piadinha de Graciela, com exceção de Alexandre, que soltou uma risadinha e ganhou um olhar reprovador da delegada.

— Acha mesmo que tenho tempo para suas brincadeiras imbecis, mocinha?

— Acha mesmo que tenho tempo para suas desconfianças hipócritas, Vanda? — rebateu Graciela. — Eu sei qual é o seu jogo. Está cavando como um tatu na busca de alguma evidência que possa me incriminar. No fundo, você ainda acredita que eu matei o meu pai para receber a herança, e que agora dei cabo de Darci, que fora à minha casa exatamente para tratar de assuntos ligados ao testamento, porque queria abafar algo que pudesse estragar os meus planos.

Vanda não respondeu, porque era exatamente aquilo o que ela pensava. Tinha quase certeza de que Graciela estava envolvida em ambos os crimes. Nunca acreditara verdadeiramente naquela história sobre um suposto invasor que penetrara na fazenda e tentara matá-la. Só não sabia como provar as suas suspeitas. Era por isso que estava cobrando de Gomes um posicionamento na investigação. Queria solucionar o mistério da morte de Afonso — e agora, de Darci — com máxima urgência.

Por ora, não havia como fazer nada. Apesar de contrariada, viu-se na obrigação de dispensar a moça, após finalizar o depoimento.

Graciela reuniu-se com Robson do lado de fora da delegacia, pediu que as funcionárias voltassem para a fazenda, mas não dispensou Dora, para que ela não corresse o risco de ser abordada por Antônio durante o trajeto até a fazenda.

Dora depusera diante de Antônio e em nenhum momento ousou fitá-lo. Quando foi intimada a comparecer à delegacia, ela sentiu o corpo todo tremer de medo. Graciela, entretanto, tranquilizou-a, dizendo que o marido dela nada poderia lhe fazer diante de outras pessoas, por maior que fosse a vontade dele.

— Eu me senti tão forte ao sair de lá — garantiu Dora a Graciela. — Mesmo ele estando tão próximo de mim, não senti o pânico que acreditava que fosse sentir. Acho que estou aprendendo a dominar os meus medos.

— Acho que você não temia somente Antônio. Você também tinha medo da vida, de enfrentá-la com coragem e alegria.

— Com tantas coisas desagradáveis acontecendo perto de nós, fica difícil ter esse olhar positivo sobre a vida — contrapôs Dora.

— É porque nos deixamos levar pela maldade do mundo. Entramos nessa energia inferior sem nem perceber. Diante de qualquer circunstância, precisamos serenar o coração e cuidarmos de nós mesmos. Somente nós temos capacidade de garantir a nossa própria proteção contra essas coisas. Acho que se eu não estivesse aprendendo a me colocar no bem, certamente teria atraído muita negatividade para a minha vida. Talvez eu não tivesse escapado com vida do ataque em minha casa.

— Não diga uma coisa dessas, Graci — pediu Dora, benzendo-se.

— Infelizmente, não podemos ignorar o fato de que temos um criminoso à solta por perto — lembrou Robson. — Uma pessoa perigosa, que não hesita em tirar do caminho quem tentar lhe atrapalhar. Concordo com Dora quando ela diz que é difícil enxergar a vida com alegria quando estamos preocupados e apreensivos.

— Vamos todos procurar Silvana — sugeriu Graciela. — Talvez ela saiba nos orientar com algum conselho útil.

Eles foram recebidos por Telma, que os atendeu com a simpatia e a gentileza de sempre. Ainda faltava quase uma hora para Silvana começar a aula daquela noite e eles questionaram à moça se seria possível falar com a dona da escola naquele momento.

Silvana apareceu logo depois. Com um sorriso de boas-vindas nos lábios, cumprimentou os recém-chegados com beijos no rosto e Graciela a apresentou a Dora.

— Eu a conheci quando estive na fazenda, está lembrada? — recordou-se Silvana, abraçando Dora. Imediatamente sentiu o quanto ela estava temerosa. — Fique à vontade aqui, querida. Aqui não há o que temer.

— A minha patroa comentou comigo que a senhora fala sobre as almas do outro mundo — murmurou Dora. — Fico gelada só de pensar nisso.

— Eles são pessoas como nós, que já viveram aqui com a gente. Não há por que temê-los — explicou Silvana. — Devemos nos preocupar é com os nossos pensamentos. Isso sim pode nos dar medo.

— Como assim? — interessou-se Graciela.

— Vamos nos sentar.

Silvana indicou um conjunto de estofado vermelho, que ficava em uma sala que antecedia seu escritório. Graciela nunca estivera ali antes. Nada parecia ser luxuoso, porém tudo fora decorado com extremo bom gosto.

Depois que todos se acomodaram, Silvana explicou:

— Os nossos pensamentos se tornam preocupantes quando alimentamos ideias negativas, quando damos forças para a maldade do mundo, quando desejamos que coisas ruins aconteçam às outras pessoas, quando acreditamos em uma porção de bobagens que em nada contribuem para o nosso desenvolvimento pessoal. Podem reparar: quem nutre essas crenças nunca vive uma vida feliz.

— Então é preciso pensar no melhor — afirmou Robson.

— Sempre, porque o melhor atrai o melhor. Quando você acredita no bem, na prosperidade e na positividade atrai o sucesso, a alegria, a harmonia e o bem-estar. Portanto, meus amigos, mantenham o foco de seus pensamentos somente naquilo que é bom, que felicita o espírito e encanta o coração.

— Viemos aqui, dentre outras razões, para fazer um questionamento — informou Graciela. — Dora comentou que é difícil confiarmos na vida com calma e tranquilidade quando uma série de fatores desagradáveis está acontecendo ao nosso redor. Não sei se você já soube, mas hoje de manhã mataram o advogado do meu pai na saída da minha fazenda. E ele esteve conversando comigo momentos antes do crime. Dias antes alguém entrou na casa, quando eu estava sozinha, e por pouco não houve uma tragédia. E sei que, em suas aulas, você sempre nos ensina a ter confiança, porque a vida age com perfeição, só que é muito complicado...

— Vocês estão entrando na dramaticidade, dando audiência para as ações deste criminoso. Graciela, você o confrontou diretamente, mas nada lhe aconteceu. E provavelmente não acontecerá nada de pior com nenhum de vocês, porque são pessoas que estão aprendendo a se colocar no melhor. Parem de ressaltar a criminalidade, a insegurança e os perigos do mundo. Além de não resolver nada, isso só piora a situação. Vocês ficarão assustados, sempre esperando que algo ruim possa acontecer, dando chance para que espíritos perturbados se aproximem e estimulem ainda mais os seus pensamentos de terror. Por isso, recomendei que vocês tivessem cuidado com o que pensam. Temos a capacidade de materializar o que pensamos e desejamos.

— Se fosse assim, eu pensaria em dinheiro e o teria aos montes em minhas mãos — caçoou Robson, pigarreando em seguida. — Perdoe-me a brincadeira, Silvana.

— Não precisa rir, porque é assim mesmo que funciona. Você atrai aquilo que pensa. Quando se trata de coisas boas, você as atrairá se estiver numa sintonia legal. Conseguirá muito dinheiro se confiar nisso, colocar-se à frente dos seus planos, visualizando que a riqueza material já chegou até você. Prosperidade é a espiritualidade em ação. Confie!

— Vamos nos responsabilizar melhor pelos nossos pensamentos — sorriu Graciela. — Ouvir o seu ponto de vista sobre o perigo que cerca a minha fazenda me deixou um pouco mais tranquila.

— Não há o que temer. Mal algum atinge quem está no bem. Quando você acredita na luz, afasta as sombras. Além disso, há os amigos espirituais, que sempre estão por perto para nos auxiliar durante a nossa estadia na Terra — sorrindo também, Silvana finalizou: — Vocês estão protegidos por todos os lados.

— Aproveitando o momento, eu gostaria que você me orientasse sobre um problema do qual ainda não consegui superar totalmente — pediu Dora.

Em poucas palavras, ela resumiu a Silvana o seu casamento conturbado com Antônio, ressaltando as agressões físicas e verbais que sofrera nos últimos tempos, e que temia separar-se definitivamente porque acreditava que seria castigada por ele. Falou que foi graças a Graciela que ela tomou coragem de não retornar para a própria casa, apesar de ainda sentir medo de sair às ruas e dar de cara com o marido. Dora concluiu seu relato dizendo:

— Fiz algumas coisas erradas no passado, muitas das quais eu me arrependo. Antônio descobriu a mais grave de todas e vem me punindo nos últimos tempos. Ele dizia que eu merecia apanhar, por ter sido burra e malvada — notando que Graciela estava ansiosa para perguntar do que se tratava, ela acrescentou: — Por favor, não me peça para entrar em detalhes agora. Não estou preparada para desabafar sobre isso. Só quero que entendam que os meus erros de ontem são as consequências de hoje.

— Você não errou, querida — Silvana a fitou com carinho. — Apenas fez o que achava ser o melhor, na época. Quem pode dizer que seus atos, sejam quais forem, são certos ou errados? Em qual livraria vende o manual da vida?

— Há anos me sinto mal pelo que fiz — tristonha, Dora baixou a cabeça.

— Porque você acredita no mal, julgando-se merecedora de ser castigada por um homem desrespeitoso e violento.

— Se não fosse Antônio, seria Deus quem me castigaria.

— Deus não castiga ninguém, ao contrário, abre os nossos olhos para enxergamos a realidade da vida do jeito que ela realmente é. O que você precisa, Dora, é parar de se colocar para baixo, parar de acreditar que é merecedora de coisas ruins. Deseje somente o melhor para a sua vida, pois você é a responsável por ela. Ninguém está dentro do seu corpo nem pode fazer isso em seu lugar. É você com você.

— Eu comigo? — Dora pareceu espantada com essa simples constatação.

— Claro. Cada um é responsável por si. Sua maior missão é cuidar de você mesma e garantir seu sucesso, por dentro e por fora. Ninguém nasceu para ser infeliz.

Graciela e Robson acompanhavam o diálogo em silêncio, deslumbrados com a forma suave e direta de Silvana expressar-se. Ela continuou:

— Tenha coragem de ser você mesma. Só você, fazendo o que puder para garantir sua felicidade, é que poderá ter tudo na vida.

— Não preciso ter tudo — replicou Dora. — Sempre fui humilde.

— Não confunda a verdadeira humildade com a forma teatral que as pessoas usam por aí. A pessoa humilde é aquela que enxerga a vida sem o véu das ilusões, que vê o real e aprende a lidar com ele. Quem se julga um pobrezinho, um coitadinho judiado pela vida é o falso humilde, porque só faz isso para chamar a atenção dos outros e ganhar destaque. Você demonstrará sua humildade se, de hoje em diante, usar as suas experiências para progredir e vencer.

— Às vezes, penso que eu me abandonei.

— Você e milhares de outras pessoas no mundo, que se sentem infelizes graças ao autoabandono — enfatizou Silvana. — Não podemos nos deixar de lado, porque estaremos conosco pela eternidade. Quem nos garante que, numa próxima encarnação, renasceremos entre os mesmos amigos e os mesmos familiares? As pessoas que conhecemos hoje são passageiras, mas você estará sempre consigo.

— Eu comigo — repetiu Dora, sorrindo desta vez.

— Isso mesmo. Eleve-se e sinta-se uma mulher poderosa, mas sem orgulho e arrogância.

— Como eu faço isso? Tenho muita dificuldade em me ver assim.

— Vou ajudá-la — Silvana inclinou o corpo para frente. — Feche os olhos.

Dora obedeceu.

— Agora, tente enxergar-se como se fosse um anjo. Veja-se como um ser de luz, espiritualmente elevado. Depois, imagine que você tem nas mãos o poder de transformar para melhor qualquer pessoa que encontrar em seu caminho.

Um sorriso surgiu nos lábios de Dora. Ela assentiu com a cabeça:

— Estou sentindo um calorzinho gostoso em meu peito.

— Isso. Continue nessa frequência energética. Agora, imagine que esse anjo, que é você mesma, está subindo cada vez mais alto. E quanto mais ele sobe, mais superior você está, mais forte você fica, melhor você se torna. Eleve-se cada vez mais e veja-se ampla, intensa e poderosa.

— Agora eu estou conseguindo me ver assim. Parece que estou mais forte.

— Você é forte. Apenas não conhece a própria força. Ainda de olhos fechados, sinta que essa elevação lhe permite fazer o bem, possibilita mudar tudo o que você quiser, do jeito que achar melhor.

— O calor em meu peito está mais forte — declarou Dora, sorrindo. — Sinto um prazer incrível dentro de mim.

— Esse calor é a força do bem atuando em você. E o prazer são todas as nossas energias positivas reunidas ao mesmo tempo. Brilhando como o anjo que você está se vendo, e que continua elevando-se mais e mais, repita comigo: "Sou uma mulher forte e poderosa. Posso mudar tudo o que não estiver como eu quero. Acredito e confio na vida. Eu sou diferente dos outros e me amo assim. Coloco-me em primeiro lugar".

Dora repetiu cada palavra bem devagar, massageando o peito sem deixar de sorrir. Quando Silvana pediu que ela reabrisse os olhos, perguntou:

— E agora? Como está se sentindo?

— Incrível — ela estava encantada. — Que trabalho maravilhoso é esse?

— É um exercício de autovalorização. Sempre que sentir necessidade, repita-o quando estiver sozinha.

— Parece que eu fiquei mais forte e confiante. É como um milagre.

— Sim, e você acabou de operar o próprio milagre em sua vida. Descobriu que é única, perfeita, fabulosa, que não depende da opinião e da valorização dos outros porque é superior, porque tem condições de se colocar para cima. Você só começa a se sentir bem de verdade quando se põe em primeiro lugar e não espera que ninguém lhe dê valor. Percebeu que, independente do que tenha feito lá atrás, já passou. Viva somente o agora, para garantir um futuro de paz e tranquilidade.

Lágrimas formaram-se nos olhos de Dora. Até mesmo Graciela estava a ponto de chorar. Robson, igualmente emocionado, abraçou a namorada com carinho.

— Muito obrigada — agradeceu Dora. — Entendi que preciso cuidar melhor de mim e destruir esse vínculo que me prende a Antônio, começando pelo medo que sinto dele. Sou poderosa demais para temer um homem qualquer. Se eu não agir assim, não provarei a mim mesma que me amo em primeiro lugar.

— Perfeito! — brincou Silvana. — A lição foi aprendida com sucesso.

— Silvana, antes de darmos a nossa conversa por finalizada, eu gostaria de sua ajuda mais uma vez — Graciela a olhou fixamente. — O doutor Márcio, médico do nosso hospital, ficou cego por causa de um problema aliado ao diabetes. Soube por alto que ele descuidou-se no tratamento.

— Eu soube disso. Imagino o quanto ele esteja sofrendo.

— O companheiro dele é meu funcionário no parque e veio me pedir ajuda. Doutor Márcio está muito abalado, à beira de entrar em uma grave depressão. Eu pensei em ir até a casa dele para conversar, mas não sei o que diria para consolá-lo. Nem mesmo sei se ele quer ser consolado. Então pensei em você. Creio que ele a receberia e se comprometeria a escutá-la, pelo menos. Posso falar com Carlinhos e lhe pedir o endereço deles.

— É muito bom ajudar as pessoas, desde que seja de coração — consentiu Silvana. — Ficarei feliz se puder contribuir um pouquinho na melhora dele, assim como espero ter contribuído na de Dora.

— E como contribuiu — a governanta bateu palmas. — Nunca me senti tão leve e animada como hoje. Se eu pudesse, sairia daqui pulando como uma pulga.

Robson soltou uma gargalhada, enquanto Silvana e Graciela riam alegremente. Despediram-se logo depois, com Silvana garantindo que também procuraria Márcio. Pelo o que ouvira, talvez o caso dele fosse mais difícil do que o de Dora. Mesmo assim, ela estava confiante de que, se fosse recebida pelo médico, o deixaria mais sereno e mais confiante depois de uma conversa produtiva.

36

Assim que Everton abriu a porta para recebê-la, Silvana sentiu um grande mal-estar. Sua mediunidade bastante desenvolvida fez com que ela percebesse que várias entidades espirituais inferiores estavam próximas ao rapaz.

— Pois não? — ele olhou com pouco caso para a mulher negra e elegante à sua frente.

— Vim conversar com o doutor Márcio. Eu telefonei para ele há cerca de uma hora e o avisei de minha chegada. Carlinhos forneceu o endereço e o telefone daqui à patroa dele, que é minha amiga. Foi assim que consegui contatá-lo.

— Carlinhos está no parque agora. Não fui informado de que receberíamos visitas.

— Você não precisa tomar conhecimento de nada que acontece em minha casa — soou a voz de Márcio, que caminhava devagar atrás dele, as mãos tocando os móveis conforme passava pelo local. — Dê espaço para a moça entrar.

Silvana percebeu quando Everton disfarçou a irritação. Mostrou a ela um sorriso que nada tinha de amistoso.

— Seja bem-vinda — ele aguardou até que ela entrasse e fechou a porta por dentro.

— Silvana, o infeliz que abriu a porta para você saiu ou ainda está aqui dentro? — quis saber Márcio.

— Ele está aqui, perto de mim, encostado à porta — ela respondeu fitando Everton.

— A minha conversa com essa mulher será em particular, Everton. Deixe-nos as sós.

— Tudo bem. Não estava mesmo interessado em ouvi-los. Vou ficar no meu quarto.

Everton começava a se afastar na direção do dormitório quando Márcio tornou:

— Quando eu digo que desejo ficar as sós com a minha visitante, é porque não o quero aqui dentro.

— E você quer que eu espere onde? Na rua?

— Isso é problema seu. Espere na calçada, no bar da esquina, num prostíbulo, numa estrebaria, ou no diabo que o carregue. Agora dê o fora!

Everton olhou para Márcio com tanto ódio que Silvana sentiu um aperto no peito. Não estava lembrada da última vez em que se deparara com uma pessoa tão negativa.

Depois que Everton saiu, Márcio tateou o sofá e sentou-se nele, pedindo que Silvana fizesse o mesmo.

— Peço desculpas pela grosseria! Esse moço está hospedado aqui e não há santo que o faça sair. Saiba que é por causa dele que a minha vida tornou-se uma maldição.

— Entendo — Silvana fez uma pausa e perguntou: — O senhor não usa bengala?

— Pra quê? Nunca mais pretendo sair de casa. Perdi toda a motivação de viver. Não enxergo mais nada mesmo — a voz de Márcio estremeceu.

— Sabe por que eu estou aqui?

— Não exatamente. Já ouvi o seu nome e sei que tem uma escola no centro da cidade onde desenvolve estudos espirituais, acertei?

— Em cheio.

— Só não entendo por que a senhora me procurou. Carlinhos me telefonou pedindo para recebê-la, pouco antes de eu receber sua ligação, fazendo o mesmo pedido. Desculpe, mas se me disser que a minha cegueira se deu por causas espirituais, vou pedir que a senhora também se retire.

— Podemos nos tratar sem tanta formalidade?

— Pode ser — Márcio mordeu os lábios. — O que quer comigo, afinal?

Silvana percebeu que Márcio estava sendo grosseiro com ela e atribuiu essa atitude à situação muito recente que abalara sua vida. Graciela resumira o que tinha acontecido e quando ela conversara por telefone com Carlinhos, horas antes, soube exatamente que encontraria um homem amargurado e revoltado com tudo e com todos. Descobriu que não se enganara.

— Antes de qualquer coisa, quero lhe pedir desculpas, se fui invasiva demais. Estou aqui a pedido de Graciela, a patroa do seu companheiro.

— Ex-companheiro. Carlinhos terminou tudo comigo — somente por se lembrar disso, Márcio quase chorou.

— Também já soube disso. Depois de conversar com ela, eu entrei em contato com Carlinhos, expliquei qual era a minha intenção, caso fosse ouvida por você, e ele me contou mais algumas coisas que aconteceram na vida de ambos desde que você perdeu a visão.

— Então agora ele está espalhando a nossa vida particular para a cidade inteira? Que bom saber disso!

— A cidade inteira é uma única pessoa, que está à sua frente.

Márcio fungou baixinho e Silvana percebeu que ele estava se esforçando para não se render ao pranto.

— Sendo assim, você já deve ter sido informada do que aconteceu comigo. E tudo por causa daquele desgraçado que lhe abriu a porta.

— Por que o culpa?

— Depois que ele veio se instalar aqui, o meu relacionamento com Carlinhos começou a ir de mal a pior. Everton o envenenou contra mim a tal ponto que ele pediu um tempo, quis afastar-se, justo quando mais preciso de sua companhia.

— Mas Everton não é responsável pelo o que houve com os seus olhos.

— Não sei. Reconheço que protelei o tratamento, mesmo quando os meus olhos deram sinais de estar doentes. Eu deixei de cuidar de mim porque precisava cuidar de Carlinhos. E agora, veja só o que eu ganhei.

— Se analisar a fundo, vai perceber que o único responsável pelo que lhe aconteceu foi você mesmo. Movido pela revolta, pode creditar a culpa a Everton, contudo, você deixou de se cuidar, como acabou de dizer. Deu preferência a outra pessoa, deixando de se privilegiar.

— Eu amo Carlinhos. Como poderia deixá-lo de lado?

— Você se colocou de lado, deixou de se bancar, de confiar em si. Pagou um preço alto demais, não acha?

— Eu o perdi. O fato é que ele deixou de me amar.

Márcio começou a chorar baixinho, murmurando:

— Agora sou um cego medíocre. Quem vai me querer? Quem vai se importar comigo? Quem vai querer um fardo para sua vida, como Carlinhos insinuou que eu seria para a dele?

— Quem vai querer um homem que se faz de vítima com tanta facilidade? — devolveu Silvana, sabendo que estava entrando num terreno perigoso. — Quem vai enxergar suas qualidades se você mesmo só está ressaltando o que julga serem seus defeitos?

— Que qualidades eu tenho, moça? Sou um farrapo humano.

— Você é um homem inteligente, que conhece a saúde humana melhor do que ninguém. Mesmo que não exerça mais a profissão, não há como eliminar o médico que existe aí dentro. Seus conhecimentos não serão apagados apenas porque seus olhos deixaram de enxergar.

— Odeio o meu corpo, sabia? Não sou bonito o suficiente para ter mantido Carlinhos comigo.

— Beleza não garante sucesso em nenhum relacionamento. E não critique seu corpo dessa forma, querido. O nosso corpo é um templo em que a vida acontece, é a peça-chave de todas as nossas experiências. O corpo é o veículo da expressão da alma. Seu espírito está dentro de uma máquina espetacular. Conforme você aprende e evolui, torna-se mais bonito, porque o corpo o protege do negativismo. Uma pessoa gostosa é aquela que se gosta, se aceita e se banca. E todo mundo quer manter perto de si uma pessoa assim. Esse é o segredo de fazer uma relação afetiva ir para frente. Somente dessa maneira você mantém uma pessoa querida ao seu lado.

— Não sei se consigo acreditar nisso. Nunca pensei em meu corpo desse jeito.

— Não damos ao corpo a atenção que ele merece. Você sabia que, a todo o momento, o corpo se comunica com a gente? Por exemplo, ele lhe mostrou, através de vários sinais, que os seus olhos estavam apresentando problemas e que requeriam atenção. Portanto, seu corpo comunicou-se, informando que necessitava de cuidados em um determinado local. E você o ignorou.

— Do jeito que você fala, parece que as doenças são sinais que o corpo nos dá de que algo não está funcionando bem.

— Acertou, porque é exatamente isso. Quando uma doença aparece, é o corpo dizendo: "Cuide de mim, preciso de sua atenção". Abandonamos os cuidados corporais porque nos esquecemos do nosso próprio valor. Como você mesmo disse, preferimos dar atenção aos outros porque fomos treinados desde a infância para sermos servis. Aprendemos que as pessoas são mais importantes que nós mesmos.

— Com tudo isso você quer insinuar que eu sou o único responsável pela minha cegueira?

— Infelizmente, sim. Essa é a realidade. Talvez você já estivesse cego para muitas outras coisas. Não enxergava as necessidades do seu corpo, não via a importância de sentir-se bem para que Carlinhos também se sentisse, não vislumbrava que a crença de domínio sobre os outros é mera ilusão, uma vez que só possuímos a nós mesmos. Você nunca perdeu Carlinhos porque jamais o possuiu.

Márcio demorou alguns instantes para responder. Apesar de não ver Silvana à sua frente, ele podia imaginar uma mulher bonita, elegante e sorridente. A agradável fragrância que emanava dela o ajudava a formar melhor esse quadro.

— Não sei o que vai ser da minha vida sem ele — Márcio lamentou.

— Se vocês não terminarem juntos é porque não era para ser assim. Não adianta ir contra a vida. Você não nasceu com ele, portanto, sua vida seguirá normalmente, desde que você faça as devidas adaptações.

— Quero morrer...

— Pare de fazer drama, meu amigo. Despreze essa energia negativa que o envolveu e que está impedindo você de usar seus potenciais ocultos. Agora, com a sua deficiência, eles virão à tona com muito mais facilidade.

— Que potenciais são esses? O que um homem cego pode fazer?

— Somente você poderá responder a essa pergunta. Todavia, saiba que há muitas outras pessoas no mundo que não enxergam, e que levam uma vida plena e feliz, dentro de suas possibilidades. Sei que não estou na sua pele, mas acho que, se eu deixasse de contemplar o mundo com os olhos, passaria a fazê-lo com os outros quatro sentidos. Você vai explorar a realidade de uma forma nova. Descobrirá detalhes nas pequenas coisas, que jamais notou antes. Acredite, Márcio, você viverá num mundo muito mais rico do que o meu.

— Já desisti de tudo. Não sei se saberia recomeçar. Terei muitas dificuldades.

— Aposto que você lidou com muitas antes de conseguir seu diploma como médico — prosseguiu Silvana. — Estudou por longos anos para chegar aonde chegou. E tenho certeza de que foi um percurso repleto de obstáculos.

— Foi mesmo. E eu venci.

— E vencerá de novo, porque agora você será mestre e aluno ao mesmo tempo. A vida lhe tirou a visão, mas ela lhe trará um universo de outras coisas, surpreendendo você diariamente. Aprenda a ler em braille, adquira um cão-guia, compre sua bengala, desenvolva alguma função. Você não gosta de arte? Pinte, toque piano, cante, dance... Tenho certeza de que você tem outras vocações, além da medicina. Só precisa descobri-las.

— Você acha que eu realmente posso conquistar tudo isso?

— Tenho certeza absoluta. Se nenhuma das minhas sugestões funcionarem, eu o autorizo a usar sua bengala para bater com ela em minha cabeça.

Márcio riu e surpreendeu-se ao perceber o quanto uma risada sincera podia ser benéfica. Ele tinha certeza de que ficaria muito mais motivado a seguir em frente se Carlinhos o apoiasse. Por outro lado, em breve o rapaz sairia definitivamente de sua vida.

— Olha, Silvana, não a conheço, mas você fez eu me sentir incrivelmente bem com as suas palavras.

— Depois dessa conversa, acho que você já me conhece sim. Quando se sentir confiante para caminhar nas ruas, quero que vá conhecer a escola onde dou aulas sobre espiritualidade. Graciela e Robson são meus alunos também. Você será muito bem-vindo.

— Eu vou. Não sei como, mas eu vou — Márcio esticou as mãos para frente, seus olhos parados fixos num ponto distante. Quando sentiu as mãos macias de Silvana segurar as dele, sorriu de novo. — Obrigado por ter vindo. E perdoe-me pelo tratamento mal-educado que lhe dirigi ao chegar aqui.

— Sem problemas. Vou deixar-lhe um cartão com o meu telefone. Sempre que quiser conversar, fique à vontade para me ligar.

— Vou me esforçar para mudar.

— Comece por dentro. Quem muda por dentro, muda o mundo à sua volta.

Márcio acompanhou Silvana até a porta, despedindo-se dela com um abraço apertado. Ao ver-se sozinho, retornou ao sofá, pensativo.

Sabia que precisava reagir, conforme ela dissera. Tinha certeza de que Everton queria vê-lo na pior, sofrendo pelo término do relacionamento. Não daria a ele o gostinho de vê-lo derrotado. E ainda mostraria a Carlinhos que ele não seria um fardo para ninguém. Não sabia como, mas pretendia fazer com que, um dia, Carlinhos se sentisse orgulhoso por tê-lo conhecido.

37

Os dias corriam céleres. Na fazenda, tudo estava em paz e em harmonia.

Depois de verificar e constatar que todos os cavalos tinham comida e água limpa em suas respectivas baias, Robson considerou seu dia de trabalho encerrado. A noite já começava a cair e ele precisaria sair da fazenda diretamente para o parque de diversões para acompanhar Graciela.

Se após a invasão à fazenda que quase culminara com a morte da moça, ele já se preocupava com ela, o misterioso assassinato de Darci, cuja autoria remetia à mesma pessoa que sabotara o carro de Afonso, fizera com que ele praticamente não se separasse mais da namorada. Naquele momento ela estava na casa-grande tomando banho e ele a encontraria dentro de poucos minutos.

Ainda não havia evidências que apontassem para algum suspeito em potencial. A polícia nem sequer sabia informar o sexo do assassino. Para Robson, Vanda e Gomes formavam uma dupla de incompetentes, que não tinha capacidade para desvendar um caso pouco complexo em uma cidade tão pequena. O que eles esperavam, afinal? Que uma nova vítima caísse em suas mãos?

Ele ouviu o rangido da porta dupla da estrebaria e virou a cabeça naquela direção. Não conteve um muxoxo de desagrado quando viu Mirela entrar. A filha da delegada trajava um vestido cor-de-rosa que serviria em uma boneca e usava sapatos de salto alto da mesma cor que o vestido. Mostrou um sorriso largo ao vê-lo de pé ao lado de uma montanha de feno.

— Olá, Robson! Eu precisava falar com você.

— Se você puder adiantar o assunto...

Mirela andou devagar até onde ele estava, sempre trazendo um sorriso enigmático nos lábios. Parou diante dele com as mãos na cintura.

— Vim lhe pedir um abraço. Hoje é meu aniversário.

— É mesmo? Parabéns!

Robson esticou a mão para frente com o intuito de cumprimentá-la. Mirela ignorou a mão estendida e saltou sobre ele, prensando-o em um abraço apertado. Quando Robson pensou que conseguiria se livrar dela, a moça o segurou pelo rosto e lascou um beijo na boca dele.

Aturdido com a investida inesperada de Mirela, ele não prestou atenção à câmera fotográfica que espreitava pelo vão da porta dupla, que ela deixou propositadamente aberta ao entrar. Também não se deu conta de que a cena foi registrada diversas vezes. A sequência de fotos foi rápida, silenciosa e sem flash.

— Mirela, você enlouqueceu? — ele a empurrou com força para trás.

— Sim, eu estou louca por você — ela replicou ofegante. — Sonho com seu corpo, com suas carícias, com seus beijos. Não posso resistir mais.

— Você precisa se tratar. Essa sua obsessão por mim não é normal. Se não sair do estábulo dentro de dez segundos, eu serei obrigado a jogá-la para fora.

Ela tinha certeza de que Robson seria capaz de cumprir a promessa. Como conseguira cumprir sua missão com sucesso, não era interessante enfurecê-lo ainda mais.

Tentando conter um sorriso de vitória, ela acenou com a cabeça e caminhou até a porta de saída. Não quis voltar-se para vê-lo a fim de não se intimidar com a expressão dele. Estava saindo quando o ouviu dizer:

— É uma pena que você precise mendigar esmola afetiva, Mirela. Ao contrário de você, que me dá nojo com suas atitudes, Graciela me seduz apenas com o olhar. Ela não precisa roubar um beijo meu como você acabou de fazer. Terá quantos quiser sem ao menos precisar me pedir.

— Que bom pra ela! — foi o que Mirela respondeu, mastigando a raiva.

Saiu a passos largos pela estrada de terra, tomando o cuidado de observar se Robson ou algum outro funcionário não a estava seguindo. Também era preciso ficar atenta à insignificante Graciela, que poderia surgir do nada feito uma aparição.

Convicta de que tudo dera certo, ela entrou em um carro preto, que já a aguardava na saída da fazenda. Assim que fechou a porta por dentro, encarou Estevão, que conferia as fotos pelo display digital da câmera fotográfica.

— Ficaram boas? — ela quis saber.

— Apesar da baixa luminosidade dentro do estábulo, ficaram perfeitas. Consegui captar todos os seus movimentos, magistralmente ensaiados. Olha só.

Ele mostrou a câmera para Mirela, que inclinou o corpo para verificar melhor as imagens. Viu a si mesma, de costas, entrando na estrebaria e parando na frente de Robson. Outra fotografia mostrava-o esticando a mão, como se fosse um convite para que ela se aproximasse dele. Na próxima foto, ela era vista abrindo os braços; na seguinte, estava abraçada a ele, e as três últimas mostravam o beijo. Estevão conseguira uma aproximação da imagem, de forma que o encontro dos lábios de Robson e de Mirela estava bastante nítido. Poucos poderiam provar que aquele não era um beijo espontâneo.

— Você deveria seguir a profissão de fotógrafo, Estevão — Mirela elogiou, devolvendo a câmera a ele.

— Minha área é a agropecuária. De qualquer forma, vou revelar essas fotografias amanhã cedo e deixá-las prontas para a segunda e última parte do nosso plano.

— É uma pena que Darci tenha morrido — lamentou Mirela. — A morte dele me deixou muito assustada.

— Acho que ele tinha muitos inimigos — considerou Estevão. — Com ele fora da jogada, só sobrou você e eu. Temos que unir nossas forças com bastante empenho, se você quiser ficar com meu enteado, e eu, com a grana do velho Afonso.

Mirela concordou. Estevão ligou o carro e logo desapareceram dali. Não perceberam que havia uma testemunha que presenciara parte do ocorrido, e que conseguira ouvir um trecho da conversa deles. Era alguém que poderia destruir o plano dos dois, se não tivesse em mente um único objetivo: apoderar-se da fazenda e dar um fim em Graciela, do mesmo jeito que fizera com Darci e Afonso.

***

Utilizando a recém-adquirida bengala para cegos, Márcio entrou na cozinha. Carlinhos e Everton não estavam. O primeiro encontrava-se trabalhando no parque de diversões e o outro, na fazenda que supostamente o empregara. Àquela altura do campeonato, Márcio já não acreditava se Everton realmente chegou a trabalhar no local afirmado. Se ele tivesse um telefone da propriedade, telefonaria pra lá somente para confirmar.

Andou na direção em que ficava a geladeira. Como sua casa não era muito grande, a tarefa de acostumar-se com a disposição dos móveis não era tão complicada quanto ele pensava no início. Nem sempre fazia uso da bengala e mesmo assim já não tropeçava nem batia o pé em algum objeto. Tomava seus banhos sozinho e, pelo tato, sabia reconhecer os frascos de xampu, condicionador e creme para pentear sem se confundir.

Após a esclarecedora conversa que tivera com Silvana, Márcio começou a encarar sua deficiência sob uma nova intepretação. A cegueira não era o fim do mundo, afinal. O término do seu relacionamento com Carlinhos também não o mataria. Obviamente, ambas as coisas lhe faziam muita falta. Deixar de enxergar era uma das piores coisas que poderia acontecer a alguém, e ele não desejava algo semelhante nem mesmo a um grande inimigo, muito menos a Everton, embora o detestasse. E a ausência de Carlinhos, mesmo que o rapaz ainda estivesse morando com ele, era algo doloroso e cruel. Quando o ouvia aproximar-se, desejava ardentemente poder abraçá-lo, beijá-lo e acariciá-lo. Entretanto, sempre muito reservado, Carlinhos o evitava.

Ele abriu a porta da geladeira e encontrou sem dificuldade a seringa e as ampolas de insulina. Também aprendera a injetar a medicação em si mesmo. Conseguia dosar a quantidade certa e penetrar a agulha na pele sem se machucar. E isso o deixava extremamente satisfeito.

Se a vida lhe tirara a capacidade de enxergar, dera-lhe em troca inúmeras outras habilidades: o desenvolvimento dos outros quatro sentidos, principalmente o tato, a sensação de conquista sempre que conseguia realizar sozinho uma tarefa que antes julgaria impossível, o amor ao próprio corpo, que a cada dia revelava-se um manancial de potencialidades que o surpreendia sempre, o despertar da autovalorização, pois ele não se considerava mais um deficiente e sim um aprendiz de um mundo novo e, acima de tudo, a fé e a coragem para vencer todos os desafios. Desde que conhecera Silvana, nunca mais chorou, nem lamentou sua sina, orgulhando-se de ter dado um belo chute na depressão, que por pouco não o envolveu.

Ele percebeu um movimento sutil atrás de si e virou-se devagar. Apurou o olfato e constatou que ali estava Everton, que entrara na casa tão silenciosamente quanto um gato.

— Boa noite, Márcio! Eu comprei esta camiseta, mas não sei se combina com o meu tom de pele. Eu gostaria de ouvir a sua opinião — provocou Everton, somente para ser maldoso. De repente, fingiu dar um tapa na testa. — Puxa vida, perdoe-me. É que às vezes eu esqueço de que você não enxerga mais.

— Eu posso dar a minha opinião mesmo assim — Márcio sorriu também. — Acho que um traje que ficaria perfeito em você seria uma mortalha. Já experimentou vestir uma?

Tentando ser o último a dar a palavra, Everton insistiu:

— Deve ser terrível perder a visão, não é mesmo? Saber que nunca mais vai se enxergar a luz do sol parece ser um pesadelo.

— Ter você morando em minha casa é um pesadelo muito maior — Márcio ampliou seu sorriso. — Eu posso não enxergar mais, mas pelo menos tenho uma casa própria, que batalhei para conseguir enquanto trabalhava no hospital. Não preciso morar de favor na casa do meu melhor amigo. Também não preciso morar em um galpão, como aquele em que você estará depois de amanhã. Aliás, você havia pedido um prazo de seis dias para sair daqui. Já se passaram treze dias desde então. Se você não tomar seu rumo até depois de amanhã, serei obrigado a alugar uma caçamba para entulhos e atirá-lo dentro dela.

— Sua amargura aumentou depois da cegueira.

— Assim como a sua falta de caráter, que aumenta à medida que você respira.

— Seu rancor se deve ao fato de você ter perdido Carlinhos, não é? — redarguiu Everton falando bem devagar, porque sabia que aquele era o ponto fraco de Márcio. — Três anos de relacionamento jogados no lixo.

Márcio empalideceu. Demorou alguns segundos para responder, enquanto procurava pelas palavras certas:

— Eu nunca o perdi porque ele não era uma propriedade minha. Não temos ninguém, além de nós mesmos. É verdade que eu lamento muito pelo fim do relacionamento, e admito que estou sofrendo com isso, mas não posso desequilibrar toda a minha vida, como eu vinha fazendo, apenas porque ele não quer mais continuar comigo.

Como aquela não era a resposta que Everton esperava ouvir, ele tentou sua última cartada:

— Eu o vi com um moleque da idade dele. Acho que ele está namorando de novo. Carlinhos é muito bonito para continuar sozinho por muito tempo, não é?

Pacientemente, Márcio aplicou em si mesmo a dose de insulina. Depois, recolocou a seringa e o restante do medicamento na geladeira. Somente depois de fechar a porta do refrigerador, foi que ele respondeu:

— Desejo que Carlinhos seja muito feliz, ao lado de quem for. Não sou egoísta a ponto de querer vê-lo infeliz somente porque ele não ficou comigo. Se ele está namorando, e essa pessoa gosta dele de verdade, só posso agradecer a Deus por isso.

Percebendo que não conseguiria atingir Márcio com seu veneno, Everton saiu da cozinha represando o ódio que estava sentindo. Cego maldito! Por incrível que parecesse, o infeliz não se deixara vencer pela deficiência visual, como no início, e mostrava uma invejável confiança na vida e em si mesmo, depois da visita daquela mulher. Era como se, apesar da cegueira, Márcio estivesse moral e espiritualmente melhor do que ele, o que era inadmissível.

Everton não estava conseguindo atingir seus objetivos, de acordo com o que idealizara antes. É certo que ele conseguira romper o relacionamento dos dois, e que a doença de Márcio se revelara um dado positivo a seu favor, contudo, acreditava que Carlinhos fosse se interessar por ele, quando se viesse sozinho e carente. E o imbecil continuava com a mesma rotina de sempre, tratando Márcio com carinho e gentileza, embora não houvesse mais contato físico. E não era nada disso que ele desejava.

Era preciso agir. E depressa. De dentro do seu quarto, enviou uma mensagem de texto a um colega de sua cidade natal, com quem conversara dois dias antes e solicitara apoio. Esse homem era tão vil e hipócrita quanto o próprio Everton. Fariam uma dupla perfeita, se Everton gostasse de rapazes mais velhos.

Minutos depois de enviar sua mensagem, o telefone da casa tocou. Encostando o ouvido à porta, ele ouviu o som dos passos pesados de Márcio arrastando-se até o telefone. Abriu uma fresta da porta para espreitar a reação do médico.

— Alô? — atendeu Márcio.

— Oi... Desculpe incomodar... — a voz masculina parecia hesitante. — Carlinhos está?

— Quem deseja? — imediatamente, Márcio sentiu-se enciumado.
— É o namorado dele. Carlinhos me disse que eu poderia ligar a qualquer horário. Achei que ele já tivesse voltado do parque.
Sentindo um calafrio lhe percorrer o corpo, Márcio murmurou:
— Ele não está. Deve chegar daqui a pouco.
— Ah, obrigado. Você deve ser o ex dele, não é?
— Sim. Ele falou sobre mim?
— Disse que gostava muito de você, mas que o relacionamento não deu certo por conta de alguns fatores que aconteceram. Ele nunca entrou em detalhes, apesar da minha curiosidade. Carlinhos só me contou que continua morando em sua casa até poder encontrar sua própria residência, mas que vocês não mantêm mais relações íntimas.
Abraçado pelo ciúme, nem por um momento Márcio parou para avaliar a veracidade das palavras proferidas pela voz desconhecida. Carlinhos conhecera outra pessoa mais depressa do que ele poderia imaginar. Ou, quem sabe, ele até já tivesse conhecido aquele sujeito, que talvez fosse o verdadeiro pivô do término do relacionamento deles.
Temendo ouvir mais coisas das quais não gostasse, Márcio colocou o fone no gancho e, usando a bengala, andou devagar até a varanda, que dava acesso ao quintal. Ali, sentou-se em um banco de madeira e deixou-se ficar.
Foi assim que Carlinhos o encontrou, meia hora depois, ao chegar do trabalho. Everton não estava por perto. Márcio encontrava-se recostado no banco, com os olhos cerrados, como se estivesse dormindo. A bengala retrátil estava sobre o banco, ao lado dele. A cena deixou Carlinhos de olhos marejados.
— Por que está me olhando, Carlinhos? — Márcio indagou de repente, sem se voltar para ele.
— Como soube que eu estava aqui?
— Aprendi a distinguir o som provocado pelo seu caminhar. Ademais, seu perfume é inconfundível. Fui eu que o comprei para você.
— Posso me sentar ao seu lado?
— Claro — Márcio tirou a bengala do banco. — Fique à vontade.
— Você não prefere deitar-se? — Carlinhos sussurrou. — Pensei que estivesse dormindo.
— Prefiro continuar por aqui. E você?
Mesmo sabendo que não o veria, Márcio virou o rosto para ele. Decidiu que não seria conveniente comentar sobre o telefonema do atual

namorado de Carlinhos. Não queria ouvir nada que pudesse magoá-lo ou entristecê-lo.

— Vou tomar um banho, comer alguma coisa e me deitar logo depois.

Márcio não respondeu. Carlinhos olhou de soslaio para a bengala dobrável que o médico segurava entre as mãos.

— Está tudo bem com você? — era incrível como, após três anos de relacionamento, eles não tivessem mais assuntos para conversar entre si.

— Ótimo — Márcio apontou para cima. — O que você vê?

Carlinhos ergueu a cabeça para o alto e avistou um céu límpido e escuro. A lua estava cheia e cintilava como se fosse a rainha do firmamento. Ao lado dela, milhares de estrelas prateadas brilhavam intensamente.

— Vejo um céu sem nuvens, uma lua cheia e muitas estrelas.

— Foi o que eu imaginei. Mas não queria que você me desse essa resposta.

— Não? E o que eu deveria ver então?

— Queria que você percebesse que sempre haverá luz acima de nós. Que diariamente recebemos esse brilho natural que vem da natureza, e que não percebemos isso por estarmos ocupados fazendo outras coisas. As estrelas brilham para nós, brindando-nos com uma amostra gratuita da perfeição de Deus.

Carlinhos permaneceu em silêncio. Nos últimos dias Márcio estava bem diferente, mais seguro de si, mais animado e tranquilo, menos triste e sisudo. Uma grande mudança positiva operara-se significativamente na vida dele.

E vendo-o ali, sentado num banco de madeira, segurando uma bengala para cego, com os olhos que já não enxergavam voltados para o alto, e um tranquilo sorriso movendo-lhe os lábios, Carlinhos descobriu algo que seu coração sempre soube.

Teve vontade de abraçar Márcio, mas não queria ceder à emoção do momento. Por isso, levantou-se do banco rapidamente.

— Preciso tomar um banho. Estou muito suado.

— Faça isso. Eu vou continuar por aqui, sendo abençoado pela luz divina que vem do céu. Eu não a enxergo, mas sinto-a em meu coração.

Carlinhos voltou para dentro da casa com o coração apertado e uma surpreendente decisão. Tudo o que ele sentia e sabia era que sua vida estava prestes a passar por outra reviravolta, e desta vez muito melhor.

38

Ao mesmo tempo em que Carlinhos e Márcio conversavam sob um céu estrelado, Graciela estava na janela de seu quarto, também contemplando o espetáculo divino exibido no firmamento. Fitava as estrelas e a lua cheia com olhar embevecido, ouvindo o piar de uma coruja à distância e os estrilos dos grilos que estavam mais próximos.

Baixando o olhar, ela viu o pisca-pisca dourado dos vagalumes, que dançavam no ar alegremente. A cada dia ela se encantava mais pela fazenda. Só não entendia como alguém podia se apaixonar pelo mesmo local que detestara durante dezoito anos.

De repente, pareceu que o cenário mudou. Os vagalumes desapareceram, os grilos silenciaram e a coruja parou de piar. Intrigada, Graciela espreitou a campina escura que se descortinava à sua frente, sentindo uma súbita mudança de energia no ar. Contendo um arrepio desagradável, ela apertou os olhos, como se quisesse enxergar além da escuridão.

Nada viu que lhe chamasse a atenção. Porém, poderia jurar que havia alguma coisa errada. Teve a nítida sensação de que estava sendo observada. Era inquietante saber que alguém a encarava sem que ela pudesse retribuir o olhar, sem que fizesse a mínima ideia de quem a observava, ou o porquê.

Robson estava na casa dele. Os funcionários da casa-grande, com exceção de Dora, haviam sido dispensados naquela noite. As duas mulheres estavam sozinhas, o que não a encorajava em nada.

Fechou o vidro da janela, cerrou as cortinas e ligou o ventilador de teto. Desde que fora atacada dentro da fazenda, ela nunca mais deixara a janela do quarto aberta. Além disso, emitiu uma ordem expressa aos funcionários para que todas as janelas da casa fossem trancadas a partir das dezoito horas. Estava ciente de que sua medida preventiva era pouco eficiente para uma pessoa que sabia sabotar os freios de um carro, mas algo precisava ser feito para tentar garantir sua segurança.

Robson insistira em passar todas as noites com ela porque não gostava de imaginá-la sozinha na fazenda. Graciela fora contra a ideia porque achava que não se sentiria confortável tendo uma rotina de mulher casada. Dormir e acordar ao lado do namorado diariamente faria com que ela se sentisse a esposa de Robson. E só o que ela desejava por ora era aproveitar os bons momentos ao lado do homem que amava, respeitando a privacidade de cada um.

Ainda com a impressão de que estava sendo espreitada por alguém que estava mergulhado na escuridão lá fora, ela abriu a bolsa e apanhou o celular. Discou um número e suspirou aliviada ao ouvir a voz de Alexandre:

— Boa noite, Graci! Tudo bem?

— Boa noite! Eu queria saber se você está aí fora.

— Sim. Sentado no alpendre, em uma velha cadeira de balanço — a voz dele pareceu preocupada. — Aconteceu alguma coisa?

— Não sei... Acho que é coisa da minha cabeça. Eu estava olhando pela janela e tive a impressão de estar sendo observada. Não vi ninguém, nem percebi alguma movimentação suspeita. Acho que é apenas um trauma bobo.

— Vou verificar em volta. Se você autorizar, também quero entrar na casa para fazer uma vistoria.

— Claro, Alexandre. Fique à vontade. Obrigada.

Graciela desligou e retornou à janela, abrindo o vidro novamente. Logo avistou o jovem policial fazendo a ronda, com uma lanterna na mão. Sem a farda, ele parecia um adolescente. Alexandre assoviava tranquilamente e, aos poucos, ele sumiu na penumbra da noite.

Quando alguém bateu à porta do seu quarto, Graciela não conteve um gritinho de susto. Aproximou-se devagar, com o coração disparado.

— Quem é?

— Eu, Graci. Quem mais seria?

Aliviada por reconhecer a voz de Dora, ela destrancou a porta e sorriu para a governanta, que entrou devagar. Dora ergueu as sobrancelhas ao ver que Graciela girou a chave duas vezes na fechadura.

— Sei que não é bom me sentir assustada, pois quando alimentamos o medo damos crédito para as coisas ruins — expressou-se Graciela. — Silvana já me falou sobre isso. Por outro lado, acho que ainda estou abalada. Vi a morte de perto naquela noite.

Dora a abraçou com carinho. Juntas, sentaram-se na cama de Graciela. Depois do exercício que fizera com Silvana, Dora estava mais animada, sempre sorridente, dizendo que acendera a própria luz. Contava que em breve ganharia coragem para andar sozinha nas ruas, pouco se importando se encontraria Antônio em seu percurso.

— Você tem tempo para conversar? — Dora indagou.

— Hoje voltei mais cedo do parque, porque estava exausta. Roque, o gerente de lá, ficou responsável por desligar e trancar tudo. Portanto, estou à sua disposição.

Dora ajeitou-se melhor na cama, fitou o piso por alguns instantes e finalmente ergueu o rosto para sua patroa.

— Você já me ouviu dizer que cometi alguns erros no passado.

— Sim. E por causa desses erros você acreditava ser merecedora das surras que recebia de seu marido.

— Exatamente! Também sei que está curiosa para saber do que se trata, e que só não me pressionou a contar porque respeitou o meu pedido de que você aguardasse o momento em que eu estivesse em condições de desabafar.

— Não vou negar a minha curiosidade — sorriu Graciela. — Até porque não consigo imaginar que a doce e cálida Dora tenha errado tanto assim.

— Antes de começar meu relato, gostaria de lhe fazer um pedido.

— Pode falar.

— Não quero que você me julgue pelas minhas atitudes e, principalmente, que não me odeie. Independentemente do que você ouvir, rogo seu perdão desde já.

— Não pode ser nada tão grave.

— Quando eu terminar a minha narrativa, você poderá tirar as suas próprias conclusões. Eu não sei o que seria de mim se angariasse o seu ódio. Não me canso de repetir que você é como uma filha para mim.

— A filha que você nunca teve.

Dora ficou pensativa antes de responder:

— Realmente nunca tive uma filha. Quando eu dei à luz, nasceu um menino.

— Você é mãe? — Graciela arregalou os olhos. — Nunca poderia imaginar que você e Antônio tiveram um filho. Onde ele está agora? Não me diga que faleceu.

— Jamais engravidei de Antônio.

— Então quem é o pai? Eu o conheci?

Dora respirou fundo, sentindo que as primeiras lágrimas estavam prestes a cair. Foi num tom quase sussurrado que ela respondeu:

— Afonso é o verdadeiro pai do meu filho, Graci. Você tem um meio-irmão.

***

Estevão escutou o barulho do chuveiro ligado, enquanto Robson se banhava, e disse a si mesmo que chegara o momento de colocar em prática a parte final de seu plano com Mirela. Revelaria na manhã seguinte as fotografias do beijo que ela dera em Robson. Como estava ciente de que qualquer pessoa poderia duvidar da veracidade dos retratos, principalmente em uma época em que fazer montagem de fotos não era uma tarefa difícil, era preciso que a mesma cena fosse vista com os próprios olhos. As fotografias seriam apenas um complemento.

Usou o próprio celular para entrar em contato com Mirela.

— Venha para cá agora mesmo — ele murmurou quando ela atendeu. — Robson está no banho. Normalmente, quando ele sai do banheiro, segue direto para o quarto. Caso haja algum imprevisto, eu mando uma mensagem para que você espere.

Mas nada disso foi necessário. Robson terminou o banho e, como Estevão dissera, o rapaz foi para o próprio dormitório e fechou a porta. Estevão tornou a telefonar para Mirela, avisando que ela poderia entrar.

A filha da delegada estava deslumbrante. Usava um vestido justo, que se colava ao seu corpo como uma segunda pele. Se Estevão não tivesse seus próprios ideais, todos de cunho financeiro, daria um jeito de levar aquela garota para a cama.

— Sabe o que deve fazer, não é? — Estevão quis confirmar, falando baixinho.

— Claro. A porta do quarto dele está destrancada? — balbuciou Mirela no mesmo tom.

— Creio que sim. Mas ainda que ele a tenha trancado, eu tenho uma cópia da chave comigo.

— Ótimo. Quando você vai telefonar para Graciela?
— Daqui a pouco. Enquanto isso, acho importante repassarmos o plano mais uma vez. Não poderemos falhar, Mirela, ou tudo estará perdido.

***

Graciela continuou mirando o rosto de Dora, como se esperasse que ela fosse sorrir e admitir que estava lhe pregando uma peça.
— Você está dizendo que engravidou do meu pai?
— Você já havia nascido quando isso aconteceu. Tinha cerca de dois anos de idade. Sua mãe continuava viva e a amava muito — lágrimas grossas desceram pelo rosto de Dora. — Entretanto, o casamento dela com seu pai não ia muito bem. Os dois discutiam muito, porque Madalena reclamava que Afonso dedicava mais atenção à fazenda do que a ela. Os dois brigavam bastante e creio que nessa época eles deixaram de manter relações íntimas.
— Como posso acreditar que tudo isso é verdade? — estarrecida, Graciela também começou a chorar. — Até onde eu sei, meus pais se amavam.
— É verdade. Eles realmente se amavam muito. Mesmo assim, todo casamento tem sua fase de crise e a deles foi nesse período. Discutiam sempre que você estava dormindo, pois não queriam deixá-la emocionalmente abalada.

Graciela não respondeu. Chorava silenciosamente, ouvindo o relato da governanta.
— Houve uma noite em que Afonso foi ao meu quartinho. Madalena fora visitar uma amiga dela em Campinas, levando você como companhia. Seu pai contou-me que se sentia incompreendido pela esposa, pois ele não podia dedicar todo o seu tempo a ela, já que a fazenda estava prosperando e era preciso manter o foco no trabalho. Afonso sempre foi um excelente homem de negócios.
— E o que você fez?
— Foi a partir daí que os meus erros começaram. Sempre havia respeitado seu pai como meu patrão e nunca cogitei a possibilidade de me envolver afetivamente com ele. Eu sabia qual era o meu lugar enquanto funcionária. Ademais, eu já estava casada com Antônio. Nesse tempo ele não me agredia e era um bom marido.
— Mas nessa noite você não resistiu — deduziu Graciela.

Dora fez que sim com a cabeça.

— Vendo seu pai ali, confessando sua vida particular para mim, eu não me contive e o abracei. Ele retribuiu o abraço e logo estávamos nos acariciando. Ele ficou comigo, naquela estreita cama de solteiro. Mal conseguimos dormir devido ao aperto, mas eu estava feliz. Admito que me senti valorizada como mulher. Quando amanheceu, ele falou que cometera uma tolice, que jamais deveria ter traído Madalena, e que ela ainda era a mulher de sua vida. Pediu-me que eu me esquecesse da nossa noite de paixão, como se essa fosse uma tarefa fácil. O assunto deveria morrer ali, e ambos nos comprometemos a agir como se nada tivesse acontecido.

— Foi quando você descobriu que estava grávida — adiantou-se Graciela, tentando imaginar o final daquela história.

— Sim. Quando revelei a minha gravidez a ele, Afonso foi categórico, exigindo que eu tirasse a criança. Eu me neguei, não por ser contra o aborto, mas por não achar justo eliminar uma vida por causa de um deslize nosso. E depois, eu queria ser mãe. Nem eu e nem Antônio somos estéreis, porém jamais consegui engravidar dele. Não me pergunte o motivo.

— E como Antônio reagiu quando descobriu que você estava grávida?

— Obviamente, eu me vi obrigada a mentir. Fiz com que ele acreditasse que estava esperando um filho dele, o que o deixou muito feliz. Por outro lado, seu pai continuava insistindo para que eu tirasse o feto, talvez por temer que, no futuro, eu fizesse ameaças ou exigisse algo dele.

As duas mulheres continuavam soluçando, cada uma por suas razões. Graciela reuniu forças para indagar:

— Você levou a gravidez até o fim?

— Levei, sempre iludindo Antônio, enganando-o com uma falsa paternidade. O pior, contudo, estava para acontecer. Faltavam cerca de duas semanas para o meu parto quando, após uma violenta discussão entre os seus pais, Afonso revelou à esposa que o filho que eu esperava era dele. Foi um escândalo abafado, pois eles não queriam que ninguém soubesse disso. Madalena foi categórica: ou eu deveria sumir da vida deles com o bastardo, como ela chamava a criança, ou ela desaparecia para sempre levando você a tiracolo.

— Eu era pequena quando a minha mãe faleceu, mas não me lembro desse lado maldoso dela. Ela sempre me tratou com amor.

— Volto a repetir que ela a amava. E hoje eu a compreendo. Qual mulher aceita uma traição sem pestanejar? Ela confiava em mim e, após descobrir o que houvera, odiou-me até o dia de sua morte, no Rio de Janeiro. Ela viajara para visitar a irmã dela na capital carioca, onde fora baleada durante um assalto.

— Eu sei disso. Eu tinha apenas dez anos quando ela se foi.

— Afonso voltou a me procurar, apresentando-me a ameaça feita por Madalena. Ou eu, ou ela. Eu me recusei a desaparecer da cidade, uma vez que já havia jurado que nunca o cobraria por nada. Começamos a discutir quando meu marido entrou na biblioteca. Antônio viera me buscar e escutou toda a conversa. Ficou furioso, quis agredir seu pai e terminamos expulsos da fazenda. Eu achei que seria demitida.

— Mas não foi.

— Eu precisava do emprego. Quando voltei a trabalhar no dia seguinte, Afonso me fez uma proposta. Eu manteria o meu cargo de governanta desde que aquela história de gravidez fosse abafada. Ele sugeriu que eu entregasse o meu filho aos cuidados do orfanato da cidade. Antônio concordou com a proposta e eu não vi outra opção, a não ser enviar o bebê para adoção. Pedi que a direção do orfanato jamais entrasse em contato comigo. Desde então, nunca mais o vi. Não sei dizer se ele foi adotado, se ainda mora na cidade, o nome que possui ou sua aparência. E confesso que nem tenho essa curiosidade.

— Um irmão! — exclamou Graciela, sentindo-se perdida diante daquela chocante revelação. — Eu tenho um irmão mais novo perdido por aí.

— Sim, tem. Reconheço que o que fiz foi imperdoável. Ainda assim, estou aqui sentidamente para implorar pelo seu perdão, se preciso for — choramingou Dora, emocionada. — Você compreende porque Antônio vinha me agredindo ao longo de todos esses anos? E percebe porque eu fui conivente com essa violência? Consegue notar porque eu me julgava merecedora de todos os castigos que recebesse?

— Só preciso de um tempo para pensar, Dora. Nesse exato momento eu não saberia o que dizer a você. Foram muitas informações de uma só vez. Se esse irmão ainda estiver vivo, por direito, ele também é herdeiro de metade dos bens deixados pelo meu pai. Preciso descobrir quem ele é, onde vive agora. E se for alguém que necessita de ajuda financeira? Vou contratar um detetive o quanto antes para investigar tudo.

— Eu ficarei feliz se puder ajudar. Seu pai levou esse segredo para o túmulo, mas eu estou aqui e também peço perdão em nome dele, de sua mãe e de todos os envolvidos. E pelo o que for mais sagrado, Graci, não me odeie como fez sua mãe.

Vendo Dora ali, perto de si, encolhida, trêmula e chorosa, algo acalmou o coração de Graciela. De acordo com o que aprendera com Silvana em suas aulas, o passado não tinha forças e não deveria influenciar no presente. Deixando-se levar pela emoção, ela abraçou Dora com força.

— Eu a amo muito, minha amiga. Nada do que você tenha feito vai mudar o que sinto por você. Eu nunca poderia odiá-la. É muito especial para mim.

Dora tentou responder, porém foi interrompida por novos soluços, chorando muito. Graciela ia abraçá-la de novo quando seu telefone celular tocou.

— Quem é? — ela atendeu, quando não reconheceu o número que apareceu no visor do celular.

— Aqui é Estevão. Sei que não temos muito que conversar, mas creio que a saúde de Robson vem em primeiro lugar. Ele está trancado dentro do quarto e acredito que esteja passando mal, pois o ouvi gemer. Jurei tê-lo ouvido chamar seu nome. Venha até aqui com urgência. Enquanto isso, vou ver se consigo arrombar a porta.

Estevão desligou. Pálida, Graciela apanhou um par de botas e pôs-se a calçá-las.

— O que está acontecendo? — inquiriu Dora.

— Acho que Robson não está bem. O nojento do padrasto dele pediu que eu fosse lá agora mesmo.

— Quer que eu a acompanhe?

— Não. Caso fique com medo por estar sozinha, peça que Alexandre entre e lhe faça companhia até a minha volta.

Instantes depois Graciela ligou o carro e saiu em alta velocidade.

39

— Graciela chegou — anunciou Estevão para Mirela, quando avistou o carro da fazendeira parar diante de seu portão. — Seja rápida!

Para surpresa de Estevão, ela despiu o vestido, revelando que estava inteiramente nua por baixo dele. Descalçou os sapatos e levou-os na mão até a porta do quarto de Robson. Testou a maçaneta e ficou satisfeita por notar que a fechadura não estava trancada.

Ela ouviu o barulho do portão sendo destrancado por Estevão para que Graciela pudesse entrar. Nesse instante, ela avançou silenciosamente para dentro dos aposentos escuros de Robson, fechando a porta ao passar. Conseguiu ver os contornos de um corpo musculoso e despido sobre a cama, ressonando baixinho.

Esperou até ouvir a voz nervosa de Graciela, que se aproximava rapidamente. Mirela jogou o vestido e os sapatos de qualquer jeito no chão, e atirou-se na cama de Robson, que despertou assustado. Antes que ele conseguisse reagir, a porta foi aberta violentamente graças ao pontapé dado por Estevão. Graciela acendeu a luz:

— Meu amor, o que você...

Ela estacou no chão, interrompendo-se diante da cena à sua frente. Só o que viu foi Robson sentando-se na cama e enrolando-se no lençol, atordoado, e Mirela ao lado dele, revelando toda a beleza de seu corpo nu. A loira mostrou um sorriso de vitória diante da expressão de horror de Graciela. Atrás dela, Estevão mal continha um ar de satisfação.

— Alguém pode me explicar o que está acontecendo aqui? — exigiu Graciela, sufocando um grito de raiva.

— Eu não sei — justificou Robson, tentando espantar o sono. — Mirela acabou de entrar e deitou-se aqui. Não sei de onde ela veio.

— Como não sabe, querido, se você mesmo me pediu que eu viesse — Mirela lançou um olhar entristecido para Graciela. — Ele tem memória fraca, não?

— Desgraçada! Infeliz! Vagabunda! — berrou Graciela.

Descontrolada, ela avançou contra a filha da delegada, agarrando a moça pelos longos cabelos e sacudindo-a para todos os lados. Estevão adiantou-se para intervir, mas Robson vestiu a cueca com rapidez incrível e postou-se diante do padrasto, agarrando-o pela camisa.

— Foi você quem autorizou que ela entrasse? Por que fez isso?

— Largue-me, Robson, eu nem sabia que ela estava aqui.

Na cama, Graciela montara sobre sua adversária e desferia tapas e socos contra o rosto de Mirela. Empurrando Estevão para trás, Robson foi até as duas mulheres e separou-as bruscamente. Arrancou Graciela de cima da outra, recolheu o vestido e os sapatos de Mirela e lançou-os sobre ela.

— Vista isso e suma daqui, vadia! — ordenou. — Acha que realmente poderia me separar de Graciela com esse truque sujo?

Mirela, toda arranhada, com os cabelos desgrenhados e os lábios feridos, abraçou o próprio corpo, chorando baixinho.

Graciela fitou Robson com o rosto afogueado.

— Não esperava por essa palhaçada. É assim que você estava passando mal?

— Ah, qual é? Eu estava dormindo. Vai mesmo acreditar em todo esse teatro? Não percebeu que isso foi arranjado? Você é muito inteligente para cair nesse truque.

Ela não deu resposta. Virou as costas e saiu correndo. Robson tentou seguir em seu encalço, quando lembrou-se que estava em trajes menores. No minuto seguinte ouvir o ronco do motor do carro de Graciela, que dera partida.

Sentindo gana de estrangular Estevão e Mirela, Robson voltou ao quarto, vendo que ela já estava se vestindo. Ele apontou o dedo para Estevão.

— Isso é coisa sua. Vocês combinaram esse golpe juntos.

— Não sei do que está falando — contrapôs Estevão, agoniado.

— Quero olhar o seu celular.

— Para quê?

— Não me faça repetir a ordem. Dê-me o seu celular.

A contragosto, Estevão tirou o aparelho do bolso e o entregou ao enteado. Robson passou o dedo pela tela sensível ao toque algumas vezes e viu que o último número chamado fora o celular de Graciela. Antes desse telefonema, havia duas ligações efetuadas para Mirela.

— Você atraiu Graciela para cá porque queria que ela me visse junto com essa meretriz. Não se envergonha do que fez? — indignou-se Robson encarando Estevão.

— Não sou meretriz — berrou Mirela, revoltada. — Saiba que vou denunciá-lo por agressão à minha mãe. Vai passar um bom tempo atrás das grades.

— Isso mesmo. Vá fofocar para a sua mamãezinha e mande-a vir me procurar. Veremos quem vence a batalha — Robson agarrou Mirela pelo braço conduzindo-a à força para a porta de saída. Levou-a assim até a calçada, onde a empurrou para frente sem dó nem piedade. — Agora, acrescente que foi jogada na rua, como se fosse um saco de lixo que, aliás, tem mais valor do que você. Fora daqui!

Ele ignorou os palavrões com que Mirela respondeu à humilhação e voltou para dentro de casa. Estevão estava encostado em uma parede, lívido como cera.

— Você tem uma hora para reunir seus pertences e sair da casa — explicou Robson, falando devagar para manter a calma.

— Recolha suas tranqueiras e procure outro lugar para se enfiar. A casa está em meu nome e não sou obrigado a tolerá-lo aqui por nem mais um dia.

— Já é bem tarde — revidou Estevão. — Para onde vou com as minhas coisas em horário tão avançado?

— Isso é problema seu. Peça abrigo na casa de Mirela, sua mais nova amiga — Robson sacudiu o celular do padrasto. — Seu telefone ficará comigo, porque quero mostrá-lo a Graciela. Você foi tão burro que não pensou em apagar os registros de suas últimas ligações. Não sei o que pretendeu com tudo isso, nem sei se estou interessado em saber. Como se não bastasse, ainda terei de provar a minha inocência a Graciela.

Dando a discussão por encerrada, Robson voltou ao quarto para trocar de roupa. Precisaria conversar com Graciela o quanto antes e colocar aquela história em pratos limpos.

***

Com os olhos embaçados por lágrimas de decepção, mágoa e dor, Graciela estacionou diante da entrada principal da fazenda. Desceu do veículo com agilidade e tentou encobrir o rosto quando Alexandre postou-se em seu caminho.

— Percorri toda a extensão principal das terras e não encontrei nada que me parecesse suspeito — ele foi logo dizendo, parando de falar ao notar os olhos vermelhos de Graciela. — O que aconteceu?

— Descobri que não devemos confiar em ninguém — ela respondeu, passando por ele rapidamente e adentrando a casa.

Subiu as escadas correndo e rezou para não cruzar com Dora, pois não queria dar satisfações a ninguém sobre o que pretendia fazer. Para sua tranquilidade, a governanta fora dormir, exausta pelas atividades que uma casa imensa como aquela exigia.

Ao entrar em seu quarto, Graciela apanhou uma grande mala de couro que retirou de cima do guarda-roupa e colocou-a aberta na cama. Jogou peças de roupas abruptamente dentro dela, secando as lágrimas que insistiam em pingar de seus olhos.

A todo instante vinha à sua mente a cena de Robson e Mirela na mesma cama, ambos nus, trazendo no rosto expressões de surpresa e espanto, como se jamais esperassem serem flagrados em pleno ato íntimo. Agora ela conseguia imaginar o que Estevão quisera dizer quando afirmara ter ouvido Robson gemer. E ele ainda tivera a ousadia de chamar por ela, na certa porque os nomes Mirela e Graciela tinham pronúncias semelhantes, e ele deveria ter se confundido durante o ato.

Quando achou que a mala estava abastecida com os itens mais básicos de que precisaria usar nos próximos dias, ela fechou o zíper com força, quase arrancando-o do lugar. Em seguida, arrancou a folha de um caderno que retirou de uma gaveta, pegou uma caneta e escreveu algumas palavras nela. Dobrou-a em quatro partes ao terminar.

Na sequência, ela apanhou o celular, a bolsa e as chaves do carro. Trancou a porta do quarto, passou pelos aposentos de Dora e empurrou o bilhete dobrado por debaixo da porta. Desceu as escadas tão depressa quanto havia subido.

Esperava ter tempo de ir embora antes que Robson viesse procurá-la, pois sabia que ele faria isso. Para Graciela, era comum os homens buscarem justificativas para as suas infrações, sempre na tentativa de convencer as mulheres de que eles eram dignos de serem perdoados.

Apesar de gostar bastante de Alexandre, torceu para que ele não lhe enchesse a paciência, fazendo perguntas que ela não gostaria de responder. Ao vê-la sair da casa arrastando a imensa mala, o jovem policial levantou-se da cadeira onde estava confortavelmente sentado e aproximou-se dela.

— Você vai viajar?

Os questionamentos haviam começado. Sem deter sua caminhada, ela replicou:

— Preciso arejar meus pensamentos em outro lugar.

— Que outro lugar pode ser melhor do que aqui para se refletir? É tão bom estar cercado pela natureza.

— É o que eu também pensava, pelo menos até hoje — ela apontou para o carro. — Você pode me ajudar a colocar a bagagem no porta-malas?

— Claro que sim — solícito, ele obedeceu à ordem, sentindo que algo muito importante havia acontecido. Os olhos avermelhados de sua patroa indicavam que ela havia chorado, ou que estava muito perto de fazê-lo.

— Obrigada — ela agradeceu quando Alexandre fechou o porta-malas. — Caso Dora ou qualquer outra pessoa pergunte por mim, diga que eu precisava de uns momentos comigo mesma, isolada de qualquer contato humano.

— Caramba! E isso é possível? — ele sorriu. — Não me diga que você vai se juntar aos monges tibetanos.

— Ficaria feliz se pudesse fazer isso.

Graciela entrou no carro e ligou o motor. Tinha pressa em desaparecer dali o quanto antes. A dor da traição assemelhava-se a facadas profundas em seu coração.

— Durante quantos dias você pretende ficar fora? — quis saber Alexandre, aparecendo na janela do carro, cujo vidro estava abaixado.

— O tempo que for necessário — ela prendeu o cinto de segurança e mostrou um sorriso forçado para ele.

— Desculpe a intromissão, mas eu tenho a impressão de que você está fugindo de alguma coisa. Espero que não esteja sendo ameaçada outra vez.

— Está tudo bem, não se preocupe. Se perguntarem por mim, diga apenas que eu saí com o carro. Não precisa mencionar a mala. E obrigada mais uma vez.

Alexandre recuou alguns passos e acompanhou o carro da moça com os olhos até vê-lo sumir de vista.

Robson chegou à fazenda quinze minutos depois de Graciela ter partido, montado no cavalo que era seu meio de transporte. Saltou do animal e foi até Alexandre, que o fitava com expressão de espanto:

— Se ela o proibiu de me deixar entrar, saiba que serei obrigado a esquecer-me da nossa amizade e partir a sua cara em duas.

— Não precisa ser tão violento, amigão — Alexandre fez um gesto com as mãos em sinal de paz. — Ela não está.

— Como assim, não está? Ainda não chegou?

— Chegou e saiu. Não me deu a mínima satisfação. Se você tivesse chegado alguns minutos antes, conseguiria interceptá-la.

— Nem mesmo mencionou o local para onde iria? — afligiu-se Robson.

— Nada. Ela passou por mim tão silenciosa quanto um ratinho. E sei que não é da minha conta, mas acho que ela estava chorando. Os olhos dela estavam vermelhos como duas cerejas.

— Droga! — furioso, Robson deu um murro contra a porta de entrada. — Não imaginava que ela seria tão infantil. Custava pelo menos me deixar explicar?

— Eu não sei o que aconteceu entre vocês. Se ajudar, você pode conversar com Dora. Tenho certeza de que ela sabe para onde Graciela foi.

— Você vai abrir a porta para mim?

— Está aberta. Ela não a trancou nem deixou as chaves comigo. Acho que Dora ficou com as cópias.

— Muito obrigado — disposto a não perder tempo, Robson entrou na casa às escuras e não se deu ao trabalho de acender as luzes. Conhecia o caminho muito bem. Quando se viu no piso de cima, procurou pelo quarto de Dora e bateu vigorosamente na porta. — Dora, sou eu, Robson! Abra a porta, por favor. Depressa!

Em menos de um minuto uma Dora toda descabelada surgiu diante dele. Os olhos miúdos revelavam que ela ainda não conseguira afugentar o sono, interrompido tão bruscamente.

— O que você está fazendo aqui? Não estava passando mal?

— Isso é parte de uma confusão que não dá tempo de explicar agora. Para onde ela foi?

— Ela quem? Graciela? Saiu daqui dizendo que ia à sua casa.

— Ela realmente foi, porém surgiu um mal-entendido e ela se viu obrigada a voltar. Alexandre me disse que ela saiu com o carro sem dar explicações.

— Você está nervoso! Não me diga que discutiram.

— Ela compreendeu mal uma situação que... — de repente, ele baixou os olhos e reparou que Dora estava pisando em um papel. — O que é isso? — apontou.

Ela abaixou-se, desdobrou a folha de caderno e leu rapidamente a mensagem. Ao erguer os olhos para ele, estava pálida e aturdida.

— Ela voltou para São Paulo. Não disse o motivo. Só acrescentou que eu estou proibida de dar-lhe essa informação.

Robson arrebatou o bilhete das mãos dela, sentindo uma raiva assassina tomar conta dele. A raiva não era contra Graciela, e sim contra seu padrasto e Mirela. Ao sair de casa, ele fizera questão de relembrar Estevão que, ao retornar, não queria encontrá-lo lá.

— Dê-me o endereço do apartamento em que ela morava na capital.

— Não sei se estou autorizada — Dora estremeceu. — Ela não...

— Eu dou toda a autorização de que você precisa. Confie em mim, Dora. Graciela pode cometer uma loucura se eu não chegar até ela com urgência.

— Não sei que rolo vocês arrumaram, mas eu acredito em suas palavras. Pegue uma caneta e um papel. Vou lhe dar o endereço.

40

Por ter certeza de que o primeiro lugar em que a procurariam, por quem quer que fosse, seria o seu apartamento, Graciela decidiu hospedar-se em um hotel, em Moema. Durante os anos em que reinara nas altas rodas sociais, conhecera e fizera amizade com pessoas importantes. Uma de suas amigas era filha do proprietário daquele hotel, um dos melhores da região, famoso por oferecer conforto, lazer e alimentação de primeira qualidade.

Uma vez instalada no quarto, ela entregou-se às lágrimas. Nunca fora uma mulher fraca e sensível, que se rendia facilmente ao pranto. Havia momentos em que nem estava se reconhecendo. Contudo, bastava lembrar-se de Robson e Mirela na mesma cama, despidos, que ela voltava a chorar.

Como pudera apaixonar-se por um homem vil e traidor? Entregara seu coração a uma pessoa que não soubera valorizá-lo. E talvez a dor não tivesse sido tão profunda se ele escolhesse outra pessoa que não fosse Mirela, sua arqui-inimiga desde a infância.

— Não julgue sem saber o que houve — ela teve a impressão de ouvir uma voz sussurrar dentro de sua cabeça. — Dê uma chance a Robson.

Não percebia, mas o espírito de Cida estava presente, enviando energias tranquilizadoras à moça para que ela pudesse refletir de cabeça fria, deixando de lado sentimentos de amargura, revolta e rancor.

"Talvez eu devesse atender a uma ligação dele", Graciela considerou mentalmente. Durante sua viagem do interior para São Paulo, seu celular tocara exatamente trinta vezes. E de todas essas ligações, vinte e oito eram de Robson. As outras duas foram feitas por Dora.

Imaginava que ele estava desesperado à sua procura. Ele era capaz de vir a São Paulo atrás dela, tentando explicar sua versão sobre o que ela presenciara. Apesar da curiosidade em ouvi-lo, estava convicta de que ele lhe apresentaria um punhado de mentiras bem articuladas. Não se deixaria ser persuadida por ele.

Envolvida por energias negativas que ela mesma criava com seus pensamentos nebulosos, rompeu a conexão espiritual com Cida, que desapareceu pouco depois.

E foi exatamente o que Robson fez assim que o dia clareou. Comprou uma passagem de ônibus para São Paulo e, uma vez na capital, pegou um táxi e foi até o endereço fornecido por Dora. Todavia, qual não foi sua surpresa ao chegar lá e ser informado pelo porteiro de que Graciela não vinha ao apartamento há meses.

— Você está mentindo para mim — Robson tentou argumentar. — Ela passou ordens expressas para que você me enganasse.

— Juro pelo meu emprego, senhor. Ela não veio pra cá. Já tentou conversar com alguma das amigas dela?

Robson não conhecia nenhuma e nem pretendia conhecer. Se elas fossem como Graciela era ao chegar à cidade após o acidente do pai, deveriam ser esnobes, arrogantes, orgulhosas e metidas. E ele queria distância de pessoas assim.

Retornou ao edifício à noite e desta vez havia uma mulher na portaria. Ela estava há pouco tempo no cargo, aparentemente não sabia quem era Graciela, e interfonou ao apartamento diversas vezes, concluindo:

— Não há ninguém lá em cima. Talvez ela tenha saído.

Ele também decidiu hospedar-se em um hotel, muito mais simples e barato do que aquele em que Graciela estava. Não voltaria para casa enquanto não a localizasse. Telefonou para Dora comentando que suas buscas não estavam sendo bem-sucedidas e a governanta garantiu que não fazia ideia de onde mais ela poderia estar. Robson também contatou Silvana e resumiu a ela o motivo de seu desentendimento com Graciela. Silvana mostrou-se surpresa com o comportamento precipitado da amiga e prometeu ajudar como pudesse.

Na mesma manhã em que Robson viajou para São Paulo, Dora recebeu um grosso envelope pardo, endereçado a Graciela. Como não havia remetente, ela ficou intrigada. Recebendo o auxílio espiritual de Cida, que sugeria que ela abrisse o envelope, Dora rasgou o lacre sem hesitar.

— Meu bom Jesus! — murmurou Dora. — Sei que abrir correspondências alheias é crime, mas se Antônio nunca foi punido por tantos anos de maldade e violência comigo, acho que vou escapar impune também, não é?

Ela despejou o conteúdo do envelope sobre a mesa da cozinha e levou a mão à boca ao observar as imagens nas quais Mirela e Robson estavam no estábulo, beijando-se. Sem hesitação, telefonou para Robson e informou-o sobre o que havia recebido.

— Prova de que alguém planejou tudo isso e sei muito bem quem foi — rosnou Robson. — Enquanto Mirela entrava na estrebaria, o imbecil do meu padrasto certamente estava espionando da porta, atento aos ângulos para captar boas imagens. A ideia dele de enviar as fotografias a Graciela um dia depois era a seguinte: provar que Mirela e eu já havíamos nos encontrado outras vezes, antes de ela nos flagrar juntos. Ele queria que Graciela acreditasse que estava sendo traída há um bom tempo. Quero que rasgue todas essas fotos, Dora.

— Farei isso agora mesmo. Só não entendi uma coisa: por que eles tramaram essa maldade?

— Mirela participou do plano para tentar ficar comigo. Quanto ao meu padrasto, ainda não descobri sua real intenção. Ele não queria a nossa separação à toa.

A resposta àquela indagação chegou no mesmo dia, horas depois. O próprio Estevão fez questão de telefonar-lhe:

— Um amigo meu que trabalha na rodoviária me contou que o viu embarcando em um ônibus com destino a São Paulo — riu prazerosamente. — Foi tentar convencer a namoradinha de que não é um traidor?

— Você é tão covarde que só está dizendo tudo isso por estarmos separados por dezenas de quilômetros. Aguarde até a minha volta e repita essas palavras na minha cara.

— Você deve estar contente, pois já saí da sua casa, como me pediu. Aliás, aquela casa está velha, caindo aos pedaços.

— Exatamente como você — rebateu Robson.

— Amo seu carinho por mim, querido enteado. Pode ficar com essa residência apodrecida, pois eu já pretendia me mudar de lá. Não sou homem para viver num chiqueiro daqueles.

— Você moraria lá até sua morte, se eu não o colocasse para fora. Espero que não tenha roubado nada de valor, ou vou acionar a polícia.

— Acha que tenho medo daquela delegada, que tem mais banha do que inteligência? É uma pena que Graciela não tenha recebido as fotos que enviei. Aposto que ela daria um chilique, bem típico dela.

— É uma pena que eu não esteja aí para arrancar seu bigode sujo com os meus dedos. Não entendo qual foi o seu lucro em toda essa armação.

— Na realidade, o plano inicial era composto por mim, Mirela e Darci. O pobre advogado acreditava piamente que Graciela se apaixonaria por ele, abastecendo-o de grana como se ele fosse um cofre. O idiota não tinha noção da aparência — outra risadinha maliciosa e provocadora. — Já Mirela, linda, loura e nem um pouco esperta, queria faturar você. Acho que ela nunca se apaixonou de verdade, mas gostaria de ter o prazer de tirá-lo de Graciela. Vingança boba de mulher, pois elas nunca se deram bem.

— E você? Quais foram os seus motivos?

— Dinheiro. A minha ideia era que, após a brusca separação, Graciela se visse carente e precisasse de um ombro amigo. Eu entraria em cena, dizendo que não guardava mágoa por ter sido demitido e constrangido perante todos, que me colocaria do lado dela e que permaneceria contra o meu enteado infiel.

— Seu grande filho da...

— Poupe o palavrão, Robson. Seja um menino educado — desta vez a gargalhada de Estêvão explodiu ao telefone. — Eu faria com que ela me visse como um amigo sincero e confiável. Aos poucos, participaria de sua rotina de trabalho, até que ela me confiasse a gestão do Parque da Alegria. Ou seja, eu estaria de volta aos velhos tempos, quando aquele parque de diversões também era meu.

— Tudo isso aconteceria se Graciela desse a você uma chance de aproximação?

— Exato. Porém, eu saberia como me infiltrar direitinho. Sei vestir a pele de cordeiro, mesmo sendo um lobo faminto e perigoso.

— Parece que seus planos não deram certo. Mirela saiu da minha casa mais machucada que um galo de briga. Darci foi assassinado e agora me pergunto se você não teria participação no crime. Ao final de tudo, você continua tão pobre quanto antes, com o diferencial de que caiu muitos pontos em meu conceito, foi despejado de casa e sabe que jamais tornará a administrar aquele parque. Aliás, como você mesmo disse, trata-se de um local voltado para a diversão e não para o horror.

Estevão cortou a ligação e Robson deu de ombros. Nunca confiara totalmente no padrasto, mas o que ele fizera era demais. Agora, só lhe restava reunir os pedaços que sobraram do seu relacionamento e tentar reconstruir algo, nem que virasse um mosaico. Nas aulas de Silvana ouvira muito falar sobre a ajuda dos amigos espirituais e era hora de recorrer a eles. Precisaria ter fé e confiar no astral, porque ele se via de mãos atadas.

Robson continuou procurando por Graciela durante mais de uma semana, sem sucesso. Desistira de telefonar e enviar mensagens ao celular dela, porque sabia que não seria atendido nem respondido. Visitou hotéis próximos ao apartamento dela, mostrou fotografias nos estabelecimentos da região e até conversou com duas amigas de Graciela, por telefone, que Dora conseguiu descobrir. As moças disseram que haviam perdido contato com a fazendeira, desde que ela fora embora para o interior.

Robson estava pensando se deveria pedir a ajuda de Vanda quando recebeu uma ligação inesperada da própria delegada. A mulher estava uma fera ao telefone e esbravejou tanto durante os quase três minutos em que a ligação durou que os tímpanos de Robson quase se feriram. Ela explicou que só não entrara em contato antes porque queria ter certeza de que conseguiria processá-lo por maus-tratos a Mirela.

— Saiba que estou sendo boazinha, porque eu tenho pleno poder para prendê-lo. Até hoje Mirela não se recuperou dos ferimentos deixados por aquela insana da sua namoradinha.

— Mirela lhe contou o verdadeiro motivo de ter apanhado?

— Não sei se é verdadeiro ou não. Ela falou que as duas tiveram uma discussão violenta por sua causa e que Graciela bateu nela sem que tivesse a chance de se defender.

— Sua filha não é uma menor incapaz, doutora Vanda. Ela e meu padrasto articularam um complô para me separarem de Graciela. Funcionou até agora, apenas porque eu a perdi de vista. Estou em São Paulo há uma semana e não sei onde ela se encontra.

— O quê? Esse desaparecimento está muito suspeito. Graciela nunca me convenceu no seu papel de mulher santa. Vou fazer as minhas pesquisas. E, independente do que eu conseguir, saiba que você e ela serão processados da mesma maneira.

Quando a ligação terminou, Robson nunca se sentiu mais feliz. Até valeria a pena ser processado, desde que pudesse se reconciliar com a mulher que amava.

***

Quando Everton fechou a última bagagem, colocando-a ao lado das outras, diante da porta de saída da casa, fitou Carlinhos e Márcio, achando este último bastante patético, segurando sua bengala retrátil. Soando sarcástico, Everton provocou:

— Alegrem-se pela minha partida. O grande dia chegou!

— Não precisa ser irônico — contestou Carlinhos. — Ninguém aqui está feliz por você ir embora.

— Eu estou — respondeu Márcio sorrindo. — Assim que ele colocar os pés para fora daqui, vou sair à janela e gritar para todo mundo ouvir que sou o cego mais contente da cidade.

A brincadeira descontraída de Márcio fez Carlinhos sorrir. A cada dia se surpreendia mais com a mudança quase milagrosa que o deixara tão confiante na vida. Seria eternamente grato a Silvana pela ajuda.

O comentário do médico também serviu para encher Everton de ódio. Se pudesse, não iria embora sem dar umas pancadas em Márcio com sua bengalinha. Como não podia fazer isso, teve que adotar outro caminho, algo que ele planejara dizer há tempos, desde que fora convidado a retirar-se.

— Saiba que estou bastante decepcionado com você, Carlinhos. Atualmente, em nada você lembra o moleque com quem convivi durante a infância.

— As pessoas mudam ao longo do tempo — murmurou Carlinhos.

— Sim, e algumas mudam para pior. Acho que foi o seu caso. Depois que se envolveu com esse cara, tornou-se bobo, maçante e meio arrogante. A ideia de adotar um filho beirava o ridículo. Onde foi parar aquele companheiro de aventuras?

— Everton, acho melhor você sair — de repente, Carlinhos começou a se preocupar com o rumo que aquela conversa estava tomando. Sabia que Everton era capaz de revelar o que não devia, somente para puni-lo. — Eu o ajudo a levar suas malas para fora e pago um táxi daqui para o galpão da fazenda onde você vai morar.

— Mudei de ideia. Decidi retornar à minha cidade natal. Quero voltar a viver na casa dos meus pais.

— Pobrezinhos! — Márcio sorriu e sentou-se no sofá. — Serão obrigados a aturar essa experiência malsucedida que eles têm como filho.

— Continue me ridicularizando, doutor Márcio — a voz de Everton tornou-se rouca de ira. — Por mais que você tente me ofender, saiba que ao menos continuo enxergando tudo o que quero, assim como ainda enxergo o meu passado. Tenho uma excelente memória, Carlinhos. Nunca me esqueci de tudo o que aprontamos juntos.

Carlinhos empalideceu. Trêmulo, precisou sentar-se também. Disposto a levar em frente sua última cartada, Everton prosseguiu:

— Talvez você esteja certo quando diz que as pessoas mudam. Você é prova disso. Alguns anos antes era um cara de mente aberta, porém, sempre muito sincero e verdadeiro, diferente de hoje em dia.

— O que está insinuando? — tornou Márcio nervoso. — Carlinhos nunca mentiu.

— Tem certeza disso, doutor ceguinho? Por acaso você sabia que eu nunca tive namorada nenhuma? Que sempre fui homossexual?

— Cale a boca, Everton — gritou Carlinhos, novamente de pé. Parecia estar à beira da histeria. — Colocamos uma pedra em nosso passado.

— Uma pedrinha bem pequena, por sinal. Você está lembrado de quando levamos o filho do prefeito para aquela construção abandonada? Naquela noite, provamos que três nunca é demais.

— O que ele está dizendo é verdade? — Márcio virou o rosto na direção de Carlinhos. — Você me enganou quando o trouxe para viver aqui?

Carlinhos começou a chorar, sem encontrar palavras com as quais pudesse se defender.

— E quando fizemos uma brincadeirinha a cinco, com aqueles três morenões que moravam no fim da avenida principal... — Everton continuou implacável, sorrindo por dentro ao constatar que estava atingindo seu objetivo. — Como eles se chamavam mesmo?

— Não acredito que você e Everton já tiveram relações íntimas — Márcio também fraquejou e cedeu às lágrimas. — Por que mentiu para mim, Carlinhos?

— Ele nunca ficou somente comigo, mas um conhece o corpo do outro em detalhes — Everton respondeu primeiro.

— Eu queria ajudá-lo, Márcio, dando-lhe uma oportunidade para morar aqui, já que ele se empregaria na fazenda em que trabalhei — Carlinhos

311

tentou segurar as mãos de Márcio, mas ele as puxou bruscamente. — E como sabia que você seria contra, eu vi-me na obrigação de mentir, pois desejava o melhor para ele.

— Nunca trabalhei em fazenda alguma — riu Everton, divertindo-se a cada instante com o clima que se instaurou naquela casa. — Nunca estranharam eu passar quase todo o tempo aqui dentro?

— Sempre desconfiei disso e reclamei muitas vezes — indignou-se Márcio, enxugando as lágrimas que molhavam seu rosto. — Se nunca arrumou serviço, de onde tirava o dinheiro para ajudar nas despesas da casa?

— Meus pais me depositavam uma quantia mensal, algo semelhante a uma mesada. Além disso, quando eu sentia vontade, ia a uma região no centro onde há vários pontos de prostituição. Alguns caras aqui me pagaram verdadeiras fortunas por poucas horas de prazer. Na minha cidade não acontece esse tipo de coisa.

— Márcio, você precisa me perdoar por ter mentido e por ter escondido de você que Everton e eu compartilhamos um passado de promiscuidade — implorou Carlinhos.

— Se você for investigar melhor, doutor dos olhos mortos, certamente vai descobrir muitos segredos obscuros do seu ex-companheiro — feliz por tudo der dado certo até ali, Everton segurou as malas pelas alças.

— Carlinhos, você trouxe um demônio para viver aqui — gritou Márcio, sentindo-se ferido, traído e humilhado. — Ele acabou com a vida perfeita que tínhamos juntos. Conseguiu até separar-nos.

Carlinhos escondeu o rosto entre as mãos, sacudindo os ombros ao soluçar com força.

— Muito obrigado por terem me acolhido neste doce lar — Everton abriu a porta de saída. — Gostei muito de minha estadia aqui.

Deixando dois homens chorosos para trás, Everton lançou seu último sorriso vitorioso e se foi.

Na rua, caminhou pela calçada à procura de um táxi quando recebeu uma ligação. Ao atender, descobriu que era seu conhecido, que morava próximo à casa de seus pais, em seu município natal. Era o mesmo sujeito para quem ele pedira que fingisse ser o namorado de Carlinhos, apenas para deixar Márcio ainda mais abalado emocionalmente:

— Quando você me enviou a mensagem hoje de manhã dizendo que voltaria para cá, comentei com alguns conhecidos meus. E aí vai a boa notícia: já tenho um emprego garantido para você. Conheço dois caras que moram juntos há treze anos. São casados e se amam muito.

Parece aquele romantismo bobo de novelas mexicanas. Agora eles querem alguém que faça serviços gerais em sua casa. Pensaram em contratar uma mulher para essa função, mas sabe como aqui as pessoas são preconceituosas, né? Então decidiram que outro *gay* seria o mais adequado ao papel. Por isso pensei em você.

— Diga a eles que aceito o emprego. Assim que eu chegar aí, apresento-me para a entrevista.

Everton desligou sorrindo alegremente. Pelo jeito, conheceria a rotina de outro casal homossexual. A história começaria outra vez.

***

Os dois rapazes ficaram contentes ao conhecerem Everton, depositando total confiança nele, que foi contratado imediatamente. Tinham certeza de que, com um funcionário ajudando nas tarefas do lar, teriam uma vida ainda mais feliz, repleta de paz e harmonia.

Entretanto, a própria vida se encarregaria de mostrar a Everton as consequências de suas escolhas. Afinal, cada um atrai para si aquilo que pratica e acredita.

Cida encontrou Afonso sentado à sombra de uma grande árvore, com um livro nas mãos. Ele vinha se habituando rapidamente à rotina daquela comunidade astral, embora sentisse muita falta de suas atividades no parque de diversões e na fazenda. Além disso, a saudade de Graciela era forte demais. Por vezes, doía-lhe no peito. Imaginava-a diante dele, sorrindo como a menina espevitada que sempre fora, com os braços abertos à espera de um abraço. Quando pensava nisso, emocionava-se.

— Tenho boas notícias, meu amigo — Cida sentou-se ao lado dele, encostando as costas no tronco da árvore.

— Não me diga que poderei ver a minha filha — Afonso animou-se, fechando o livro.

— Em breve, poderá. Está quase preparado para fazer uma visita rápida a ela. Contudo, o assunto que me trouxe aqui é outro. Não quero preocupá-lo, mas Graciela e meu filho brigaram e romperam o relacionamento. Na realidade, ela acreditou em uma mentira, montada por pessoas que não querem seguir por um caminho melhor, e decidiu afastar-se dele. Retornou a São Paulo e desde então se isolou de tudo e de todos. Está hospedada em um hotel há vários dias e não saiu mais desde que se instalou lá.

— Meu Deus! Preciso saber se ela está bem. Quem são essas pessoas que fizeram essa maldade aos nossos filhos?

— Graciela está bem. Não se preocupe em identificar nomes, pois quem busca seguir por estradas tortuosas, certamente terá muitas dificuldades na caminhada. Aos poucos, tudo se encaixa como deve ser.

— Eu torcia para que Graciela e Robson ficassem juntos — lamentou Afonso. — Mesmo distante dela, desejo muitas alegrias na vida da minha filha.

— Assim como eu desejo o mesmo para Robson. Portanto, vamos ter fé para que as coisas ocorram da melhor forma. Graciela e Robson sempre dividiram experiências ao longo de suas muitas encarnações. Sejam como irmãos, cônjuges, mãe e filho, pai e filha, primos ou apenas amigos. São espíritos que se amam muito.

— Eu também já fiz parte do passado deles em outras existências?

— Todos nós já caminhamos juntos. Eu, você, Dora, que já foi mãe de Graciela e por isso a trata como a uma filha, Vanda, Mirela, Estevão, Carlinhos, Márcio, Everton e muitos outros. É por isso que uns se gostam, outros não. Tudo teve origem no passado e, embora ele não possa interferir no presente, gerou situações mal resolvidas, que precisaram ser revistas agora. Não é necessário que todos se tornem os melhores amigos, até porque isso seria fantasioso, mas desde que cada um consiga viver bem, à sua maneira, dando o melhor de si para progredir, essa reencarnação será um sucesso.

— E o meu filho? — indagou Afonso falando baixinho. — Eu me refiro àquele que tive com Dora e que foi colocado para adoção.

— Sim, o único homem — riu Cida. — Infelizmente, ele ainda guarda mágoa, revolta e ódio. Tem sido assim desde que descobriu quem era seu pai.

— E por isso ele precisava...

— Não entre nessa sintonia — interrompeu-o Cida. — Concentre suas energias em Graciela, para que ela reveja seus conceitos, deixe a mágoa de lado e perdoe Robson.

— Se ele não a traiu, então não necessita de perdão.

— E o que é o perdão, senão o fim de um ressentimento? Quem perdoa são pessoas que guardam mágoas, ou seja, são magoáveis e ressentidas. Sentem-se feridas em seus brios e julgam-se melhores do que quem supostamente cometeu algum deslize. Quem encara a vida com praticidade, perante uma traição, por exemplo, apenas diz: "Se fulano me traiu, é porque, de certa forma, eu também permiti que isso acontecesse. Não mostrei o meu melhor, por isso deixei lacunas no relacionamento. Acho que não era mesmo para dar certo. Portanto, bola para frente que a vida me trará algo melhor". Assim, não haverá mágoas, nem o que ser perdoado.

— Nunca tinha pensado nisso, Cida.

— É tempo de revermos os nossos conceitos. Se as coisas se modernizaram, por que ainda temos que alimentar crenças ultrapassadas e antiquadas? Vamos nos atualizar também, para não ficarmos perdidos no tempo. A vida não para.

Afonso concordou com a cabeça. De fato, ele tinha muito sobre o que refletir, muito a aprender, principalmente no que tangia aos verdadeiros valores da vida.

***

Por mais que Graciela quisesse manter segredo sobre sua repentina viagem a São Paulo, a notícia logo cresceu em sua cidade. Os funcionários deram pela falta dela na fazenda e começaram a comentar. Perceberam que Robson também estava ausente e os mexericos começaram. Alguns diziam que eles haviam sumido para casarem-se às escondidas em outro município. Outros, que ela engravidara e fora a uma clínica que realizava abortos. E ainda houve fofocas sugerindo que Graciela e Robson estavam na Europa gastando todo o dinheiro deixado por Afonso.

Essas informações chegaram aos ouvidos de Antônio. Se Graciela e Robson não estavam por perto, Dora deveria estar sozinha na fazenda, sem a proteção de sua dupla de cães de guarda. Ele estava farto de chegar em casa todos os dias e ter que preparar a própria comida, lavar e passar suas roupas e ainda fazer uma limpeza básica no lar, se não quisesse viver na imundícia. Enquanto ele se matava nos serviços domésticos, sua esposa, bela e folgada, estava naquela fazenda imensa, ganhando pelos seus serviços, sem ter que aturá-lo. A mamata dela chegara ao fim.

Como sabia que Alexandre era o segurança da fazenda durante o período noturno, ele aproveitou um dia em que estava de folga para ir buscá-la durante a tarde. Sem farda, ele parecia maior e mais gordo do que realmente era. Esperava que Dora não mostrasse muita resistência para acompanhá-lo de volta para casa. Mas se fosse preciso, ele estava disposto a dar-lhe uma boa sova lá mesmo, na fazenda.

Foi ela quem o recebeu à porta. Ao vê-lo ali, tão ameaçadoramente próximo, Dora quis fechar a porta e esconder-se. Entretanto, Antônio segurou a porta com a mão, empurrando-a para frente. Entrou calmamente, achando graça ao reconhecer a velha expressão de medo que sua mulherzinha imbecil costumava exibir diante dele.

— Você tem dez minutos para juntar suas coisas e voltar comigo para casa — foi a ordem que ele soltou.

Dora obrigou-se a afastar o medo. "Serei corajosa e provarei para ele e para mim mesma que não sinto mais medo", ela pensou, reunindo forças para se defender.

— Não vou a lugar nenhum — devolveu Dora, trocando o tom de voz vacilante por um mais firme. — Não tenho mais nada com você.

— Como não? Ficou louca? Somos casados.

— Assim que Graciela voltar, pedirei a ela que me ajude a encontrar um bom advogado de causas cíveis. Quero me divorciar de você.

Antônio a encarou durante alguns instantes, totalmente incrédulo com o que estava ouvindo. De repente, soltou uma sonora gargalhada.

— Não sei que tipo de caraminholas sua patroa colocou em sua cabeça. Como não estou disposto a conhecê-las e nem a perder o meu tempo, quero que você junte seus trapos e venha comigo. É a última vez que repito isso.

— Eu não vou com você — Dora empinou o queixo, altiva e gritou: — Esta também é a última vez que repito isso.

— Sua desgraçada! — Antônio ergueu a mão e a bofetada veio forte e certeira, acertando em cheio o rosto de Dora que, por pouco, não caiu no chão. — Acha que tem direito de falar alto comigo?

— Ouça bem o que vou lhe dizer — balbuciou Dora, esfregando a bochecha atingida. — Nunca mais você vai colocar essas mãos imundas em mim.

— Ah, é? Pois tente me impedir.

Antônio preparou-se para dar outro tapa nela. De repente, para surpresa e espanto dele, Dora virou-se com agilidade e fez menção de que ia subir as escadas, parando ao lado de um bonito vaso de cerâmica. Quando Antônio foi até ela, Dora pegou o vaso e atirou-o contra a cabeça do marido. Cacos espalharam-se por todos os lados enquanto o sangue começou a verter profusamente da testa dele.

Rugindo de ódio, ele tentou segurá-la pelo braço, disposto a quebrar os ossos dela, se fosse necessário. Dora desviou-se rapidamente, arrancou um quadro da parede e tornou-se a arremessá-lo contra o marido. O objeto chocou-se com força contra o rosto dele e por pouco Antônio não teve o nariz quebrado.

Aproveitando-se que ele estava atordoado, Dora saltou sobre ele, com as unhas parecendo garras, rasgando a pele do seu pescoço. Retribuiu ainda com vários chutes e murros. Mordeu o braço dele com força e meteu os dedos nos olhos dele, quase o cegando..

Quando as cozinheiras saíram da cozinha, assustadas com a balbúrdia na sala, viram Dora golpeando Antônio como podia com um pedaço da moldura do quadro que se quebrara quando ela o jogara nele. Quando as duas mulheres a seguraram, Antônio era a imagem da derrota. Parecia um soldado ferido, recém-chegado de uma guerra.

— Você me dará o divórcio, ou vou denunciá-lo às autoridades da região por todos esses anos em que você me agrediu — prometeu Dora.
— Sei que ainda vamos nos encontrar muitas vezes, pois a cidade é pequena, mas espero que você faça vista grossa ao me vir. Isso foi apenas uma demonstração do que eu tenho guardado para você.

Antônio tentou responder, mas somente conseguiu engolir sangue. Nunca fora tão espezinhado e humilhado. Logo ele, um policial treinado para batalhas, quase perdeu os sentidos ao lidar com a frágil e delicada esposa.

Aquela não era a sua Dora. Não sabia onde aquela versão sonsa fora parar. A que estava à sua frente parecia uma guerreira, forte, destemida e segura de si. Tinha certeza absoluta de que também não queria mais encontrá-la.

— Terá o seu divórcio quando bem entender — como se estivesse fugindo de uma tribo de canibais, ele praticamente correu para a porta de saída, sem olhar para trás, mas acrescentando: — Passar bem, Dora.

Ela mal acreditou quando o viu ir embora, porque sabia que ele não estava apenas saindo da fazenda. A partir daquele dia, Antônio saía definitivamente de sua vida. E Dora jamais se sentiu tão bem.

42

Desde que Everton partiu, muitas coisas mudaram na rotina de Carlinhos e Márcio. De acordo com o prazo solicitado pelo rapaz, Carlinhos deveria se mudar até o final daquela semana. Eles mal conversavam. O clima estava tenso e pesado na casa.

Apesar de tudo o que Everton dissera sobre o passado de Carlinhos e as mentiras que ele contara, Márcio não conseguia sentir raiva do ex-companheiro. Decepção sim, frustração, talvez, mas simplesmente não podia detestá-lo. Como odiar alguém que você sempre amou profundamente?

Contratara um professor que dava aulas em uma escola para cegos, numa cidade próxima dali. O homem, na casa dos setenta anos, trabalhava há cinquenta com pessoas com deficiência visual. Entrou para essa área depois que seu único filho nasceu cego. Desde então ele aprendera tudo o que podia para proporcionar ao filho dele e a muitas outras pessoas que não enxergavam uma vida sadia, feliz e próspera.

O professor atendia Márcio em casa. As primeiras aulas de braille começaram. No início, parecia que a coisa mais difícil do mundo seria efetuar uma leitura com os dedos, passando-os sobre uma porção de pequenas bolinhas dispostas em posições diferentes. Contudo, sempre disposto a aprender mais, Márcio empenhou-se com bastante interesse na tarefa. Queria ampliar seus conhecimentos tanto quanto pudesse.

Ele percebia que algo diferente estava acontecendo com Carlinhos. Notava uma movimentação anormal na casa. Quando estava em aula, seus ouvidos, que se tornavam mais apurados a cada dia, assim como seus outros sentidos, escutavam conversas sussurradas ao telefone.

Havia vezes em que ele se perfumava todo e saía ao encontro de alguém. Voltava tarde da noite e não lhe dizia onde estivera, afinal, não lhe devia satisfação.

Márcio tinha certeza de que Carlinhos estava seriamente envolvido com o homem que telefonara à procura dele, dias antes. Apesar de sentir muita falta dele, reconhecia que o relacionamento havia chegado ao fim.

A grande surpresa chegou durante a tarde de uma sexta-feira. Márcio estava sozinho em casa quando Carlinhos chegou da rua dizendo que eles precisavam conversar. Márcio já sabia o que viria em seguida. Ouviria Carlinhos falar que se apaixonara por outra pessoa e que se mudaria antes do prazo determinado.

— Sei que a nossa convivência não é mais como foi um dia — começou Carlinhos, falando bem devagar. — Também reconheço que nós dois deixamos o relacionamento chegar aonde chegou. Nem tudo foi por culpa de Everton.

— Pelo menos não foi ele quem me cegou — reagiu Márcio, preocupado com o que estava por vir.

— Decidi que nunca mais mentirei para você. Hoje estou aqui para falar sobre algo muito importante que aconteceu na minha vida.

— Eu sei o que é — adiantou-se Márcio. — Você conheceu alguém.

Depois de alguns segundos de silêncio, Carlinhos confirmou:

— Sim. Eu conheci a fundo outra pessoa e estou apaixonado de novo.

— Que bom! — apesar de tentar mostrar-se forte, Márcio desabou num pranto sentido. — Você merece, Carlinhos. Merece um cara bacana, que goste de você de verdade. Sua vida comigo seria horrível, pois nunca vou ser como antes. Jamais esperei que ficasse comigo por pena, por compaixão. Por isso... — as palavras morreram em sua garganta e ele não conseguiu terminar a frase.

— Fico feliz por saber disso, Márcio — tornou Carlinhos. — Devo dizer que esse menino que conheci é muito especial. Já sei que o amo muito.

— Um menino? — Márcio tentou sorrir. — Ele tem a sua idade?

— É mais jovem do que eu.

— Você também merece alguém da sua faixa etária. Sou quinze anos mais velho do que você. Saiba que vou torcer muito para que o namoro de vocês dê certo. Juro que vou.

Márcio chorava como uma criança. Nunca imaginou que um dia tudo terminaria daquele jeito. Mas sabia também que nada era eterno, não havia garantias de que um relacionamento duraria para sempre. Tentava imaginar como seria o rosto do novo namorado dele. Seria tão bonito quanto o próprio Carlinhos era?

— Carlinhos, seria pedir muito que você viesse me visitar um dia? — Deus do céu ele não ia suportar. Não tinha forças para superar aquela perda. — Continuaremos sendo amigos?

— Você me perdoou por ter mentido para você em relação a Everton?

— Sim. Para quê guardar ressentimentos no coração? Perdoando ou não, nada mudaria. Você vai construir sua vida agora. Qual é o nome do seu namorado?

— Que namorado? — a voz de Carlinhos soou espantada.

— Ué, o rapaz por quem você se apaixonou. Não o considera como namorado?

— Bem, acho que ele não vai gostar de saber disso. Ele está aqui também.

— Aqui? — Márcio ficou horrorizado. — E você não me diz nada? Eu não escuto nenhum som além do seu.

— Cumprimente Márcio — pediu Carlinhos.

Márcio estendeu a mão direita para frente quando duas mãozinhas pequenas o abraçaram com força e lábios macios grudaram-se em sua bochecha várias vezes.

— O que é isso? — Márcio estava confuso.

— Ainda lembra-se de mim? — indagou uma suave voz infantil.

No primeiro instante, Márcio não reconheceu aquela voz, embora lhe soasse familiar. Até que, forçando mais a memória, uma única imagem surgiu em sua mente.

— Luan? É você?

— Sim. Estou contente por você não ter se esquecido de mim.

E como ele poderia ter se esquecido da criança que pretendia adotar com Carlinhos? Lembrou-se das dificuldades que eles enfrentaram juntos ao localizar um abrigo para crianças órfãs que os recebesse, sem preconceitos, dúvidas ou desconfianças. E a chance foi dada por Eulália, diretora do orfanato da cidade vizinha, que os convidou a conhecer a instituição. Naquele dia, eles conheceram muitas crianças, dentre elas, Luan, o adorável garotinho de seis anos, com cabelos alaranjados, rosto muito sardento e óculos de lentes grossas.

Só não entendia o que ele estava fazendo ali. Será que Carlinhos o trouxera apenas para visitá-lo, na tentativa de deixá-lo mais feliz? Como ele teria conseguido autorização para isso?

— Luan já sabe sobre nós... — murmurou Carlinhos, antes que Márcio fizesse qualquer pergunta. — Conversamos bastante e expliquei que ele não terá um papai e uma mamãe como imaginava. É inteligente o bastante para aceitar dois homens como pais.

— Dois homens? — Márcio não estava entendendo nada.

— Sim, você e eu, a menos que não me queira mais.

Márcio sentiu a mão de Carlinhos segurar a sua com firmeza. Através do toque, ambos sentiram a chama do amor reacender-se com força total.

— Você deve ter notado que quase não tenho parado em casa.

— Imaginei que você estivesse se encontrando com o seu namorado, o mesmo que me telefonou outro dia — respondeu Márcio.

— Nunca saí com outra pessoa depois de ter rompido com você. Parando para analisar melhor, creio que isso possa ter sido feito por Everton, que pediu para alguém telefonar para você com o intuito de semear a discórdia entre nós. Até hoje estou arrependido por tê-lo trazido para cá. Nunca me enganei tanto em relação a uma pessoa. Tinha certeza de que ele era um grande amigo.

Márcio não respondeu porque a emoção não permitia. Ouviu a voz de Luan indagar:

— Você vai me adotar? Não se importa por eu usar óculos? Meus amigos colocam apelido em mim todos os dias.

— Eu me recordo de você ter dito isso quando fomos conhecê-lo — Márcio afagou a cabeça de Luan. — Jamais me importaria com a sua aparência. Como já percebeu, eu tive um problema nos olhos e não posso mais enxergar.

— Nem se eu lhe emprestar meus óculos? — de um salto, Luan atirou-se no colo de Márcio e o beijou na testa desta vez.

— Não. Nem assim. E eu o adotaria como meu filho mesmo que você também não enxergasse nada.

— Posso perguntar uma coisa? — Luan sorriu.

— Claro que sim. Tudo o que você quiser saber.

— Você não fica bravo se eu chamá-lo de papai?

Ouvir aquilo foi o suficiente para Márcio desabar num pranto emocionado. Carlinhos sentou-se ao lado dele e o abraçou com força:

— Consegui contatar uma assistente social, que vai acompanhar de perto o nosso processo de adoção. Ela veio comigo para trazer Luan e vai levá-lo de volta ao orfanato até obtermos a custódia definitiva. Para manter a surpresa, pedi que ela aguardasse lá fora. Segundo ela me disse, teremos grandes chances de realizarmos o nosso sonho, Márcio.

— Não compreendo — soluçou Márcio. — Você terminou tudo comigo. Disse que não saberia conviver ao lado de um homem com deficiência. Uma opinião não muda da noite para o dia.

— Tudo muda, a qualquer momento. Acho que eu disse tudo isso por estar sob a influência negativa de Everton, que me fazia ver o pior lado da situação. E você, triste e negativo no início de sua adaptação, também não estava colaborando muito. Porém, depois da abençoada visita da Silvana, você começou a agir de uma forma diferente, demonstrando disposição e coragem para enfrentar tudo o que está por vir.

— Nunca mais serei o mesmo. Tem certeza de que quer ficar junto de um homem que terá dificuldade para fazer muitas coisas? Você merece alguém melhor.

— Você realmente não é o mesmo. Antes, era um médico descuidado consigo mesmo, que deixou de lado a própria saúde. Agora, além de seguir seu tratamento contra o diabetes à risca, está mostrando uma força, uma beleza e uma ternura que me encantaram. Esse é um novo Márcio, que aprendi a amar somente por observá-lo de longe.

Márcio tentava estancar o pranto, mas estava difícil. Luan enxugava as lágrimas dele com a beirada de uma almofada.

— E ainda há uma última surpresa boa — anunciou Carlinhos.

— Outra? Você já trouxe para perto de mim o filho que sempre desejei — Márcio estreitou Luan entre os braços. — Agora me garantiu que não vai me abandonar e que juntos formaremos uma família. O que mais você pode me oferecer?

Carlinhos levantou-se do sofá e voltou pouco depois.

— Abra a sua mão e estenda-a para baixo — ele pediu a Márcio.

O médico obedeceu e tateou um corpo sólido e peludo.

— O que é isso agora?

— Este é mais um companheiro seu, além de mim e de Luan. Eu o trouxe exclusivamente para você. Trata-se de um cão-guia, já treinado para orientá-lo quando quiser sair sozinho. Só falta pensar em um nome para ele.

À frente de Márcio estava um maravilhoso cachorro labrador bege. O animal sentara-se sobre as patas traseiras e fitava o novo dono com curiosidade e admiração, talvez se perguntando os motivos que levavam àquele homem a chorar tanto.

— Carlinhos, você é incrível! Não sei o que dizer. Qual nome nós poderíamos dar ao meu amigão?

— Pensei em Everton, mas sei que você me mataria enforcado.

Carlinhos riu quando a mão de Márcio voou em sua direção, tentando acertá-lo com um tapa de brincadeira.

— Estou brincando — Carlinhos revelou logo depois. — Ele já tem um nome, que era utilizado pelos treinadores. O nosso novo amigo chama-se Zeus.

Ele voltou a sentar-se ao lado de Márcio e o beijou suavemente no rosto, fazendo o mesmo com Luan.

— Quero dizer somente mais duas coisas, Márcio.

— Sim.

— Lembra-se de quando você comentou que Everton destruiu a vida perfeita que tínhamos?

— E não foi o que ele fez?

— Em partes, sim. Contudo, ninguém vive uma vida absolutamente perfeita. Assim, vamos quebrar aquela imagem de casal modelo e repensar nossas posturas. Com você, Luan e Zeus, eu não quero ter uma vida perfeita, e sim uma vida real e possível. E somente com ela seremos felizes.

— Eu o amo muito, sabia? — devolveu Márcio.

— E eu não sei? De hoje em diante vamos apressar o nosso processo de adoção. Sinto dentro de mim que ganharemos a causa, não importa se somos pessoas do mesmo sexo querendo adotar um filho, muito menos que você tenha perdido a visão. O que importa é a nossa fé, a força que damos aos nossos sonhos e as alegrias que a vida nos traz quando realizamos cada um deles — Carlinhos fez uma pausa e emendou: — Sabe aquela noite, em que você estava olhando o céu?

— Você sentou-se durante alguns segundos comigo.

— Sim. E você me disse algo que me fez repensar e decidir que eu queria ficar ao seu lado. Comentou que não via a luz divina que vinha do céu, mas que a sentia em seu coração.

— É verdade.

— Assim é o amor que eu tenho por você, doutor Márcio. Eu não o vejo, mas sinto-o em meu coração.

Márcio abraçou Carlinhos com força, repetindo o quanto o amava também. Foi naquele momento que ele descobriu o quanto a vida podia ser mágica, abençoando aqueles que confiavam nela.

De um coração destroçado por uma tragédia pessoal, renascia uma alma disposta a sonhar, a ser feliz e a conquistar o melhor que a vida pudesse dar-lhe. Ambos estariam juntos dali para frente e, com Luan e Zeus, a família estava completa. Para Márcio, isso era a felicidade.

43

Graciela virou o rosto para a porta do seu quarto no hotel quando bateram nela suavemente. Estava sentada na beirada da cama, penteando os cabelos pretos, não porque quisesse ser notada por alguém, mas sim para ter algo que fazer.

Emagrecera desde que chegara e provavelmente nem se dera conta disso. Não conseguia imaginar que sentiria tanta falta da fazenda, dos animais, das plantações e da rotina colorida e movimentada do parque de diversões. Queria sentir o cheiro da natureza e ouvir os gritos eufóricos dos frequentadores do parque. E, acima de tudo, queria ver e ouvir Robson.

Levantou-se até a porta, espiou pelo olho mágico, mas alguém o tampara pelo outro lado, bloqueando sua visão.

— Quem é?

— Encomenda para a senhorita Graciela — ela ouviu a voz rouca e estranha murmurar.

Despreocupada, abriu a porta e mal conteve um grito de espanto quando viu Robson parado ali. Tentou fechar a porta, mas ele foi mais rápido e entrou no quarto.

Com as mãos na cintura, Graciela desatou a perguntar:

— Como você me descobriu aqui? Como o deixaram subir sem que eu soubesse? E quem disse que eu desejava vê-lo?

— Você faz perguntas demais — devolveu Robson.

Como não estava disposto a demorar-se mais do que o necessário, ele a segurou pela cabeça e beijou-a com paixão, saudade, carinho e amor, tudo misturado. Notou que, no início do beijo ela até correspondeu um pouco, depois enrijeceu os lábios e o empurrou para trás.

— O que quer aqui, Robson? Não deveria ter me encontrado.

— E não é que eu a encontrei? — ele apontou o armário do quarto.

— Faça a sua mala e venha comigo. Há uma fazenda e um parque à sua espera, e um criminoso à solta.

— Isso já é serviço da polícia.

— Não importa. Há dez dias corri como um louco atrás de você. Agora chega! Cansei dessa brincadeira estúpida de gato e rato.

Graciela o olhava tentando não sorrir. Apesar da irritação, Robson estava mais bonito do que nunca, ao contrário dela, que estava com profundas olheiras, pele pálida e pesando alguns quilos a menos.

— Você está magra como um espeto — ele a olhou de cima a baixo. — Um hotel tão elegante quanto esse não oferece boa comida?

— Robson, se eu vim para cá foi porque não queria ser incomodada.

— Tudo foi um plano bolado por Mirela e pelo meu padrasto, fui claro?

— Não quero tocar nesse assunto.

— Ótimo, porque quem está tocando sou eu — ele a viu sentar-se em uma poltrona e fitá-lo atentamente. — Escute a minha versão antes de me despachar para o inferno.

Ele contou tudo o que tinha descoberto. Falou sobre a ligação em que Estevão admitia tudo e sobre as fotos que Dora havia recebido. Esclareceu que Mirela o beijara à força somente para que pudesse ser fotografado pelo padrasto.

— Você não verá as fotos porque pedi a Dora que rasgasse todas elas. Saiba que golpes assim são mais velhos do que o conto do vigário, Gracinha! Se você tivesse me deixado explicar, talvez não precisássemos passar por tudo isso. Peço que me perdoe por ter me visto nu com Mirela, mas eu juro que ela havia entrado em meu quarto momentos antes de você. Veja isso.

Ele lhe entregou o celular que confiscara de Estevão.

— Veja para quem ele fez os últimos telefonemas naquela noite. Apenas para Mirela e você. Estevão mentiu ao dizer que eu estava passando mal, apenas para atraí-la até lá. E infelizmente, você caiu como um patinho. Meu padrasto confessou que queria tentar uma reaproximação com você para fingir uma falsa amizade, sempre visando o dinheiro que você herdou. E o falecido Darci também tomou parte no plano.

— Dói muito pensar que você me traiu com ela — balbuciou Graciela.

— Então a dor vai passar, porque isso não é verdade. Eu a amo além da conta, caso ainda não tenha percebido.
— Como me encontrou?
Robson explicou que fora Vanda quem descobrira onde ela estava hospedada e informou a localização a ele, relembrando que ambos seriam processados por estarem envolvidos na agressão de Mirela.
— Processados? — pela primeira vez em dias Graciela riu. — Ela ainda quer bancar a vítima?
— Sim. Eu não me importo com nada, desde que esteja com você.
Graciela viu a verdade nos olhos escuros de Robson. Viu sinceridade e admiração. Viu coragem e determinação. E viu carinho e muito amor.
— Eu senti tanta a sua falta, meu amor — ela o beijou de novo. — Não sabe como resisti à vontade de lhe telefonar e pedir que viesse me buscar.
— Eu quase fiquei louco com seu sumiço. E saiba que, ao voltar à cidade, levará uma bronca de Silvana. Ela está desapontada com o seu comportamento infantil e precipitado.
Graciela riu, pensando na amiga. Robson explicou que tinha levado quase meia hora para burlar a segurança e subir escondido até o apartamento dela. Logo depois, fizeram as malas dela, que fechou a conta do hotel e pegou o carro para dirigir de volta à fazenda.
Durante o trajeto, ela contou, com o máximo de detalhes possível, o segredo que Dora havia escondido durante anos. Revelou a existência de um meio-irmão, do qual nada sabia sobre ele. Ao término de narrativa, Robson foi taxativo:
— É simples. Vamos hoje mesmo ao orfanato local para tentarmos obter mais informações sobre essa criança, que hoje já é um homem. O distrito é pequeno, portanto acho que não teremos dificuldades.
— Acho que você pode fazer isso na minha frente — ela sugeriu. — Preciso recuperar o tempo perdido. Sei que foi uma loucura tentar fugir de você. Só o fiz porque estava irritada demais, destruída demais. Como eu poderia imaginar que era uma armação?
— Isso tudo porque você não quis me ouvir.
— Eu admito isso agora. Bem... — ela olhou o relógio de pulso. — Acho que vou deixá-lo no orfanato para que comece as perguntas. Sigo para a fazenda, desfaço as minhas malas e vou ao parque. Hoje não abre ao público, mas os funcionários responsáveis pela manutenção trabalham. Roque deve estar preocupado. Não sei como ele se virou todos esses dias sem a minha presença.

— Tudo bem. Se eu terminar primeiro, a encontro no parque. Se você for mais rápida, me procure no abrigo para crianças.

— Fechado — concordou Graciela.

Robson desceu diante de um casarão que ficava de esquina e Graciela seguiu com o carro. Ele foi prontamente atendido e, ao informar a razão de estar ali, foi encaminhado ao diretor, um senhor calvo, de idade avançada e mente fechada. Ele fora um dos que inventaram dezenas de desculpas para que Carlinhos e Márcio não fossem até lá conhecer as crianças.

Entretanto, com Robson ele demonstrou exagerada gentileza. Quando ouviu o relato feito por Robson, baseado no que ele acabara de escutar de Graciela, o diretor sorriu e meneou a cabeça.

— Claro que eu me lembro disso. Ele sempre foi um menino quieto e tímido. Ficou aqui até os quinze anos, quando foi adotado por um casal. Deu sorte, porque raramente adolescentes órfãos são escolhidos.

— O senhor se lembra do nome dele? Sabe me dizer se ele ainda vive na cidade?

— Sim, sim. Ele mora aqui. Há uns três meses veio me visitar. Tornou-se um rapaz forte e saudável — o diretor apontou para um armário próprio para armazenar arquivos. — Ainda devo ter o prontuário dele. Assim que eu o encontrar, vou lhe dar algumas informações sobre o nosso jovem.

Robson aguardou ansioso. Estava muito curioso para descobrir quem era o meio-irmão de sua namorada.

***

Graciela soltou uma gargalhada ao ouvir Dora relatar-lhe sobre a surra que dera em Antônio. A governanta explicou que não se sentira vingada porque não era isso que buscava, mas que a justiça fora feita de um jeito ou de outro.

— Acho até que ele ficou com medo de mim — Dora riu ao finalizar a narrativa.

— Não duvido. Antônio merecia sentir na pele tudo o que sempre fez com você.

— Eu sei. Bem feito pra ele. Quanto a senhorita, estou muito brava por ter ido embora sem nem ao menos avisar-me.

— Eu deixei um bilhete — justificou Graciela sorrindo.

— Grande coisa. Pelo menos você e Robson se acertaram. Isso é tudo o que importa.

— Verdade. Agora que já desfiz as malas e arranjei um tempo para colocarmos as fofocas em dia, preciso voar para o parque. Quero conferir como estão as coisas por lá, aproveitando que hoje não há expediente para o público.

— Sim, vá. Boa sorte!

Graciela agradeceu. Por enquanto, não queria contar a Dora que ela e Robson estavam empenhados em descobrir o paradeiro do filho que ela tivera com Afonso. Só pretendia falar sobre o assunto quando obtivessem uma pista concreta sobre o moço.

Ao sair, viu que a tarde estava morrendo e que as primeiras estrelas já despontavam no céu. No alpendre, deparou-se com Alexandre, olhando-a com um sorriso nos lábios. Deu-lhe as boas-vindas e admitiu que jamais disse a ninguém que a ajudara a fugir com a mala naquela noite.

— Obrigada por tudo, meu querido. Provou que é de minha total confiança.

— Espero que não esteja fugindo de novo. Fiquei muito preocupado.

— Ah, não. Agora só vou até o parque. Quero ver se os brinquedos ainda estão inteiros.

Alexandre riu, vendo-a seguir até o carro. Como se tivesse se lembrado subitamente de algo, foi atrás dela.

— Importa-se de me dar uma carona até a metade do caminho? Acredita que esqueci o meu celular na delegacia?

— Claro que não. Entre aí. Só espero que você não fique navegando na internet em vez de vigiar a minha fazenda.

— Que nada! Ele só serve para que eu ouça algumas músicas.

Alexandre entrou no carro e logo depois Graciela deu partida.

***

O diretor do orfanato colocou na mesa uma pasta amarela, com algumas folhas escapando, igualmente amareladas pelo tempo.

— Eu sempre soube que aquele menino era filho de Afonso — comentou o diretor.

Robson fora obrigado a revelar toda a verdade para agilizar seu atendimento.

— Sabia? Quem lhe contou isso?

— O próprio Afonso. Ele fazia pequenas doações em dinheiro voltadas para o bem-estar do filho, desde que tudo fosse mantido em total sigilo e anonimato. Ele nunca quis que o garoto soubesse de que ele era seu pai.

— Sendo assim, o senhor sabe que ele é herdeiro de parte da fortuna que o pai deixou. Nem tudo pertence a Graciela.

— Acho até que o menino sabia disso. Ou descobriu por conta própria.

— Como assim?

— Na última vez em que veio aqui, falou-me que em breve a vida dele mudaria para sempre. Que saberia colocar as coisas em seu devido lugar. E que algumas pessoas não tinham utilidade no mundo. Esse comentário me pareceu meio ameaçador, sabe?

Um calafrio desagradável passou pela espinha de Robson, que continuou:

— O senhor disse que ele era muito tímido. Enquanto esteve aqui, nunca soube que era filho de Dora e de Afonso?

— Jamais. A pedido da própria Dora, dissemos a ele que fora abandonado aqui, recém-nascido. Quando era pequeno, ele nunca questionou. Mas ao crescer, começou a fazer perguntas a todos os funcionários. Somente eu e mais duas pessoas sabíamos de sua verdadeira origem.

— E alguma dessas duas pessoas não poderia ter dado com a língua nos dentes?

— Acho que não. Sabiam que isso poderia influenciar negativamente na vida do garoto, principalmente porque ele tinha dois grandes sonhos na vida. Um deles era tornar-se mecânico de automóveis.

O calafrio tornou-se um alerta. Subitamente o coração de Robson disparou.

— Mecânico?

— Sim. Ele lia tudo o que podia sobre motores, peças e sistemas de carros. Acredita que ele sabia ativar e desativar os freios de um veículo como ninguém?

— Santo Deus! — Robson empalideceu, temendo fazer a próxima pergunta: — Qual era o outro sonho dele? E como era seu nome?

O diretor demorou alguns segundos para responder, como se quisesse fazer suspense e aumentar o desespero de Robson. E sua resposta foi rápida e direta:

— Ele queria ser policial e conseguiu se tornar um — o diretor sorriu. — O meio-irmão de Graciela se chama Alexandre.

Graciela prometeu a si mesma que não deveria chorar, nem gritar, nem tentar reagir. Deveria tentar manter a calma e a serenidade, mesmo que isso parecesse impossível, principalmente por ter um revólver encostado em sua orelha direita.

— Você vai fazer exatamente o que eu mandar — ordenou Alexandre, empunhando a arma com firmeza. — Saiba que é tão inútil e desprezível quanto Darci, e por muito menos que isso eu acabei com ele.

— Você matou meu pai — ela tentava manter o foco na direção, apertando o volante com força para que suas mãos não tremessem tanto. — Depois eliminou Darci. Por que fez isso, Alexandre?

— Esqueceu-se de mencionar os dois bilhetes anônimos que deixei em seu carro. Eu queria assustá-la, para que você voltasse para a capital. Também não comentou nada sobre eu ter entrado na sua casa naquela noite em que deveria ter acabado com você.

— Jesus! — os olhos dela lacrimejaram. — Contratei como meu guarda-costas o próprio assassino do meu pai. Você vigiava a fazenda contra quem, se era o culpado o tempo todo?

— Tinha que me aproximar de você e da fazenda. Da minha fazenda! — ele gritou, empurrando o cano do revólver contra a orelha dela. O dedo dele estava encostado firmemente no gatilho.

— Tudo bem. A fazenda é sua. Fique com ela, se quiser.

— Até parece que você vai largar o osso assim, tão facilmente. Quando me propus a trabalhar na fazenda, meu objetivo sempre foi ficar perto do que é meu por direito. Além disso, seria uma excelente oportunidade para manter os olhos em você.

— Por que esperou tanto tempo para me matar? — Graciela trocou a marcha do carro, tentando não gritar quando ele pressionou o revólver ainda mais contra sua orelha. — Poderia ter entrado em meu quarto e feito o que quisesse comigo. Não haveria testemunhas.

— Acha que eu não sei disso? Quem pensa que é para tentar me ensinar as coisas? Não sabe nada sobre a minha vida. Mas tudo tem a hora certa. O nosso momento finalmente chegou.

Apesar do pânico que a invadira, Graciela percebeu que ele parecia igualmente assustado, como se temesse realmente matá-la, ou ser detido pela polícia. Havia mil perguntas que desejava lhe fazer, porém não gostaria de ouvir as mil respostas que ele provavelmente teria para lhe dar.

— Veja o que está lá na frente — do banco do passageiro, Alexandre apontou para o paredão de pedras, que ficava em frente à curva fechada.

— Aquilo lhe traz recordações?

— Foi onde meu pai bateu o carro. Por que fez isso? — ao perguntar, Graciela engasgou com a própria saliva. Estava apavorada. — Ele nunca fez mal a ninguém.

— Tem certeza disso? O fato de ele ter se livrado de mim, obrigando minha mãe a me colocar para adoção, não foi uma maldade? Que culpa eu tinha da irresponsabilidade ele? Eu merecia viver anos a fio em um orfanato, enquanto você, a filha queridinha, sempre desfrutou de uma vida de luxo?

— Fique com todo o dinheiro que ele deixou — rendida, ela deixou as lágrimas caírem. — A casa, o meu carro, o meu apartamento em São Paulo, o parque... Tudo será seu. Eu declino dos bens a seu favor. Você merece...

— Sua estúpida! Já vi que não sabe de nada mesmo. Vire ali.

Alexandre estava mostrando um estreito atalho, que saía da estrada e desaparecia entre a vegetação. Graciela obedeceu, dirigindo com cautela para não bater ou furar os pneus. Foi quando o celular dela começou a tocar.

— Quem está ligando? — rosnou Alexandre.

— Não sei. Posso ver?

Como ele não respondeu, ela tirou o celular do bolso da calça bem devagar. No visor, reconheceu o número de Robson. Sempre olhando para frente, ela perguntou:

— Quer que eu atenda?

— Faça isso e coloque no modo viva-voz. Diga que já chegou ao parque. Se tentar passar alguma dica do que está acontecendo, juro que a bala vai parar em seu cérebro.

Ela respirou fundo, tremendo como se estivesse com mais de quarenta graus de febre. Tentou emprestar à voz um tom de tranquilidade:

— Diga, amor!

— Eu já sei quem matou o seu pai e Darci — trovejou a voz de Robson pelo telefone. — Alexandre é o assassino. Ele é o seu meio-irmão.

— Não pode ser — foi só o que ela conseguiu dizer, sentindo a pressão da arma em sua cabeça. — Deve haver algum engano.

— Descobri tudo aqui no orfanato. Soube que Afonso depositava, secretamente, uma pequena quantia em nome da instituição para que Alexandre tivesse boas roupas e brinquedos. Por outro lado, seu pai não queria ser revelado. Manteve-se assim até falecer.

— Entendi.

— Você já chegou ao parque?

Graciela virou o rosto para Alexandre pela primeira vez e o viu assentir.

— Sim. Estou aqui.

— Acabei de entrar em contato com Vanda. Ela não acreditou muito na minha história, porque ainda está aborrecida com o assunto de Mirela. Mas quando eu gritei que você estava em perigo, ela pareceu acordar daquele eterno torpor e prometeu que expediria uma ordem de prisão contra Alexandre. Porém, se eu estivesse enganado, acusando uma pessoa inocente, ela me prenderia pessoalmente.

— Tudo bem, amor. Faça o que precisa ser feito.

— Você está bem, Gracinha?

— Ótima. Só um pouco cansada, pois voltei de São Paulo e vim direto para cá. Agora preciso desligar.

Ela não esperou para ouvir a resposta dele. Quando terminou, Alexandre tomou o celular das mãos dela e atirou o aparelho pela janela, ordenando que ela continuasse dirigindo.

Quando a noite caiu por completo, ele mandou que ela desligasse o carro. Estava cercada por árvores, como em uma floresta. Ali jamais seria ajudada por alguém. Tinha certeza de que, depois de falar tudo o que quisesse, Alexandre a mataria.

— Agora que estamos sozinhos, teremos uma conversa digna de dois irmãos — ele prometeu, sorrindo como um louco.

***

Três viaturas entraram em disparada no parque de diversões. Gomes, Vanda, Antônio e outros três policiais militares saltaram com armas em punho. O marido de Dora estava parcialmente recuperado dos ferimentos. Como pretexto para os hematomas, dissera a Vanda que fora atacado por três lutadores que caratê, que por pouco não o mataram. Claro que a história não convencera, mas como a vida dele não a interessava, Vanda se absteve de fazer indagações.

Roque, o gerente do parque, veio atendê-los, dizendo que Graciela não estivera lá. Ele não a vira desde que ela fora para a capital. Robson chegou momentos depois de táxi. Precisou de um meio de transporte mais rápido que seu cavalo. Pediu ao motorista que o aguardasse. Desceu do carro e foi ter com os policiais.

— Se não estão aqui, podem estar na fazenda — sugeriu Vanda.

— Não acredito nisso — sem saber que estava sendo intuído pelo espírito de Cida, Robson refletiu: — Ele não a levaria para locais de fácil acesso. Penso que ele não a matará antes de gabar-se dos seus feitos, expor todas as razões de seus crimes. Esses malucos criminosos adoram fazer isso. Portanto, estão em outro lugar.

— Já enviamos duas viaturas à residência dele — explicou o investigador Gomes. — A casa de Alexandre está vazia.

— Ele mora sozinho? — quis saber Robson.

— Sim, desde que os pais morreram, há dois anos — respondeu Vanda.

"Deve ter sido a época em que ele realmente começou a planejar sua vingança", pensou Robson.

— Procurem na estrada que leva à fazenda — assoprou Cida, no ouvido dele. — Lembrem-se do paredão de pedras.

Recebendo a inspiração astral como se fosse seu pensamento, Robson olhou vivamente para Vanda.

— É isso. Ele deve ter levado Graciela para rever o local em que o pai dela acidentou-se. Faz todo o sentido.

— Não sei por que estou decidida a ouvi-lo — resmungou Vanda, retornando à viatura com rapidez. — E não pense que boas ideias o livrarão de ser processado.

***

Graciela não sabia se deveria olhar para os olhos de Alexandre ou para o revólver, que agora estava apontado para o peito dela. Ambas as coisas eram horríveis.

— Sabe como descobri que ele era meu pai? — Alexandre perguntou.

Ela sacudiu a cabeça negativamente.

— Ouvi uma conversa ao acaso. Tinha catorze anos. Meses depois, aos quinze, fui adotado por um casal de cretinos. Eles me queriam para ser seu empregado. Gostaria de ter influenciado no acidente que os matou, numa cidade bem perto daqui. Eu teria ficado orgulhoso. Pelo menos desta vez, não tive nada a ver com a morte deles.

— Sabendo que Afonso o rejeitou, você decidiu vingar-se?

— Nunca me importei em conhecer ou dar o troco em minha mãe biológica. É uma pobre coitada, que apanhava do marido. Tinha seu próprio castigo. Mas seu velho pai era o alvo. E como você estava morando em São Paulo, reuni toda a minha coragem e fui procurá-lo na fazenda. Apresentei-me como seu filho bastardo, garanti que não queria nada além de sua amizade. Eu não precisava dele àquela altura da minha vida.

— E como ele reagiu?

— Da pior maneira possível. Gritou comigo, ofendeu-me, disse coisas humilhantes a mim. Exigiu que nunca mais o procurasse. Resolvi que ele merecia pagar por tanta crueldade. Afinal, eu tinha o mesmo sangue que ele e nem sequer havia pedido para nascer. Todos sabiam que ele sustentava você na capital e eu achei que seria justo usufruir de toda essa riqueza também. Ela me pertencia, afinal de contas.

— E você o ameaçou — concluiu Graciela.

— Foi meu o telefonema que ele recebeu na noite do acidente — afirmou Alexandre, fixando o fundo dos olhos da moça. — Eu disse que se não viesse encontrar-se comigo em frente ao parque, eu contaria a todos que ele tinha outro filho. Bastaria um exame de DNA para que a verdade fosse provada. Afonso tornou a me xingar, mas prometeu ir me encontrar. Irritado, ele entrou no carro e saiu em disparada. Quem sabe me oferecesse alguma quantia razoável para que eu desaparecesse de sua vida para sempre. De qualquer forma, eu nunca saberei.

Graciela então se lembrou de quando falara com Afonso pela última vez, no hospital. Ele dissera: "você não é a única", pedindo que ela tivesse cuidado. Agora ela compreendia tudo. Ela não era a única filha que ele possuía. E quis protegê-la, certo de que Alexandre também a procuraria.

— Independente disso, você nunca se encontrou com meu pai, pois os freios do carro dele estavam cortados — lentamente, Graciela levou a mão para trás de suas costas, na direção da porta. — Preparou uma armadilha para que ele morresse.

— Do mesmo jeito que preparei uma para você, hoje — sorrindo na penumbra do interior do carro, Alexandre acrescentou, erguendo o revólver: — Quando o encontrar no inferno, mande lembranças minhas.

— Espere! — ela pediu desesperada. Sua mão atrás das costas fechou-se em algo duro e gelado. — Ainda não me disse por que matou Darci.

— Você é curiosa, hein? Tudo bem, posso falar. Ele não tinha necessidade de continuar perambulando por aqui. Era um imprestável, que só queria se envolver com você por causa do seu dinheiro, aliás, do meu dinheiro. Acha que eu permitiria que isso acontecesse?

— Você sabe que eu nunca ficaria com ele.

— Mas está com Robson. E caso se casasse, o dinheiro seria dele também. E isso jamais vai acontecer.

— O que você vai fazer comigo, agora?

— Não consegue mesmo adivinhar, querida irmãzinha?

***

— Vejam só! — Gomes mirou o facho da lanterna para a estrada de terra. — Marcas recentes de pneus pegando esse atalho. Ele deve tê-la obrigado a seguir por ali.

— Acho melhor deixarmos o carro aqui e seguirmos a pé — sugeriu Vanda. — Conheço essa área. Só é possível seguir de automóvel até algumas centenas de metros a frente, Depois disso, a mata fica muito fechada. Eles não devem estar longe.

— Vou com vocês — anunciou Robson. Ele havia pagado ao apavorado taxista, que não queria seguir a polícia o tempo todo. Depois que o táxi partiu, ele olhou atentamente para Vanda. — Por favor, salve Graciela.

A delegada o encarou de volta, pensativa, até responder:

— Essa é a minha tarefa. Prometo fazer meu melhor — ela andou alguns passos, antes de se virar e relembrá-lo: — Mas do meu processo você não escapa.

Apesar do nervosismo, Robson sorriu.

***

Quando Alexandre ergueu a arma para disparar o tiro fatal, Graciela tirou de trás das costas um frasco de alumínio contendo *spray* de pimenta. Com a mão esquerda, mirou os olhos dele e pressionou a válvula. Com a direita, deu um tapa forte no revólver, que voou para o banco traseiro.

O espírito de Cida estava presente, tentando neutralizar as energias inferiores emanadas por Alexandre, que se condensavam em formas de ondas de ódio. Pego de surpresa com a reação inesperada de Graciela, ele proferiu uma série de palavrões, tateando em torno à procura da arma.

Sem perder tempo, ela abriu a porta do carro e em instantes estava correndo sem rumo por entre as árvores. Olhando por cima do ombro, viu Alexandre apoderar-se novamente da pistola e sair em seu encalço, mesmo que não estivesse enxergando muito bem. Ela tropeçou na raiz de uma árvore e preparava-se para gritar quando ouviu um estalo alto e algo despencando.

Em segundos, viu lanternas iluminando seu rosto. Viu Robson erguendo-a do chão e tirando o *spray* de pimenta das mãos dela. Viu Alexandre caído no chão, chorando de dor com o tiro que recebera na coxa, com as mãos às costas para ser algemado. Graciela chorava muito agarrada a Robson, que murmurou no ouvido dela:

— Está tudo bem agora. O pesadelo acabou. Estamos juntos, Gracinha.

Depois de Alexandre ser colocado em uma das viaturas, que seguiu levando Gomes, Antônio e o prisioneiro, Vanda apareceu diante de Graciela. As duas se encararam até Graciela dizer:

— Muito obrigada, Vanda, por tudo.

— Devo lhe pedir desculpas por ter desconfiado de você — devolveu a delegada. — E pensando bem, vocês formam um belo casal. Talvez Mirela não tenha sido muito sincera comigo. De qualquer forma, cansei de brigar com vocês. Esqueçam o processo e vivam em paz. Se minha filha os perturbar, avisem-me imediatamente. E agora vamos à delegacia para você prestar depoimento.

Graciela assentiu. Vanda indicou-lhes outra viatura e logo todos partiram dali.

Epílogo

Os dias anteriores foram repletos de sol e muito calor, mas na manhã em que aconteceria o casamento de Graciela e Robson, o céu estava cinzento e uma fraca garoa vinha do alto. Nada disso foi impeditivo para que ambos sorrissem como duas crianças.

O evento aconteceu na própria fazenda, debaixo de uma grande tenda branca. Flores brancas enfeitavam o ambiente. Menos de vinte pessoas compareceram à cerimônia. Silvana estava entre elas.

Carlinhos e Márcio, que também estavam presentes, sorriam por saber que Graciela e Robson teriam uma vida feliz, assim como a deles. Zeus, o cão-guia, apreciava o movimento com ar de fascinação.

Finalmente haviam conseguido a guarda de Luan. Tão logo o casamento terminasse, viajariam para a cidade em que o orfanato ficava para buscar o menino. A assistente social os acompanharia por algum tempo, apenas durante o processo de adaptação da criança. Não poderia haver pessoas mais felizes que os dois, com exceção de Graciela e Robson.

Não voltaram a ter notícias de Everton e nem esperavam por isso. Dia a dia, Márcio vinha encarando sua cegueira com otimismo, descobrindo diariamente que era muito mais forte e capaz do que sempre acreditou ser. Controlava o diabetes rigorosamente e Carlinhos o mimava como se ele fosse uma criança.

Mirela conheceu um rapaz recém-chegado à cidade e logo se envolveu com ele. Semana depois, duas descobertas: ele era casado e ela estava grávida. O sujeito logo sumiu de suas vistas e ela mal podia imaginar como daria àquela notícia a mãe. Era uma situação parecida a da própria Vanda, muitos anos antes.

Dora estava orgulhosa por ver sua patroa tão bonita e contente. Estava ainda mais satisfeita consigo mesma. Seu divórcio com Antônio fora homologado. De vez em quando, ela o avistava de longe, na viatura. O olhar que ele lhe dirigia não mais a impressionava. Aprendera a dominar seus medos interiores e a mostrar sua luz. Assumiu-se no papel de uma mulher poderosa, que encara qualquer desafio, sem medo do futuro.

Ela ficou chocada ao descobrir que seu filho era Alexandre. E o que era pior: ele cometera dois crimes, sendo que em um matara o próprio pai e por pouco não fizera o mesmo com a irmã. Ele fora julgado e condenado a treze anos de detenção em uma instituição para pacientes com distúrbios mentais, em uma cidade distante dali.

Cida finalmente trouxera Afonso, para que revisse a filha e ele ficou emocionado. Graciela estava linda, vestida de branco, trazendo um buquê na mão. O juiz de paz celebrou a união e os abençoou com votos de amor, paz e saúde.

Quando Robson colocou a aliança dourada no dedo de Graciela, murmurou:

— Meu cavalo a espera para nos levar à nossa lua de mel.

— Nem pense que vou montar naquela coisa.

— Vai sim, Gracinha. Vou ensiná-la a cavalgar e logo você será uma amazona.

— Se começar com palhaçada, eu peço o divórcio — ela brincou, também colocando a aliança no dedo dele.

— Eu amo você, moça chata! Obrigado por estar aqui comigo.

— Eu também o amo muito. E moça chata é a sua avó.

Rindo, Robson a beijou apaixonadamente nos lábios. Vendo a cena, embevecido, Afonso comentou:

— A minha menina virou uma mulher, Cida. Como ela ficou diferente.

— A qualquer momento você pode começar a sua mudança interior. Foi o que ela fez, assim como Márcio e Dora também. São exemplos de pessoas que decidiram confiar em sua própria capacidade para superar seus receios, fortalecer sua fé, enfrentar os obstáculos com coragem e vencer na vida.

— Nada permanece igual para sempre.

— Não mesmo. Quando pensarmos que não existe solução para mais nada, tudo pode mudar, e surpresas podem surgir. A vida é como um rio sinuoso, meu querido, com um presente precioso nos aguardando em cada curva.

    Afonso a abraçou, aspirando a sensação de paz que havia no ambiente. E vendo tantas pessoas sorrindo, cada uma por suas razões, mesmo tendo passado por tantas situações difíceis, ele compreendeu o que realmente significa viver bem.

GRANDES SUCESSOS DE
ZIBIA GASPARETTO

Com 18 milhões de títulos vendidos, a autora tem contribuído para o fortalecimento da literatura espiritualista no mercado editorial e para a popularização da espiritualidade. Conheça os sucessos da escritora.

Romances
pelo espírito Lucius

- A verdade de cada um
- A vida sabe o que faz
- Ela confiou na vida
- Entre o amor e a guerra
- Esmeralda
- Espinhos do tempo
- Laços eternos
- Nada é por acaso
- Ninguém é de ninguém
- O advogado de Deus
- O amanhã a Deus pertence
- O amor venceu
- O encontro inesperado
- O fio do destino
- O poder da escolha
- O matuto
- O morro das ilusões
- Onde está Teresa?
- Pelas portas do coração
- Quando a vida escolhe
- Quando chega a hora
- Quando é preciso voltar
- Se abrindo pra vida
- Sem medo de viver
- Só o amor consegue
- Somos todos inocentes
- Tudo tem seu preço
- Tudo valeu a pena
- Um amor de verdade
- Vencendo o passado

Crônicas

A hora é agora!
Bate-papo com o Além
Contos do dia a dia
Pare de sofrer
Pedaços do cotidiano

O mundo em que eu vivo
O repórter do outro mundo
Voltas que a vida dá
Você sempre ganha!

Coleção – Zibia Gasparetto no teatro

Esmeralda
Laços eternos
Ninguém é de ninguém

O advogado de Deus
O amor venceu
O matuto

Outras categorias

Conversando Contigo!
Eles continuam entre nós vol. 1
Eles continuam entre nós vol. 2
Eu comigo!
Em busca de respostas
Pensamentos vol. 1
Pensamentos vol. 2

Momentos de inspiração
Recados de Zibia Gasparetto
Reflexões diárias
Vá em frente!
Grandes frases

Sucessos
Editora Vida & Consciência

Amadeu Ribeiro

A herança
A visita da verdade
Juntos na eternidade
O amor não tem limites
O amor nunca diz adeus
O preço da conquista
Reencontros
Segredos que a vida oculta vol.1
A beleza e seus mistérios vol.2
Amores escondidos vol. 3

Ana Cristina Vargas
pelos espíritos Layla e José Antônio

A morte é uma farsa
Além das palavras
Almas de aço
Em busca de uma nova vida
Em tempos de liberdade
Encontrando a paz
Escravo da ilusão
Ídolos de barro
Intensa como o mar
Loucuras da alma
O bispo
O quarto crescente
Sinfonia da alma

André Ariel
Além do proibido
Em um mar de emoções
Eu sou assim
Surpresas da vida

Carlos Henrique de Oliveira
Ninguém foge da vida
Tudo é possível

Carlos Torres
A mão amiga
Querido Joseph (pelos espírito Jon)
Uma razão para viver

Cristina Cimminiello
As joias de Rovena
O segredo do anjo de pedra

Eduardo França
A escolha
A força do perdão
Do fundo do coração
Enfim, a felicidade
Vestindo a verdade
Vidas entrelaçadas

Evaldo Ribeiro
Aprendendo a receber
Eu creio em mim
O amor abre todas as portas (pelo espírito Maruna Martins)

Flávio Lopes
A vida em duas cores
Uma outra história de amor

Floriano Serra
A grande mudança
A outra face
Ninguém tira o que é seu
Nunca é tarde
O mistério do reencontro
Quando menos se espera...

Gilvanize Balbino
De volta pra vida (pelo espírito Saul)
Horizonte das cotovias (pelo espírito Ferdinando)
O homem que viveu demais (pelo espírito Pedro)
O símbolo da vida (pelos espíritos Ferdinando e Bernard)
Salmos de redenção (pelo espírito Ferdinando)

Leonardo Rásica
Celeste - no caminho da verdade

Lucimara Gallicia
pelo espírito Moacyr

O que faço de mim?
Sem medo do amanhã

Lúcio Morigi

O cientista de hoje

Marcelo Cezar
pelo espírito Marco Aurélio

Acorde pra vida! O preço da paz
A última chance O próximo passo
A vida sempre vence O que importa é o amor
Coragem para viver Para sempre comigo
Ela só queria casar... Só Deus sabe
Medo de amar Treze almas
Nada é como parece Tudo tem um porquê
Nunca estamos sós Um sopro de ternura
O amor é para os fortes Você faz o amanhã

Márcio Fiorillo

Nas esquinas da vida

Maura de Albanesi
pelo espírito Joseph

O guardião do Sétimo Portal
Coleção Tô a fim

Meire Campezzi Marques
pelo espírito Thomas

A felicidade é uma escolha
Cada um é o que é
Na vida ninguém perde

Mônica de Castro
pelo espírito Leonel

A força do destino
A atriz
Apesar de tudo...
Até que a vida os separe
Com o amor não se brinca
De bem com a vida
De frente com a verdade
De todo o meu ser
Desejo – Até onde ele pode te levar? (pelos espíritos Daniela e Leonel)
Gêmeas
Giselle – A amante do inquisidor
Greta
Impulsos do coração
Jurema das matas
Lembranças que o vento traz
O preço de ser diferente
Segredos da alma
Sentindo na própria pele
Só por amor
Uma história de ontem
Virando o jogo

Rose Elizabeth Mello

Como esquecer
Desafiando o destino
Os amores de uma vida
Verdadeiros Laços

Sérgio Chimatti
pelo espírito Anele

Apesar de parecer... Ele não está só
Ecos do passado
Lado a lado
Os protegidos
Um amor de quatro patas

Conheça mais sobre espiritualidade com outros sucessos.

vidaeconsciencia.com.br /vidaeconsciencia 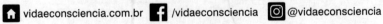 @vidaeconsciencia

ZIBIA GASPARETTO

Eu comigo!

"Toda forma de arte é expressão da alma."

Zibia Gasparetto convida você a mergulhar no seu mundo interior. Deixe os problemas de lado, esqueça o negativismo e libere o estresse do dia a dia. Passeie por entre as figuras, inspire-se com cada mensagem e coloque cor em seu mundo. Use suas tonalidades preferidas, libere o potencial criativo que existe dentro de você.

Eu comigo! é um livro para quem quer fugir da rotina e buscar aquela sensação de paz que a arte pode proporcionar. Inspire sua alma com as frases de Zibia Gasparetto criadas especialmente para você e ricamente ilustradas com desenhos encantadores.

Bem-vindo ao seu mundo interior.

www.vidaeconsciencia.com.br

Rua Agostinho Gomes, 2.312 – SP
55 11 3577-3200

contato@vidaeconsciencia.com.br
www.vidaeconsciencia.com.br